KB252902

영성시리즈 III권

평화의 길을 찾아서
(종교와 평화)

이 재 석

국학자료원

평화의 길을 찾아서

지은이| 이 재 석
인쇄일| 초판1쇄 2008년 10월 20일
발행일| 초판1쇄 2008년 10월 31일
펴낸이| 정찬용
편집| 박지연 한미애
디자인| 김숙희 노재영
마케팅| 정구형 한창남
관리| 이은미 박종일
펴낸곳| 국학자료원
등록일 2006 11 02 제324 - 2006 - 0041호
서울시 강동구 성내동 447 - 11 현영빌딩 2층
Tel 442 - 4623 Fax 442 - 4625
www.kookhak.co.kr
kookhak2001@hanmail.net

ISBN| 978 - 89 - 6137 - 408 - 8 *04200

가격| 20,000원

* 저자와의 협의하에 인지는 생략합니다.

평화의 길을 찾아서

국학자료원

머리말

평화의 주체는 개인이다. 한 사람 한 사람이 평화인이 되어야 사람의 공동체인 세계에서 평화가 실현될 수 있기 때문이다. 또 한 사람의 평화는 마음에서부터 이루어져야 하는 까닭에 마음을 다스리는 각 종교의 평화사상을 알아보고 거기서부터 항구적인 평화의 길을 찾고자 한다.

종교는 전쟁과 환난이 없는 소극적 평화보다 인간다운 삶을 살 수 있는 적극적인 평화를 지향하면서 우주 만물의 평화까지 포괄하는 영원하고 온전한 항구적인 평화를 추구해 왔다. 평화 문제를 근원적으로 해결하기 위해서는 인간이 바라는 영원 불변의 이상이 실현되어야 할 것이며, 그러한 이상은 궁극적으로 신과의 관계에서만 가능하기 때문에 인류의 참된 평화는 정신적 구심체인 종교적 평화가 아니면 안되게 되어 있다.

그러나 지난 인류의 역사와 지금 세계 도처에서 야기되고 있는 종교간의 갈등과 분쟁을 감안할 때 그러한 종교들이 과연 평화를 말할 수 있을 지 묻지 않을 수 없다. 지금 각 종교의 교조들이 지구를 방문하여 자기가 세운 종교의 양태를 본다면 그분들의 반응은 어떨 것인가? 대경실색하여 종교를 창시한 것을 후회하지 않을 수 없을 것 같다. 이러한 시대적 상황을 인식한 듯 21세기는 의식혁명이 수반된 영성시대의 도래를 예고하고 있다.

우리는 지금 영성이란 말이 부각되는 시대에 살고 있다. 지금까지의 인류는 물질문명주의와 개발주의에 치중함으로써, 결과적으로 자기 상실과 인간소외라는 부작용을 낳았다. 그동안 주로 종교계에서 사용된 영성이란 말이 이제는 현대인의 문화영역 속에서도 상용어로 사용되고 있는 실정이다. 이러한 현상은 인류가 농업사회에서 산업사회로, 그리고 정보사회를 거쳐 바야흐로 새롭게 영성사회로 나아가는 뚜렷한 징조다. 이는 물질문명시대에서 정신문명시대로, 그리고 지성시대에서 감성시대를 거쳐 영성시대로 도약하는 과정에 있음을 알 수 있다. 현대 과학문명에서도 인간의 이성이나 지성의 영역을 넘어선 신비의 세계를 문화적 소재로 삼아 새로운 문화의 흐름을 만들어내고 있다. 이것은 영성을 추구하는 영원한 종교성의 표출이 아닐 수 없다.

현대 신경과학자들은 뇌 전체에 걸쳐있는 40Hz 신경 진동이 영성지능(SQ)의 신경적 토대라고 한다.[1] 영성지능은 우리가 의미와 가치의 문제를 다루고 해결할 때 사용하는 인간지능을 말한다. IQ(지적지능)는 각 사람의 능력을 나타내는 지표로서 IQ가 높을수록 그 사람의 지적능력이 높다는 이론이다. 그러나 1990년대 중반에 신경학자와 심리학자들은 감성지능(EQ)이 IQ만큼 중요하다는 것을 발표하였다. 현재 일련의 과학적 자료들은 인간 지능에 IQ와 EQ 외에도 제3의 지능, 곧 영성지능이 있음을 시사하고 있다. 따라서 SQ는 IQ와 EQ가 효과적으로 기능하는데 기본이 되는 인간의 궁극적인 지능이라고 한다.

우리는 SQ를 통해서 지적이고 정서적이며 영적인 인간 본래의 모습을 갖추게 된다고 말한다. 따라서 영성지능이란 인간 두뇌와 정신의 내재적이고 본능적인 능력이며 영혼의 지능이라고 할 수 있다. 연구 결과로 알려진 것은 뇌는 의식을 갖도록 설계되어 있으며 초월적 차원을 갖도록 설계되었다는 것이다.

초월성은 영적인 것의 가장 본질적인 특성이다. 초월적인 것을 경험한 많은 사람들이 그것을 신(神)이라고 부른다. 뇌의 신(神)영역은 우리의 더 큰 영성지능의 결정적 요소이며, 우리의 영적체험에 기여하고 정신적으로

---

1) 도나 조하, 『SQ』, 조혜영 역, (룩스, 2001), p.117 참조.

확장시켜주는 경험을 하게 한다. 최근의 신경학은 신영역이 영적체험을 하는데 없어서는 안 되는 생물학적 역할을 한다는 것이 확실해졌다.[2]

따라서 21세기의 평화학은 정치, 경제, 인간, 환경, 정서, 지구의 평화를 넘어서 영성적 평화에 관심과 기대가 모아지고 있다.

차제에 필자는 영성 계발을 통한 의식혁명을 추구하고자 한다. 평화의 주체는 인간이다. 인간 한 사람 한 사람이 평화인이 되어야 한다. 인간의식이 우주의식, 신의식으로 확장되어야만 한다. 이러한 근원적인 의식혁명은 우리의 의식 속에 사랑과 자비, 용서와 화해, 기쁨과 평화의 영성을 의식화하여 존재론적인 변화를 이루고 그 의식을 생활화함으로써 신의 전체성과 전일성(全一性) 그리고 충만성의 삶을 실현하도록 하는 데 있다. 광화문 네거리 한 복판에 서서도 평정심을 유지하는 인간이 되어야 한다.

그런 의미에서 본서는 제1부에서 제 종교의 평화사상을 알아보고 종교간의 분쟁 원인과 그 실재를 연구하여 종교적인 평화를 추구한다. 제2부에서는 인류의 평화문화 구축을 위한 노력을 살펴 보고, 제3부에서는 인간의 영성을 계발하여 우리의 의식을 근원적으로 개혁함으로써 항구적인 평화의 길을 모색하고자 한다.

끝으로 이 책이 나오기까지 수고하신 안병로 박사님과 정상윤 부장님 그리고 물심양면으로 도와주신 강현실 회장님, 연구비를 지원해 주신 김형규 선교사님, 출판비를 담당해 주신 허만석 사장님께 깊은 감사를 드린다. 또한 흔쾌히 출판을 맡아 주신 정찬용 사장님에게도 고마움을 전한다

2008년 8월

이 재 석

---

2) 도나 조하, 『SQ』, 조혜영 역, (룩스, 2001), p.136 참조.

3부

항구적 평화에 이르는 길

1부 종교와 평화

제1부
종교와 평화

인류의 번영과 행복은 오직 세계평화 속에서만 기약될 수 있기 때문에, 세계평화는 인류의 한결같은 염원이 아닐 수 없다. 20세기는 두 차례의 세계대전과 동서냉전, 그리고 동서냉전의 종식과 더불어 종교와 민족의 정체성이 두드러지게 나타나 종교 간 민족 간의 갈등과 분쟁이 계속되고 있다. 뿐만 아니라 인류는 21세기에 들어서자마자 테러전쟁에 휘말려 불안과 공포 속에 살아가고 있다.

인류의 평화는 21세기의 가장 큰 과제요, 인류가 살아남기 위한 유일한 길이다. 인류는 유구한 역사를 통해 평화를 추구해 왔으나, 항구적인 평화는 실현되지 못하였다. 평화문제를 근원적으로 해결하기 위해서는 절대불변하고 영원한 이상이 실현되어야 할 것이며, 그러한 이상은 궁극적으로 신과의 관계에서만 가능한 까닭에, 인류의 참된 평화는 정신적 구심체인 종교적 평화가 아니면 안 되게 되어 있다.

모든 종교는 인간의 내적 고민과 갈등을 해소하고 안심입명(安心立命)의 경지에 이르는 것을 목적으로 하는 까닭에 마음의 평화를 지향하고 있다. 또 마음의 평화를 저해하는 요인이 마음과 몸의 갈등에 있음을 강조하고, 육체가 원하는 시기, 질투, 증오, 탐욕 등이 그 근원임을 지적하면서 마음을 중심으로 한 평화를 주장한다.

종교는 인간을 환난, 질고, 절망의 괴로움과 죄악으로부터 구원하는 것을 목적으로 하기 때문에, 평화는 구원의 결과라고 본다. 그리고 종교는 말세와 심판 또는 평화 실현의 역사적 종말관 등을 갖고 있다.

종교는 근본을 찾는 것이며 궁극적 실재를 찾아야 궁극적인 평화가 실현되는 까닭에, 종교를 통한 평화가 항구적인 평화를 실현할 수 있게 된다. 따라서 신의 뜻에 참여하는 것이 평화이며, 신 안에서 신과 동행하여 신과 화목함으로써 평화를 얻는 것을 의미한다. 종교인은 신의 품성에 동화되고 자기 심령을 지배하는 신앙의 경지를 최종 목표로 세우고 있다.

평화 실현은 종교인에게 있어서 신의 뜻이요 명령이며, 신자의 실천윤리로서 절대적인 명제다. 따라서 종교인은 평화 실현의 사도요, 평화가 생활신조며 의무가 된다. 종교인의 평화 이상은 하나님 나라요, 불국정토(佛國淨土)이며, 대동세계(大同世界)다. 만물이 자연질서 속에서 영원하고 완전한 우주적 평화, 신 안에서 의와 평강과 희락을 느끼는 것이 평화의 이상향이다.

각 종교의 평화사상을 살펴보면, 세속적 평화개념을 포함하면서도 외적 평화보다는 내적 평화, 육체적 평화보다는 정신과 마음의 평화 또는 영적 평화에 역점을 두고 있다. 단순한 전쟁과 환난이 없는 소극적 평화보다는 인간다운 삶을 살 수 있는 적극적 평화를 지향하면서, 지구적 우주만물의 평화까지 포괄한 영원하고 온전한 궁극적 평화를 강조한다.

신이 내린 영성은 인간의 순수한 본성이며, 그 본성의 진면목을 찾아 실현함으로써 평화세계가 성취된다. 영성은 인간본연의 모습이며 궁극적인 나인 동시에 신 안에 있는 참 나에게 도달하게 하는 매개체다. 신은 자기의 형상(形象)으로 인간을 창조(창 1:27)했기 때문에 신의 품성이 투여된 영성은 인간의 본성이자 인간 본래의 성품이 된다. 몸의 주인이 마음인 것과 같이 육신의 주인은 영혼이다. 영은 혼의 마음이며 주체인 까닭에, 영의 품성인 영성은 신성인 동시에 인간의 본성이 된다.

신성 곧 인간의 본성이 사랑이요 기쁨이며 평화와 행복이라면 '신의 사랑이 완전히 실현된 상태'는 구체적으로 이상인간, 이상가정, 이상사회, 이상세계가 실현된 상태다. 이상적 인간이란 신의 사랑을 중심하고 마음과 몸이 하나 된 사람이며, 신의 사랑을 만인과 만물에게 베풀 줄 아는 사람이고, 신을 영원한 부모로 모실 줄 아는 아들딸을 말한다. 이러한 인간이 "신이 온전하심 같이 온전하게 된"(마 5:48) 인간이다.

영성은 내면성과 외면성이 있다. 영성의 내면성은 신과의 관계로서 초자연적인 삶, 정신의 역동성, 성스러운 신과의 만남이자 존엄하고 기쁨이 충만한 삶이다. 영성의 외면성은 공동사회와의 관계로서 자기의 삶 속에서 공동체적 삶이요, 세상의 역사 속에서 공생적 삶 곧 신, 인, 우주의 통합성을 실현하는 것이다.

영성의 내면성은 수직적 영성으로서 신과 교통하며 몰아의 경지에 이르게 되면, 신인합일을 이루어 개인구원의 기쁨, 감격, 환희의 삶을 살게 된다. 또 영성의 외면성은 수평적 영성으로서 세계를 향한 섬김이며 자기를 내어줌으로써 사회구원을 실현하게 된다. 수평적 영성은 공생적 영성이며 사랑과 자비를 실천함으로써 자기 생활에서 신성(神聖)을 체득하고 계발하여 평화의 주체가 됨으로써 항구적인 평화세계를 형성하게 된다. 그와 같은 영성계발은 '영성의 의식화'와 '영성의 생활화'를 통해 이루어 질 수 있다는 것을 상기시킨다.[3]

---

3) 영성생활은 제3부 <3. 영성의 생활화>에서 구체적으로 다루었다.

1. 제 종교의 평화사상을 찾아서

1) 힌두교의 평화사상

(1) 인도 평화사상의 근간

① 평화 애호정신

인도 민족사에는 민족 투쟁의 처참한 살육과 일반 민중에게 끼치는 전쟁은 없었다. 인도 문화사에 있어서의 무사들의 지위와 역할이 매우 낮고 약한 것임을 보더라도 인도는 평화를 애호하고 있다. 무사가 전쟁에 참여했지만 직접적으로 민중에게는 위해를 가하지 않았다.

그리고 인도인은 무상해(無傷害)정신으로 타민족과 타국토를 정복하려고 하지 않았다고 희랍인 사가들이 인정한 바 있다. 그 중에 아리아노스(Arrianos)는 "인도인은 인도인의 국토 밖으로 진군하여 싸우는 일이 없으니, 그것은 그들의 선의감에 의해서다"라고 했다.

인도인들의 4대 생활지표가 정법, 재리, 애정과 해탈인데 그중에서 가장 으뜸이 되는 것이 정법이며, 그 법의 중심은 윤리적 공동실천덕목으로 불살생과 자비다. 이 불살생과 자비는 인도 뿐만 아니라 세계의 온 인류가 지녀야 할 것으로 인간의 양심이자 행동일 것이다. 돈을 버는 재리와 애욕의 추구도 정법에 의한 것이라야 하며, 정법에 의한 실리와 애정 생활이 원만히 이루어져야 비로소 해탈도 성취된다는 것이다. 이와 같이 인도인은 그들의 종교나 생활이 인류의 평화를 구현하는 것으로 여기며, 벌레 하나라도 죽이지 않으려는 자비 정신은 귀감이 된다.

② 인간 평등론

상키아학파에서는 아트만을 순수 정신원리인 푸루샤(puruṣa)로 파악하여, 아트만이 물질적 원리인 프라크리티(prakṛti)와 대치(對置)시킴으로써 세계의 생성임을 설명한다. 이렇게 중요시 여겨지는 아트만은 유(有, sat), 지(知, jna), 환희(ananda)로서 불이(不二)인 브라만이라고 염수(念修)하는 수행의 비의(秘義)적 매개체가 되었다. 이와 같은 아트만(자아' '개인아(個人我)'를 염하면 어떤 사람이라도 평등하다는 말이 아래와 같이 전해지고 있다.

> "그 아트만을 직관하면, 우인과 현자, 천민과 바라문은 모두 같다. 곧 이 때에는 죄와 복덕과는 무차별이기 때문에 평등이라는 것을 알아야 한다."

이러한 전언(傳言)은 고(古) 우파니샤드의 주장을 이어받은 것으로서 어떤 사람이라도 브라만 곧, 아트만의 현현에 지나지 않는다고 한다.

인도에서 인간 평등론에 가장 큰 문제가 되는 것은 계급제도인 4성 계급이다. 사제계급, 무사계급, 농상인계급, 노예계급이 현존하고 있다는 것은 힌두교인이 아니고는 이해하기 어려운 일이다. 그러나 현생은 전생에 지은 업에 따라서 이루어지기 때문에 4성 계급이란 그 출생부터 완전히 평등하다는 것이다. 오히려 신의 창조를 믿는 사람들이야말로 출생부터 불평등하게 태어나는 것이라고 한다. 따라서 힌두교의 평등론은 업에 따른 평등임을 이해할 수 있다. 이는 지상생활에서 선하게 살면 죽어 천국가고 악하게 살면 지옥간다는 것과 똑같은 논리다.

③ 베단타 철학의 평화 원리
신성은 우리 안에 편재하고 있으므로 베단타 철학에서는 인간이 평등하다는 것만이 아니라 인간은 동일하다고 가르친다. "너는 그것이다"라는

것은『찬도기야 우파니샤드』제 6장에 나오는 말이다. 여기서 '너'는 개아(個我)요, '그것'은 우주아(宇宙我)인 최고 실재를 뜻한다. 그러므로 모든 정신적인 생명은 우리 자신의 정신이자 생명이다. 모든 생물은 우리 자신이니 만일 타인을 해치면 자신을 해친 것이 되고 만일 남을 도우면 그것은 자신을 도운 것이 된다. 그러므로 증오나 배제나 불관용 등 일체의 감정은 단지 그릇되었을 뿐만 아니라 가장 신성을 덮는 암흑이요 무지인 것이다. 왜냐하면 그들은 유일자로서 일체에 편재하는 신성을 부인하는 것이기 때문이다.

베단타는 세계 모든 종교를 받아들인다. 그것은 모든 종교 중에서 신적인 것을 인정하고 무릇 다른 종교가 있게 된 것은 민족이 다르며 문화가 다르고 기질이 다르기 때문이다. 모든 종교는 모든 개인에 있어서와 같이 진리의 일면을 발현하고 있다. 그리고 인간은 어떤 인격자이건 간에 모두 포용한다. 모든 위대한 예언가나 교사, 서로 다른 종교에서 숭배될 어떠한 인격이라도 그것은 신성의 표현이기 때문이다. 모든 종교는 유일한 신성의 현현이기 때문에 이것을 포용하되 개종시키려고 하지 않는다. 오직 자신이 종교와 그의 궁극적인 목적을 보다 진실하게 인식하도록 도울 뿐이라고 한다. 여기에서 그들은 실천 윤리의 기초와 평화에의 길을 발견하려고 한다.

④『바가바드기타』에 나타난 평화

인도의 고전 시가인『바가바드기타』에는 인도인들의 집단적 지혜가 한 군데 두루 모여 있어 전쟁과 평화라는 양극적 해결책을 동시에 제시하고 있다. 그들의 '의로운 전쟁관'에 전통적 견해는 평화를 지키는 것으로 그 목적은 아래와 같다.

첫째, 우리는 『바가바드기타』의 주인공 아르쥬나가 비록 악행을 행한 자라 할지라도 그를 죽인다면 죄가 된다고 믿었기 때문에 고민했음을 알 수 있다. 따라서 크리슈나의 여섯 가지 범죄 사항에 관한 의견에 따르면, 방화범, 독을 뿌리는 자, 손에 무기를 들고 덤비는 자, 재산을 강탈하는 자, 영토와 아녀자를 침탈하는 자는 악행을 행하는 자다. 악행을 범한 자가 비록 스승이거나, 어린 아이거나, 늙은이거나, 학덕이 높은 브라만일지라도 재고할 필요 없이 죽여 마땅하다. 범법자를 죽이는 것은 죄가 아니다.

『바가바드기타』의 배경이 된 『마하바라타』를 자세히 살펴보면, 아르쥬나는 그의 형제, 즉 쿠라바 족들이 여섯 가지 악행을 모두 범했다고 말한다. 따라서 아르쥬나가 수행하는 전쟁에서 비록 친족을 살상한다 할지라도, 그 친족이 악행을 저지른 범법자인 한, 이 전쟁은 의로운 전쟁이다. 그런 의미에서 정의, 도덕, 평화와 전쟁은 양립 가능한 것이다.

둘째, 『바가바드기타』의 전쟁관에서 유념해야 할 것은 무사로서 전쟁에 임하는 태도다.

"아주 초연하게 객관적인 견지에서 전쟁을 수행하라. 단지 무사이기 때문에 그 의무를 수행하기만 한다면 그가 살생을 행할지라도, 만약 그로 인한 고통과 쾌락을 똑같이 생각하고, 영예와 굴종을 평등하게 여기며, 승리와 패배가 그 어느 쪽에도 동요하지 않는다면, 그 무사는 죄를 범하는 것이 아니다."

이와 같은 가르침에 충실한 무사는 겉보기에는 아무리 흉폭한 살상을 저지른다고 할지라도 마음 속으로는 동시에 평정심을 지닐 수 있다. 평정심을 가지기 위해서는 '일 속에서의 요가, 카르마 요가'라는 정신수양이 강조된다.

셋째, 아무리 의로운 전쟁이라 할지라도 『바가바드기타』는 전쟁이나 폭력을 결코 정상적인 행위로 간주하지 않는다. 전쟁의 용인은 오직 평화적 해결책을 위한 마지막 수단으로 어쩔 수 없는 비정상적인 상태라고 간주하는 것이다. 서양의 정당한 전쟁론이자 방어적인 전쟁론(또는 신성 전쟁론)과 같은 점은 위의 첫 번째, 세 번째 요소요, 다른 점은 두 번째 요소라고 지적할 수 있다.

(2) 평화사상가의 종교운동

수많은 인도의 평화사상가들은 철저한 자신의 수행을 통해 얻은 것을 가지고 대중 앞에 직접 또는 간접적인 형태로 드러난다. 그 중에 모든 종교를 포용하는 라마크리슈나(Ramakrishna Paramahansa, 1836 . 2 . 18 ~ 1886. 8. 16)의 종교운동부터 먼저 살펴보고자 한다. 그는 인도의 근대 종교 개혁자로 가장 뛰어난 철학자의 한 사람이기 때문이다.

① 라마크리슈나의 평화사상

라마크리슈나의 본명은 가다다르 카토파댜야(Gadādhar Chattopādhyāya)로, 뱅골주(州) 후글리 지방의 한 농가에서 가난한 정통파 바라문족으로 태어났다. 그의 아버지는 독실한 힌두교 신자였다. 부친이 사망하자 그는 형을 따라 캘커타의 한 사원으로 들어가서 그 사원을 지키는 승려가 되었다. 그는 칼리 여신을 열렬히 숭모하여 그 여신을 우주와 자기의 어머니로 삼았고, 12년간 숲 속에 은거하여 철저한 고행과 명상 및 요가수행을 통하여 신과의 명합(冥合)을 체험하여 삼매(samadhi)의 경지에 들어갔다.

그는 자기 자신의 체험은 보편적인 진리의 체험임을 선언하고 스스로 라마크리슈나라고 개칭하였다. 그는 그 후에도 더욱 수행에 정진하여 이슬람교, 그리스도교 등을 수용하고 근대 서구사상과의 대결을 거쳐서 모든 종교는 하나의 진리로 귀합(歸合)하는 것이라고 했다. 라마크리슈나는 각 종교가 각자의 길을 거쳐서 목적지인 동일한 신에 도달한다고 말하면서 타종교의 포용과 유화적인 입장을 취하였다. 인간은 신 앞에는 자기라는 것이 없는 무아요, 무차별이니, 자기 속에서 신의 인격을 구현하는 빛과 사랑을 그는 부르짖었다.

1893년 라마크리슈나의 제자 비베카난다(1863~1902)가 인도교를 대표하여 시카고에서 열린 세계종교회의에 파견되었다. 그는 그 회의에서 청중에게 큰 감명을 준 후 3년간 미국 각지와 영국을 비롯하여 세계 각국을 순회하고 인도로 돌아 왔다. 그는 라마크리슈나 교단을 조직하여 라마크리슈나의 사상을 통해 천민에게도 베다를 학습시키고 과부들을 재혼시키며, 비인도교도와의 결혼, 찬드라Candra)라고 불리는 불가촉천민과의 접촉 등을 장려하였다. 힌두교인의 사회에서 종교적, 종족적, 계급적인 차별을 타파하는 계기가 실현되었다. 라마크리슈나 교단이 현대 인도에서 갖는 직접적인 의의는 사회 봉사활동이다. 또 전 세계에 미치는 의의는 박애주의의 구현이며 평화사상의 정착이다.

라마크리슈나의 가르침은 다양하여 간단히 설명할 수 없으나, 힌두교의 근본사상인 베단타 교리에 근거를 두고 있다.

② 간디의 평화 사상

M. 간디가 추구하고 실천한 평화사상의 특성은 비폭력주의다. 영국의 제국주의에 반대하여 인도 민족의 독립을 위해서 싸운 간디에게 비폭력주의라는 것은 하나의 큰 모순이었다. 그러므로 네루는 간디를 가리켜 위대한 모순이라고도 하였다. 당시의 상식을 뒤집어 놓은 평화사상가의 면모

가 어떠한 가를 짐작할 수 있을 것이다.

㉮ 간디의 아힘사 실천사상

간디의 비폭력주의는 힌두교 교리 중에서 아힘사(ahimsā; 불살생, 최대의 자비)사상을 취한 것이다. 아힘사는 『찬도기야 우파니샤드』 III. 17. 4에 기록된 윤리관이며, 인도의 최대 법전인 마누 법전, 최대 서사시 『마하바라타』 및 『바가바드 기타』 등에서도 언급되어 있다. 아힘사는 평화를 사랑하는 불교와 자이나교의 근본 계율이 되었음을 살펴봐도 비폭력주의는 힌두교의 전통사상이라고 볼 수 있다. 그러므로 간디가 아힘사를 크게 내세웠음은 힌두교인의 충실한 신앙의 표시이기도 하다. 그는 인도적인 통속적 윤리와 대중사상인 아힘사를 자기의 사상체계 속에서 소화시켜 인도의 대중을 지도할 수 있는 역량을 키웠다.

아힘사는 최대의 사랑이자 자비를 뜻한다. 내가 아힘사를 믿으면, 나는 적의 생명도 사랑하지 않으면 안 된다. 악행자가 나의 아버지, 자식, 적 또는 무관계일지라도 나는 모두에게 아힘사의 법칙을 적용해야 한다. 적극적인 아힘사는 생명을 사랑하는 진리다. 사랑하는 자는 속일 수 없고 그 사람을 두려워하지도 않는다. 생명을 사랑하는 힘은 상대방의 적의를 소멸시키고 두려워하지 않기 때문에 사람은 먼저 두려워하지 말아야 한다. 두려워하는 자는 아힘사를 행할 수 없으니 아힘사의 체득과 체현은 최대의 용기를 떨치게 한다.

간디의 아힘사 실천사상은 그가 세계의 큰 종교를 두루 연구한 끝에 체득한 진리의 파지(把持, 움켜지는 것)였다.

㉯ 정치가 간디의 진리파지(把持)운동

아힘사는 자비의 힘을 키우고 있기 때문에 상대방을 감화시켜 진리를 구현하자는 간디의 진리파지운동은 제일 먼저 종교사회적인 측면에서 두각을 드러냈다.

종교가 사회적 실천에 참여하지 않고 또 그 실천이 고차원적인 정치와 연동되지 않으면 무의미하다고 보고 간디는 종교적 사상을 정치활동에서 실천으로 옮겼다.

간디에게 있어 구제의 길은 나라와 인류에게 끊임없는 실천적 봉사와 가난하고 어려움을 통해 존재한다. 그는 모든 생물체와 일체가 되고자 희망하며 적과 동지라는 구별 없이 평화를 유지하면서 살고 싶어 했다. 그에게 종교를 떠난 정치라는 것은 존재하지 않는다고 생각한 것은 종교를 떠난 정치는 죽은 영혼의 정치라고 여겼기 때문이다.

그가 인도 종교들의 성전(聖典)을 모두 존중한 것에는 정치적인 의도가 있었기 때문이다. 그리고 그는 종교와 정치가 관계가 없다고 하는 자는 종교가 무엇인가를 모르는 것이라고 말했다. 종교가 민중의 생활과 직결되어 있기 때문에 종교가 정치에 있어서도 실현되지 않으면 무의미하다는 것을 간디는 역설했다. 그는 민중과 생활을 같이 하는 정치가로서 정치운동은 곧 종교적 실천운동이라고 했다. 그런 운동은 그가 진리파지 운동가였다는 것을 알려주고 있다.

간디는 심한 인종 차별로 고통을 당하는 당시의 가난한 인도의 노동자들 속에서 차별 철폐를 요구하는 운동을 지도하는 동안에 진리파지라는 말을 쓰기 시작했다. 진리의 파지란 우주와 인간의 근원에 있는 절대적인 진리를 자기 스스로의 마음 속에 파지하여 세상의 악이나 부정을 이겨 나가자는 것이다.

위험에 처했을 때에도 결코 폭력을 쓰지 않고 이 세상에 아힘사의 진리를 구현시키자는 것은 사랑의 힘으로 상대방을 감화시키려는 것이다. 그러한 사랑의 힘은 진리의 승화라는 실천적 정신력이었다.

2) 불교의 평화사상

(1) 불교와 평화

자비사상은 불교의 사회실천윤리이며 살생금지는 불교의 첫 번째 금계 조목이다. 무아연기설(無我緣起說)이나 업 및 윤회설 등은 실천윤리관으로 설정되었다.

불교에서 불심이 곧 자비라고 하는 것은 인간 본래의 모습을 말하는 것으로 그리스도교에서 말하는 신의 사랑과 일맥상통한다. 자비심의 발로에 대한 사례는 어머니가 품고 있는 자식에 대한 애정에서 찾을 수 있다. 그러한 애정은 인간의 참된 모습의 표현이다. 어머니가 자신의 몸을 바쳐서 자식을 사랑하듯이 그와 같이 만인을 사랑하고 나아가서 일체 중생을 사랑하라(『경집(經集)』)고 비유한 것은 자비에 대한 설파다.

자비 실천의 대상은 자타와 격의 없이 오직 안온한 마음의 평화를 가지고 행할 뿐이다. 불교의 평화사상은 여러 나라들이 서로 영토를 확대하려고 싸우고 있어 백성들의 평화스러운 생활이 박탈 당해 이를 개탄한 석가세존에 의해 발전되었고, 불교적 이상사회를 만들어 정신적인 감화로써 사회를 개혁하려 하였다. 그러므로 출가자 사이에서만이라도 인간의 절대평등을 실현하였다는 점은 당시 인도 사회에서 찾아 볼 수 없는 이상사회의 구현이었다. 어떤 절대자 밑에서 평등의 은총을 받는 것도 아니다. 불교에서는 절대자라는 것이 없고 주고받는 자가 없다. 오직 자기 스스로 자신의 불성(절대적인 주체적 자아)을 깨우쳐서 무상정각(無上正覺)을 얻은 각자(覺者)가 되는 것이며, 각자가 모두를 확립하여 절대 가치의 실현체를 이룬다. 사람은 누구나가 모두 천상천하유아독존(天上天下唯我獨尊)적인 존재이기 때문이다. 모두가 참된 사람이 되려고 수행하는 도반(道伴)들이다.

이와 같은 철저한 평화주의를 실천함에 있어서 자비와 불살생과 화합은 이상사회를 건설하는 덕목이다. 붓다는 인간을 비롯하여 일체 생류(生類)가 살고 있는 이 세계를 어떤 유일자가 창조해 놓은 것이 아니고 연기론(서로 얽히고 설켜서 서로 의지하면서 성립되었다고 보는 설)에 의해서 많은 종(種)과 류(類)가 구분되었다고 보았다.

인간의 분별심은 대상의 존재를 잘못 보는 데에서 일어날 수 있으므로 주관과 객관이라는 상대 속에서 인식하는 마음의 작용을 절대시하지 말라고 한다. 모든 개념에 끌려 주관과 객관을 세우는데서 인간이 고뇌를 스스로 받기 때문에 인간의 마음가짐에 따라 무한히 향상 발전해 나갈 수 있다고 본다. 무아연기의 근본 진리를 체득하여 이상적인 화합과 융화사회를 이루는 것이 석가의 이상이다. 그의 이상형은 기원 전 3세기의 아쇼카 왕에 의해서 실현되었다.

(2) 아쇼카(Ashoka) 왕의 평화정책

불교가 인도의 마우리야 왕조의 아쇼카 왕 때 보편적인 세계종교이자 평화종교라는 사상이 전개되어 오늘에 이르렀다.

아쇼카 왕은 즉위 9년이 되던 해에 동남 인도에서 거대한 세력을 가진 칼링가왕국을 정복하였다. 그 전쟁이 최후의 전쟁이었고 전쟁의 참상을 본 그는 뼈저린 참회로 진리 구현을 위한 정치를 행하고자 결심했다. 그는 불교를 신봉했기에 전쟁을 포기했고 인간의 이법(理法)으로서의 정법에 의한 정치를 하려고 노력하였다. 그 뿐만이 아니라 그는 스스로 외국에 법을 홍포하기 위하여 '법의 사절'을 파견하였다. 그 결과로서 그리스인을 비롯하여 이방 제국에 자신의 법의 이념이 실현되는 것을 보고 즐거워했다고 한다. 그는 자비와 시여의 정신에 의하여 영토 내의 도처에 사람을 치료하는 병원과 가축병원을 건설하였고 남방 인도나 세일론(스리랑카) 혹은 그리스의 제국에도 이러한 병원이 세워지는 것을 지극히 기뻐하였다고 한다.

오늘날의 강대국 간의 사상적인 대립이나 외국에 대한 원조, 우방국가 간의 친선 관계가 바로 그 정신에서 비롯된 것이다. 아쇼카 왕의 정치사상에는 이와 같이 보편적인 법에 의하여 정치를 행하는 국가들 사이에 공동의 이념이 있어야 한다는 것을 발견할 수 있다.

(3) 평화사회의 구현으로

㉮ 평화의 길

불교의 『법구경』에 "이 세상에서 원한은 원한에 의해서 결코 풀어지지 않으니 원한을 버릴 때에만 풀린다. 이것은 변치 않을 영원한 진리"라고 한다. 불교의 평화사상이 여기에 압축적으로 표현되어 있다.『법구경』에는 승리는 원한을 낳고 패자는 괴로워 누워 있다. 마음의 고요를 얻는 사람은 승패를 버리고 즐겁게 산다(201절)고 기록되었다. 다시 태어남을 약속하기보다 우리는 언젠가 죽어야 할 존재임을 깨달으면 온갖 싸움이 사라질 것(제6절)을 알리며 싸움의 종식을 유도한다.

힌두교의 『바가바드기타』는 범법자를 제거하는 의로운 전쟁을 통해 세계의 질서를 보전함으로써 평화를 유지한다는 가르침을 전파하는 데 반해, 불교의 《법구경》은 승패의 기준을 떠나 고뇌와 탐욕 그리고 원한 속에서도 수행을 통해 마음을 굳게 잡아 사는 길을 제시하고 있다. 그 실천의 길은 구체적으로 세 가지의 모습인 평화로운 사회, 평화로운 인간관계, 평화로운 마음씨로 그려 보이고 있다.

① 평화로운 사회는 인간들이 즐겁게 살 수 있는 사회다. 단지 제 마음의 즐거움만이 아니라 같이 더불어 함께 사는 즐거움이 있는 사회다. 불교에 따르면 개인의 도덕적 행위와 적당한 부가 함께 할 때 평화로운 사회는 가능하다고 한다.

팔리어 불전 《앙구타라 니카야》 는 정의로운 지배와 경제적인 안정은 모든 백성의 기본적 욕구를 충족시킴과 동시에 그들로 하여금 다음과 같은 네 가지 즐거움을 함께 누릴 수 있도록 한다고 가르친다.

첫째, 소유의 기쁨이다. 지나친 탐욕이 아니라 정당한 방법으로 획득한 적당한 부에 만족하는 기쁨이다. 둘째, 부를 사용하는 기쁨이다. 첫 번째의 소유를 제대로 의롭게 사용할 때에 느끼는 기쁨이다. 본래 소유는 도구적 가치를 지닐 뿐 그 자체가 궁극적 즐거움을 주는 것은 아니다. 셋째, 빚이 없는 기쁨이다. 한갓 금전적 빚으로부터의 자유 뿐만 아니라 일체의 의무를 수행하고 더 이상 사회에 빚을 지지 않는 자, 그는 즐거울 수밖에 없다. 넷째, 허물이 없는 기쁨이다. 오직 의롭고 더 있는 도덕적 삶을 누리는 자에게 이 기쁨은 가능하다. 불교가 그리는 평화로운 사회는 단지 전쟁이 없다는 소극적 표현을 넘어 고상한 도덕성이 삶의 질을 결성하여 사회 구석구석에 웃음꽃이 피는 사회다.

② 평화로운 사회의 구성원들에게서는 네 가지 덕성이 보인다. 친절함, 남의 고통을 나누어 가짐, 남의 기쁨을 나누어 가짐 그리고 고통과 기쁨을 비롯하여 어떠한 고난에도 흔들리지 않는 평정한 마음이다. 흔히 한자로 사무량심(四無量心: 慈, 悲, 喜, 捨)이라 하여 자비희사의 네 가지 마음가짐은 불교적 평화를 이룩하는 대인 관계의 기본적 태도라 할 수 있다. 아마 사무량심 가운데 친절 하나 만이라도 실행하면 그 사회는 물론 국제 관계에서도 즉시 평화가 올 것이다.

③ 불교의 핵심은 무엇보다도 사회 또는 국가간의 평화보다는 먼저 한 개인의 마음에 깃든 영구한 평화의 구축에 있다고 할 것이다. 마음이 평화롭지 않는 불자(佛者)가 아무리 사회와 국가의 평화를 외친다면 그것은 헛된 공염불일 것이다. 팔정도(八正道, 불교 수행의 여덟 가지 덕목)를 따라 마음을 가라앉혀 올바른 수행을 거친 자는 이른바 마음속의 부정적 3대 요소, 즉 탐욕과 화냄, 어리석음을 제거하여 다시는 그와 같은 마음 가짐을 지니지 않게 된다. 이처럼 흔들림 없는 평화로운 마음씨를 일컬어 불교에서는 열반이라 한다.

열반을 궁극의 목표로 수행 정진하는 사회가 곧, 불교적 평화로운 사회요, 그 구성원이 평화를 진작하는 평화의 일꾼이 된다고 본다. 지금까지 말한 평화로운 불교적 이상향의 세 가지 모습을 재정리 해본다.

첫째, 누구나 최소한의 욕구를 충족시키는 단순 소박한 생활을 영위한다. 둘째, 인간의 기본적 의무를 수행함으로써 기본적 인권이 보장된다. 셋째, 통치자와 행정 요원들은 모두 의롭고 도덕적이다. 넷째, 모두에게 일터가 주어지고 최소한의 생활이 보장된다. 다섯째, 사회 구성원은 적어도 다섯 가지 불교의 계율을 자발적으로 지킨다. 여섯째, 도덕의 인과응보를 믿어 남을 해치지 않고 누구나 즐거운 삶을 누리도록 도우면서 살아간다.

㈏ 평화저해의 7가지 요인

모든 인간이 완성된 인격의 소유자들은 아니다. 현실을 냉철하게 관찰한 부처님은 평화를 저해하는 원인을 세밀히 분석하여 그것을 차근차근 점진적으로 제거함으로써 평화 구축의 토대를 마련한다. 그렇다면 불교가 지적하고 있는 평화의 저해 요소는 무엇인가? 첫째, 쾌락의 추구가 사회 구성원간에 경쟁과 갈등을 조장한다.

둘째, 지나친 가난이 사회에 온갖 범죄를 유발시키는 온상이다.

셋째, 한 견해에 집착하여 자기 또는 자파의 주장만 옳고 남 또는 다른 편들은 모두 그르다고 고집하여 사회 갈등이 야기된다.

넷째, 언어가 사회 갈등의 불씨가 될 수 있다.

다섯째, 여러 사회 구성원들이 이론적으로는 모두 평화롭게 서로 어울려 살기를 원하면서 왜 종종 분쟁에 돌입하는지 의문이다. 즉 상이한 사회가 지닌 편견도 갈등의 불씨가 된다는 것을 알아야 한다.

여섯째, 지나친 이기심이 불화의 원인임은 거의 모든 성현들이 지적하는 것이다. 원한은 자신의 정체성에 손상을 주었다고 여겨질 때 생기며 그 아픈 마음은 자신의 자아 정체감의 강도에 비례하여 높아만 간다. 원한이 없는 자에게, 즉 자아 정체감을 초월한 부처에게는 분쟁과 불화가 있을 수 없다.

일곱째, 앞에서 말한 자아 정체감을 벗어나지 못한 범인들은 각기 구체적으로 몸과 마음이 결합한 채 이 세상에서 삶을 영위한다. 더 세분하면 마음은 나의 감각, 생각, 버릇, 의식으로 나뉘고 이것들에 이 몸을 합쳐 다섯 덩이로 뭉쳐진 이른바 '나'라는 개별아는 세상 현실에 저마다 독특한 반응을 보이며 온갖 인간관계에 반응하며 산다. 이 자아라는 미망의 감옥에서 벗어나지 못하는 한 우리들은 서로 상이한 견해와 감정, 의식의 덩어리들로서 서로 부딪쳐 충돌하며 살기 마련이다. 특히 지나친 탐욕과 쾌락의 추구가 지배적인 사회일수록 불화와 갈등은 두드러진다. 그럼으로 인간의 본성을 잃어버리고 끝없는 욕망의 충족과 물질의 노예가 되어 싸움과 불화를 자행한다. 이와 같은 극악한 인성의 밑바닥에도 앙금처럼 가라앉은 불성이 있음을 믿고 불성을 계발하여 자비심을 배양하는 길만이 인류에게 평화를 증진시켜 나가는 길이다.

㉔ 비폭력의 실천 - 오중계와 평화학의 방안

불교의 기본적인 평화증진은 비폭력의 실천에 있다. 그것은 단지 생명을 지닌 존재를 죽이지 않는다는 소극적 불살생을 포함할 뿐만 아니라, 넓은 의미로 불교의 오중계(五重戒) 를 모두 적극적으로 실천하는 불교의 윤리적인 삶의 이행에 있다.

오중계는 ① 일체의 생명을 존중해서 이를 내 것으로 빼앗지 않는다. ② 생명 아닌 물건도 주지 않는 것이라면 취하지 않는다. ③ 육욕에 따르는 일탈 행위를 범하지 않는다. ④ 거짓말을 하지 않는다. ⑤ 마음을 어지럽히는 일체의 음식을 절제한다.

요즘의 불교인들은 평화의 증진을 위한 평화학의 방안을 살펴보면 다음과 같다.

첫째, 가난을 구제하고 고용의 기회를 확대할 것, 둘째, 생활수준을 높일 것, 셋째, 교육 기회를 확충할 것, 넷째, 건강보건시설을 제공할 것, 다섯째, 인권을 보장할 것 여섯째, 무력 사용을 철폐할 것 등을 그 내용으로 한다.

불교의 삼독사상인 탐진치(貪瞋痴)의 근본적 제거는 인간의 근본적 자기 개조에 있음을 다시 한 번 강조한다. 원칙적으로 개인의 평화 없이 사회의 평화는 있을 수 없기 때문이다.

3) 유교의 평화사상4)

유교는 타인의 인격(人格)을 나의 몸과 같이 생각하며 인간의 생명을 존중하고 예(禮)로써 그를 존숭한다. 생명의 존엄성은 인간이 대자연속에 소우주로서 주체성을 가지고 있다는 것이다. 인간은 자연과 대립하고 다투는 관계가 아니라 유기체적 존재로서 조화를 이루어 나가는 상호의존적이다. 천부적(天賦的)인 어진 마음을 가지고 생활에 임하면서 인간의 도덕적 가치를 구현하고자 하는 것이 바로 공자의 인도(仁道)사상이자 평화사상이다.

도덕적 인간관계는 수신(修身)과 덕행(德行)을 통해 효(孝)를 실천하여 화목(和睦)을 다졌고 국가에 충성을 할 수 있는 사상은 정치적 덕목이자 사회의 근간이 되었다. 이러한 충효예의 실천은 가정에서부터 시작한다.

사회적, 국가적 인간과 사랑의 실천도 가정에서 출발한다. 인간과 사회와 국가의 평화는 가정공동체의 행복과 직결되어 있다고 본 것이다. 그러므로 가정의 구성원은 각자 자기의 역할을 다하도록 강조하였다. 부부의 관계가 신의와 사랑으로 맺어지면 가정에서 부모는 부모답고 자녀는 자녀다운 가운데 서로 화목으로 결속할 수 있고 그 힘은 바로 건전한 사회의 기반을 이루게 된다.

사랑의 실천덕목인 충서(忠恕)는 공동사회에서 중요하게 여긴다. 가정에서 부모와 형제간의 사랑을 바탕으로 하여 인류애와 자연 사랑에 이르기까지 이루고자 하는 대동(大同)사회는 유교의 이상형이다. 이는 가족 간의 진정한 사랑이 나아가 사회와 인류를 사랑하고, 우주만물까지 사랑할 수 있다는 평화사상이다. 그에 수반되는 다양한 핵심용어 중에 몇 가지를 아래와 같이 정리하였다.

---

4) 제6회 유교사상 국제회의 논문. 1999. 오석원, 참조.

(1)예(禮)

공자가 말하는 예의 본뜻은 오늘날 예의 의식과 같이 좁은 뜻이 아니라 천제(天祭)를 지내고 하늘의 계시를 받아서 그것을 실천하는 것(承天事人)이다. 이것은 바로 천도(天道)를 따라 인간사 제반을 다스린다는 뜻이기도 하다. 옛날에는 모든 문물제도나 행동규범을 하늘의 이치에 따라 정했다는 것을 말해준다. 외형만을 예라고 착각하기 쉬우나 예의 본래의 뜻은 천도를 따르는 것이다. 그러므로 공자는 인간의 종교적, 이성적 차원에서 예를 학문의 지극함으로 높였다. 예가 진리의 실체가 된 것이다.

"예를 배우지 않으면 설 수가 없다"(논어-계씨)고 하였다. 그리고 공자가 절대적 실재인 나(我)를 극복하여 예에 돌아가라(克己復禮), 넓게 배우고 예로써 중심을 삼으라(博文約禮)는 것은 개인적 지식을 넘어 영원한 진리의 실체인 하늘에 복귀하라는 뜻이다.

본래 하늘은 만물을 진선미의 조화와 질서 속에서 번성하게끔 섭리하고 있다. 그와 같이 인간사회의 정치도 예를 통해 만민이 그러한 질서 속에서 모든 행동규범을 정한 것이다. 이는 예의 외형이며 하늘이나 자연의 조화적 질서가 아름답듯이 문화적이고 예술미를 갖추게 마련이며 그 내용은 어디까지나 사랑과 인애(仁愛)와 덕치(德治)로 드러난다.

(2) 인애(仁愛)와 덕치(德治)

사람은 하늘처럼 만물을 끝없이 사랑하는 천성을 부여받았기 때문에 하늘처럼 모든 생명을 사랑해야 하고 더욱이 사람을 사랑해야 한다. 이러한 인간애가 바로 인(仁)이다. 그리고 이 인애(仁愛)의 시발점은 부모와 자식이란 절대로 끊을 수 없는 천륜에서 비롯된다. 조건 없는 부모의 사랑은 위대한 사랑이다. 하늘의 사랑과 같이 넓고 끝이 없다. 이 사랑에 보답하는 것이 효(孝)다. 효는 부모에 대한 맹목적 복종이 아니다. 자식으로서 부모에게 사랑을 깨닫고 부모의 뜻을 받들어 올바른 역사발전의 사업을 구현하자는 것(繼志述事)이다.

한편 사회에는 선배 후배, 형과 아우가 있게 마련이다. 이들이 서로 공경하고 협동하는 것이 제(悌)다. 이것도 윤리적 사랑(愛)의 횡적 표현이다. 따라서 종적 사랑인 효와 횡적 사랑인 제는 인을 이룩하는 기본(孝悌也者爲仁之本)이라고 공자는 말했다. 이렇듯이 인은 인간애를 바탕으로 한 것이다. 이러한 인애(仁愛)를 가정에서 펴고 나라에 펼치고 세계인류에게 확대하여 사해(四海)의 동포가 함께 형제가 되어 인류가 하나의 집안을 이루어 세계평화를 이루자는 것이 공자의 인의 이상이다. 인(仁)은 남을 사랑함(愛人)이다. 인으로써 남에게 넓게 베풀고 모든 무리를 구제하는 것(博施濟衆)은 인을 넘어선 성(聖)의 경지라고 공자는 말했다.

그리고 물질적인 위협들에 대한 공자의 해결책은 - 법률적 '행동이나 명령'(政)이나 강제적인 처벌(刑)에 있기 보다는 - 인간의 도덕적 자율성에 호소하는 일이다. "행정명령(政)으로 이끌고 형벌(刑)로 다스리면 백성들은 잠시 벌을 면하려 할 뿐이요 (도덕적으로) 부끄럽게 여기지 않을 것이다. 덕으로 이끌고 예로 다스리면 사람들이 도덕심을 갖게 되고 마음에서 받아들인다"(논어-爲政)고 하였다. 따라서 사회적인 불화와 심각한 갈등을 해소시키고 평화와 화합을 이룰 수 있는 유일한 길은 우선 각자의 도덕성을 발양하는 것이다. 사회적 규범으로서의 예는 또한 바로 화합을 이루어 내는 일이다(논어 學而). 공자는 도덕성의 구체적 실현이 덕치(德治)이며 덕치를 통한 백성들과의 화합과 조화만이 공동체의 평화를 가져올 수 있다고 보았다.

공동체의 화합을 실현하기 위해서는 생산물의 균등한 분배가 생산 자체의 추구보다 더 본질적이라는 것이다. 만인들의 화합과 평화가 이런 공동체 안에서 이루어진다. 공자의 정치적 이상에 대해 자로(子路)가 질문하자 공자는 "노인들을 편안히 해주고 친구들이 신임해주고 어린이들을 가슴에 품어주는 일이다"(公冶長, 5;216)라고 했다. 공자의 이상향이 보다 구체적으로 드러났음을 알 수 있다. 실제로 공자는 당대의 지식인들 모두에게 도덕심을 발휘하여 공리주의를 극복하고 덕치에 힘쓸 것을 강조했다. 그는 모두가 균등하게 편안히 살면서 젊은이와 노인들을 아끼고 보호해주며 그리고 동료와 친구들 사이에 우애와 신의를 느끼게 되는 이상적인 공동체 실현을 위한 평화의 윤리를 펼친 것이다.

같은 맥락에서 맹자는 인의(仁義)로써 설득 하여야 함을 강조한 것도 바로 여기에 있는 것이다. 사랑과 정의의 본질인 인의의 도리를 올바로 인식한다면 국가의 기강과 질서를 올바르게 확립하고 세계의 평화를 깨뜨리는 전쟁의 문제를 본질적으로 해결 할 수 있기 때문이다. 맹자에게는 위정자들이 백성들과 화합하여 평화를 이루어 낼 수 있는 기틀은 바로 일찍이 공자가 말했던 인의 도덕적 교의를 실현해 내는 일이다. 인정(仁政)을 펼치는 인자(仁者)는 더 이상 적이 있을 수 없다.(仁者無敵)(梁惠王 상)는 것이다. 이는 적대적인 침략전쟁의 종식을 구현하는 세계적인 메시지인 것이다.

현실사회에서 정치적으로 인정(仁政)을 실현하고 나아가서는 이상향인 대동(大同)세계에 도달하고자 하였다. 하지만 그 출발은 바로 나에게 있다. 인을 이룩하는 것은 남이 아니라 바로 나로부터 출발한다(爲仁由己而由人乎哉). 내가 바로 사람사랑의 핵심이라는 각성은 자기 자신의 성품을 바르게 하는 수행이 필요하다. 그러한 수행은 자기의 이기적 입장을 극복해서 남을 올바르게 가르쳐야 한다는 당위성이 따른다. 따라서 천도나 진리에 복귀하는 것(修己治人), 극기복례(克己復禮)할 수 있는 사람이 참다운 지성인이자 휴머니스트은 군자다.

  (3) 군자(君子)의 도(道)

  군자의 행함은 바로 "자신을 닦아서(자기주위의 지도적인)사람들을 편안하게 해주는 일" 이다(憲問, 14:42). 그리고 자신을 닦는 일(修身)은 바로 인(仁)을 이루어내는 일이다. 인(仁)을 실현하는 길은 무엇인가? 각자가 자기의 입장을 미루어서 상대방을 절실하게 이해하여 자신에게 싫은 것을 상대에게 하지 말라는 최소한의 실천행위(恕)가 있어야 한다. 그리고 내가 원하는 것이 또한 상대방도 원하는 것이라면 내가 양보하여 상대방이 먼저 그것을 이루게 도우라는 최대한의 적극적 실천행위(忠)가 필요하다, 즉 충(忠)과 서(恕)를 통한 대화합(大和合)의 실현이다. 이런 인의 발현을 통한 덕치(德治)가 바로 사회적 평화와 안정에 필수라고 보았다.
  성선설(性善說; 인간 본성이 본래 착함)을 강조한 맹자(孟子)처럼 어진 정치(仁政)와 도덕적 인간관이 성숙되고 국정수반의 기반이 되어야 평화사회를 열어갈 수 있다. 이러한 사회를 이루기 위해 유교에서는 군자(君子)의 도(道)를 가르치고 실행하게끔 하였다. 군자가 되기 위해서는 배워야 한다.
  논어 첫 장의 시작은 배우고 때로 익히니 또한 즐겁지 아니한가(學而時習之 不亦說乎)라는 것이다. 여기서의 학문은 지식 습득뿐만 아니라 도덕적 수양까지 포함한다. 그 좋은 지식, 바른 학식을 사랑의 마음으로 헌신적으로 사회를 위해 실천으로 옮겨야 한다.
  군자는 학식과 덕행을 겸해야 한다. 말 보다 행동을 앞세우는 실천가라야 한다. 그러므로 위에서 언급한 극기복례(克己復禮)는 바로 나를 죽이고라도 인(仁)을 이룩하는(殺身成仁) 것이다. 공자의 핵심사상인 인(仁)

은 휴머니즘이다. 따라서 인의 구현은 바로 남을 사랑하고 만민을 안락하게 해 주는 것(修己以安民)이다.

현대적인 군자는 학덕을 쌓아가지고 올바른 정치와 현실에 참여하여 휴머니즘을 구현하는 엘리트라 하겠다. 공자는 '사람이 진리를 넓게 구현시킨다. 진리가 사람을 넓히는 것이 아니다(人能弘道,非道弘人)'라고 했다. 세계평화의 구현은 나(我)라고 하는 사람을 완성하는 데서부터 기대할 수 있다. 그러므로 군자는 수양을 통하여 자기를 완성하고, 원만한 인간관계를 이루고 성인(聖人)이 되어 궁극적으로는 자연 또는 천도와 합일되는(天人合一) 이상적인 사람인 것이다. 그 사람은 세계평화의 윤리적 지침이 된다.

(4) 충서지도(忠恕之道), 유교의 중용(中庸)적 화해론[5]

유교의 인류적 보편 애(愛)는 인(仁)에서 나오는 윤리도덕의 핵심이며, 또한 화해사상의 기초 이론이자 평화를 이끄는 원초적인 동력이 된다. 공자는 "자기를 이겨 예에 돌아가는 것이 인을 하는 것이니, 하루라도 자기를 이겨 예에 돌아가면 천하가 인으로 돌아 갈 것이다"(顏淵 問仁 子曰 克己復禮 爲仁 一日克其復禮 天下 歸仁焉 『논어』,「顏淵」)라고 하였다. 인을 실현하는 방법은 가까운 곳으로부터 먼 곳에 이르기까지 미치며, 자기를 미루어 남에게 미친다는 것이다. '예'와 '인'이 밀접한 표리관계를 유지하고 있다는 것을 알 수 있다.

증자는 매일 자기 자신을 세 번씩 반성(曾子曰 吾 日三省吾身;『논어』,「학이」)하면서 스스로 어진 마음이 흔들리지 않게 노력했다. 이와 같이 어진(仁)마음을 가지고 사람을 사랑하는 것(愛) 즉, 인애(仁愛)는 가정에

---

5) 제6회 유교사상 국제회의 논문. 1999. 최용수, 참조

서부터 국가까지 이어진다. 사회구성의 원초적 기본단위인 가정은 화목이 최우선이고 가정의 화목은 사회 전체안정의 기초이기 때문에 가정화목이 사회의 화해와 평화를 이루는 중요한 요소가 된다.6)

논어 學而편에, "제자는 들어와서는 효도하고 나가서는 공손하며, 행실을 삼가고 말을 성실하게 하며, 널리 사람들을 사랑하되 친인(親仁)으로부터 해야 한다" 고 하였다. 남을 사랑하는 것은 먼저 자기를 사랑하는 친인으로부터 개시하여 일체의 사람을 사랑하는 데로 나가야 한다. 때문에 "효제(孝悌)"는 곧 유교의 평화윤리학의 핵심이 된다.

사회생활에서 사람과의 교제에는 인애정신으로써 인제(仁悌)관계를 처리하는 중요한 도덕적 준칙이 충서지도(忠恕之道)다. 주희가 말하기를 충(忠)은 하늘이 부여한 천도(天道)로서 진실한 품성이고, 서(恕)란 나의 품성이 다른 사람에게 나타난다고 하였다. 충서가 인에 바탕을 두고 있다는 것을 설명한 것이다. 따라서 충은 만사만물의 근본인 주체이므로 서의 근원이고, 서는 충의 작용이며 실천이다. 충과 서를 성인의 품성으로 보면 충은 성(誠)이고 서는 인(仁)이라 할 수 있다. 그러므로 서는 추기급인(推己及人)에 기초하며 그 뜻은 내가 원하는 것은 남도 원하고 있다는 것을 미루어 짐작한다. '서'(恕)는 입장을 바꾸어 생각해서 자신의 마음과 타인의 마음을 비교해보고 자기 자신을 대하는 것처럼 타인을 인애정신으로 대해는 것이다.

충서지도(忠恕之道)와 관계가 밀접한 성신(誠信)은 또한 인제관계를 처리하는 중요 내용이다. 성신은 곧 충성과 신의다. 충 즉 충성은 다른 사람을 대하는 것에 성심성의하고 실재적으로 하여 표리가 같고 언행일치

---

6) 부자자효(父慈子孝), 부의처현(夫義妻賢), 형제(兄弟)우애(友愛)는 가정윤리의 본질이다. 가정윤리는 사회의 안정의 적극적인 작용요소가 된다.

하는데 도달하여야 함을 요구한다.[7] 따라서 충서(忠恕)는 인애(仁愛)의 외연상의 확대이고, 성신은 인애의 내용에서의 심화다. 이러한 화해를 추구하는 도덕적 요구는 보편적 의의를 갖는다. 충서(忠恕)와 성신(誠信)은 형제, 붕우(朋友), 동업자 등의 사이에 적용되고 동시에 또한 부자, 군신(君臣)의 사이에 적용된다.

"군주는 신하를 부리되 예로써 하고, 신하는 군주를 섬기되 충으로써 한다"(논어, 팔일) 이러한 쌍방의 요구에 대해 "아래로써 위를 공경하고, 위로써 아래를 공경한다"(맹자, 만장 하)고 하였다. 양자가 마땅히 서로 존중하고 공경해야 하는 관계임을 명확히 한 것이다.

이와 같이 상호 호혜적 관계에 있어야 하는 사회의 안정과 국가의 평화를 실현할 수 있는가의 여부는 화해적 정치를 실현하는데 있다. 공자는 "백성을 부리되 큰 제사를 받들 듯 하라"(논어-악연)고 말하였다. 맹자는 "백성이 귀하고 사직이 다음가며 군주가 가볍다."(맹자-진심하)라고 하였다. 위정자는 어진(仁) 정치를 실행 해야만 민중의 지지를 얻어 그 사직의 안정을 유지할 수가 있다는 것이다. 애민(愛民)으로부터 출발한 인정(仁政)은 천하를 안정시켜 화해에 도달하여 평화로움을 이룰 수 있다.

화해에 이르는 길은 중용(中庸)의 도를 준행하는 것이다.『중용』첫 장에 희노애락이 발하지 않는 것을 '中'이라 하고, 그것이 발하여 절도에 맞는 것을 '和'라고 하며, '중'과 '화'를 극(極)에 이르게 하면, 천지의 위치가 바로잡히고 만물이 생육된다고 하였다. 따라서 '중(中)'은 '미발지중((未發之中)'이란 말과 같이 자연의 차원을 뜻하고 '화(和)'는 '중절지화(中節之化)'란 의미처럼 인간의 처지를 뜻한다. 그리고 "중(中)은 천하의 대본

---

7) 맹자는 "성은 하늘의 도이고, 성 하려고 생각하는 것은 사람의 도이다."(孟子, 離婁 상)라고 하였다. 성의와 신의가 같은 맥락에서 중요하다. 공자는 "붕우(朋友)와 더불어 사귐에 말하되 믿음이 있어야 한다."(論語, 學而)라고 말하고 "말은 반드시 믿음이 있어야 하고, 행동은 반드시 과감해야 한다"(論語, 子路)고 하였다.

이고 화라는 것은 천하의 달도(達道)다" 라고 했다. 중은 천하의 대도이며 화(和)는 천하의 대도를 통달하는 것을 뜻한다. 화해와 중용은 서로 비슷하며 공통점이 있으나 양자의 중점과 속성은 다르다. 화해는 사물사이의 안정적인 균형과 질서의 협조상태를 말하며, 중용은 사물의 법도를 명확히 파악하여 합당하게 처리 하도록 하는 것이다.

중용의 도는 화해를 실현하는 길이요 평화를 이루는 방법이다. 화해는 중용의 목적이고 중용은 화해의 실천방법이다.

유교문화의 특징 중에 평화사상은 보편적 인애(仁愛)사상의 실천에 있다. 하늘이 부여한 어진 마음을 가지고 각자 스스로가 인간생명의 고귀함을 깨우쳐 존중하여 우리와 함께 사회에 실천하는 것이다.

가정 공동체의식에서부터 신의와 화목을 중시하는 것은 나아가 인류애 즉, 사해동포주의를 구현하는 것이다. 그러므로 인(仁)에서 기원된 예와 충효는 모든 사람의 덕목이며 충서지도는 유교의 이상향인 대동 사회를 지향하는데 있다. 이를 이루기 위해서는 군자의 도가 먼저 선행되어야 힌다. 그래서 유교는 본연지성(本然之性)을 함양하기 위해 솔성(率性)을 주장했다. 각자의 수양은 정신적 평화를 도모하고 인류애를 함양시켜 가치의식을 높이기 때문이다.

4) 도교의 평화사상

(1) 노·장자의 평화사상

　노자와 장자(노장)는 사람들의 소박한 개성이 자유롭게 발휘되어 개인과 사회 그리고 자연 일체가 평형과 조화를 이룰 수 있게 되는 것을 평화의 이상으로 여겼다. 그들은 평화로운 세계가 깨어지고 인간들 사이에서 갈등과 전쟁이 생겨나게 된 원인은 통치자가 등장하여 자연스럽게 살아가는 사람들을 인위적으로 다스리기 시작하면서 되었다고 주장한다.

　갈등과 전쟁 속에 춘추전국시대의 제후들이 추구하였던 제자백가들의 모든 것을 노장사상의 입장에서 보면 그들의 행위는 근원적인 해결 방법이 아니다. 그러한 행위는 인위적인 통치행위인 것이며 또한 제도와 규범에 의해 빚어진 갖가지 불화를 인위적인 방법으로 해결하는 것이기 때문이다.

　노장사상에서 인위적인 것은 아무리 그것이 고상한 도덕규범이라고 할지라도 천연적인 것과 차이가 있다고 본다. 따라서 인위적인 통치행위, 상벌 제도, 인의예지 등으로 사람들 사이의 관계를 바로잡고자 한다면 사람들의 소박한 마음과 성정을 어지럽히고 다치게 할 수 있다는 것이다.

　사람들의 마음이 한번 어지럽혀지면 그들에게는 외물에 의지하려는 의식이 형성되고 그렇게 되면 부귀와 공명을 쟁취하기 위해 갈등과 싸움이 격화될 수 있다. 그러나 본래의 이 사회는 외물에 대한 지식이나 욕심 없이도 살아갈 수 있는 사회다. 이러한 사회를 실현하기 위해서는 군주들의 인위적인 통치행위가 지양되어야 한다고 노장은 역설하면서 무위의 정치를 주장하였다. 무위의 정치란 백성들이 성정을 자연스럽게 발휘할 수 있도록 그들의 자발성에 맡기는 것이다.

무위의 정치는 자연에 따르는 것이라고 할 수 있다. 자연에 따르는 정치는 백성들의 기능 발휘를 획일화하지 않고 백성들이 일을 처리할 때 그 방식을 똑같게 하지 않는 것으로 나타난다. 이는 사람들의 다양한 성능과 행위를 살린다는 다양성의 실현을 의미한다. 따라서 노장의 평화사상은 획일적인 통일이 아니라 개인의 성능과 행위를 다양하게 발휘하게 하면서 조화를 이루게 하려는 것임을 알 수 있다.

다양성의 조화로운 실현을 위해서는 사람들이 각자 자기의 본성인 덕(德)을 회복하여 그에 따라 생각하고 말하며 행위로 나타낼 필요가 있다. 그것은 마치 나뭇잎과 나뭇잎이 서로 통하기 위해서는 그의 뿌리로 돌아가야 하듯이 인간들도 서로 통하려면 표층적 의식인 심지(心志)에 의거하는 것이 아니라 각자의 본성인 덕(德)을 회복해야 한다. 인간의 본성인 덕(德)은 인간들 사이에 서로 통할 수 있는 뿌리일 뿐 아니라 인간 이외의 사물들과도 통할 수 있는 것이다. 이러한 이론에 근거하여 노장에서는 개인과 개인, 인간과 자연의 조화가 가능하다고 주장한다.

순수 자아의 본성인 덕을 회복하여 그 덕을 온전히 지닌 사람은 천락을 누리며 자족할 수 있다. 자족한 사람은 부귀, 공명 등 외물에 의존하지 않고서도 자아의 생의를 꽃 피우고 열매 맺게 할 수 있다. 평화로운 사회를 이룩하기 위해서는 위정자의 인위적인 통치 행위가 지양되어야 할 뿐만 아니라 남에게 의존하지 않고서도 살아갈 수 있는 자족적 인생관이 필요하다고 한다.

① 무위자연사상 속에 평화

화평(和平)과 평화가 유사하게 사용된다. 평화라는 단어는 좁은 의미로는 전쟁이 없는 상태를 가리키지만, 넓은 의미로는 사람들이 서로 화목하게 지내는 것 뿐 아니라 개인과 사회 그리고 자연의 모든 사물, 사건들이 평형과 조화를 이루는 것을 뜻한다.

평화로운 세계를 묘사한 글이 다음과 같이 『장자』에 실려 있다.

> "저 백성들은 떳떳한 성품을 지닌 채 베를 짜서 입으며 밭을 갈아 먹는다. 이것을 '동덕'(同德:공통의 성품)이라고 한다. 한결같아서 편애하지 않는다. 이를 '천방'(天放: 하늘이 준 자유)이라고 한다. 그러므로 지덕(至德)의 세상에서는 백성들의 행위가 여유롭고 침착하며 그들의 시선은 순박하였다.… 무릇 지덕의 세상에서는 금수와 더불어 살고 만물과 함께 살았으니 어찌 군자와 소인을 알았겠는가? 무지한 것들과 함께 하였으니 그의 德이 떳떳한 성품을 이탈하지 않았으며, 욕심이 없는 것들과 함께 하였으니 이를 소박하다고 일컫는다. 소박하여 백성의 진실한 성품이 살려질 수 있었다."

평화로운 세계에 대한 장자의 이상과 세상은 통치자(君子)와 피통치자(小人), 지자와 무지자, 도덕군자와 난신적자(亂臣賊子)등이 분화되기 이전의 사회이었기에, 사람들이 세금을 내거나 군대에 끌려가는 일 또는 통치자의 간섭과 지배를 받는 일이 없었다. 그러므로 그들은 떳떳한 성품을 잃지 않고 하늘이 부여한 자유를 누릴 수 있었다. 또한 그들은 필요한 만큼 일하여 먹고 입으며, 산천초목, 금수, 조작(鳥鵲) 등 자연물들과 사이좋게 어울려서 넉넉하고 소박하게 살아갔다. 이를 통해 볼 때 장자는 떳떳하고 소박한 개성을 자유롭게 살리면서, 동시에 만물과 공생하며 개인, 사회, 자연의 모든 것이 평형과 조화를 이루는 것을 평화 이상으로 여기고 있음을 알 수 있다.

② 이상사회의 역사적 변천

고대의 사람들은 혼연일체 속에서 세상과 하나가 되어 담막(擔莫:욕심이 적고 마음이 차분함)할 수 있었다. 이때에는 음과 양이 조화를 이루어 영정(寧靜)하고 귀신조차 어지럽히지 않으며, 4시(四時)가 절기에 맞고 만물이 다치지 않으며, 갖가지 생물이 요절하지 않았다. 그러므로 사람들이 비록 지각능력을 지니고 있었다고 할지라도 그것을 쓸 곳이 없었다. 이를 '지일'(至一)이라고 한다. 이때에는 그렇게 하라고 시키는 사람이 없었음에도 불구하고 언제나 자연에 부합하였다.

윗글에서 살펴본 것 같이 노장사상에 의하면, 이상적인 평화의 세계가 인류 역사상 고대에 있었다고 한다. 유가에서 요순시대를 '지극한 정치가 다스려진 시대'(至治之時)로 파악하고 있을 때, 도가는 다스리는 자와 다스림을 받는 자가 분화되기 이전의 사회를 '지극한 덕이 베풀어진 시대'(至德之世)로 파악한다.

장자는 고대시대에는 개인과 사회 그리고 자연이 혼연 일체가 되어 시키는 자와 시킴을 받는 자의 구별 없이 모두 자연에 따라 살 수 있었는데, 그 뒤 이러한 이상세계가 점점 타락해 갔다고 여긴다.

백락(伯樂)이 말을 잘 다스리며 목공이 나무를 잘 다스리고 도공이 진흙을 잘 다스리듯이, 흔히 성인은 천하 사람들을 잘 다스린다고 한다. 장자는 이 때에 다스리는 자의 시각이 아니라 다스림의 대상이 되는 것 즉, 나무, 찰흙, 말 그리고 천하 사람들의 입장에 서 있다 다시 말해서 장자는 백락과 목공 그리고 도공의 가공이 말, 나무, 찰흙의 성질을 해칠 수 있듯이 성인의 다스림도 백성들의 진성을 상하게 할 수 있다고 주장한다. 결국 백성의 진성이란 남에게 아무런 구애도 받지 않으면서 밭 갈아 먹고 옷 지어 입는 것, 활발하게 뛰놀며 각자 타고난 뜻을 마음껏 실현하는 것이다. 그러나 성인의 다스림은 이를 가만히 내버려 두지 않는다. 그들은 백성의 활동을 정제하고 규구(規矩 : 그림쇠)에 부합하게 만들려고 한다. 이러한 성인의 다스림은 백성들의 활동을 위축시키고 백성들의 개성을 다치게 하기 마련이다.

③ 인위(통치행위)는 갈등과 싸움의 원인

장자는 아무리 성인이라고 할지라도 자기의 뜻으로 천하 사람들을 바로 잡으려고 하면 안 된다고 주장한다. 왜냐하면 인간의 의식이란 한 시대, 한 지역의 특정 교육에 의하여 형성된 것이므로 결국 그 시대 지역, 교육에 의해 제한될 수밖에 없기 때문이다. 이 제한성 때문에 그는 사물이나 사건들을 더욱더 깊게 그리고 포괄적으로 보지 못하고 자신이 보고 들어서 알게 된 생각만이 옳다고 고집할 수 있다.

장자는 이러한 의식에 입각한 행위를 인위(人爲)라고 한다. 인위 가운데서도 사회에 가장 나쁜 영향을 미치는 것은 통치자의 인위, 즉 통치행위다. 장자는 통치행위를 인류 사회의 온갖 갈등과 싸움의 원인으로 파악한다.

만약 仁을 숭상하게 한다면 사람들은 무엇인가를 사랑하거나 미워해야 된다. 의(義)를 강조하게 되면 사람들은 옳은 것과 그른 것을 나누어서 옳으니 그르니 하며 따져야 한다. 이렇게 된다면 사람들에게 있는 천연의 성정은 파괴되고 천연의 이치는 어지럽혀질 것이다. 따라서 장자는 "옛날 황제가 인의로써 사람들의 마음을 어지럽혔다"고 말하였고 또한 "저 인의가, 마치 벌레가 쏘는 것처럼 나의 마음을 날뛰게 하였다"고 한다. 인의에 입각해서 사회 문제를 해결하는 것 역시 사람들의 마음을 어지럽힐 수 있다고 주장한 것이다.

노장이 이와 같이 인의로써 천하를 평화롭게 다스리는 것에 대해 회의적인 입장을 취한 것은 공자, 맹자와는 달리 노장은 인의가 인간의 '온전한 덕(德)' 전덕(全德)이 아니라고 파악했기 때문이다. 따라서 노자는 "대도(大道)가 폐한 뒤에 인의가 있게 되었다"고 아래와 같이 주장한다.

"道를 잃은 뒤에 德이요, 德을 잃은 뒤에 仁이요, 仁을 잃은 뒤에 義요, 義를 잃은 뒤에 禮다. 그러하니 禮란 충신(忠信)이 각박해진 탓으로 생겨난 것이며 혼란의 근원이다."

인간의 온전한 덕(德)이 상실되지 않았을 때에는 인의나 예악이 필요하지 않았으니 마치 태양이 밝게 비칠 때 촛불이 필요 없는 것과 같다는 것을 설명한 것이다. 그러나 인간의 온전한 덕(德)이 상실된 후부터는 도덕성으로써 사회적 관계를 유지하기 위해 인의나 예악이 제창되었다고 노자는 주장한다. 이 말은 인의, 예악이 천연적인 것이 아니라 인위적인 규범임을 의미한다. 따라서 인위적 규범은 천연의 덕성과 틈이 있을 수밖에 없고, 이러한 규범으로 사람들 사이의 관계를 바로잡고자 한다면 결국 사람들의 마음을 어지럽히고 사람들의 성정을 다치게 할 수 있다고 본 노장은 예(禮)에 의한 사회문제 해결은 물론 인의에 의한 해결에 대해서도 부정적이었다.

일단 사람들의 마음이 어지럽혀지고 성정(性情)이 불안하게 되면 사람들은 부귀와 공명 따위의 외물의 힘에 의지하여 살고 싶어 한다. 이러한 의존적 의식이 형성되면 부귀와 공명을 쟁취하기 위해 갈등과 싸움이 격화될 수 있다.

장자는 인류 사회의 평형과 조화가 깨어지고 갈등과 싸움이 격화된 이유를 통치자가 인위로써 다스리는 데서 찾는다. 통치자의 의식은 제한되어 있는데 이러한 의식을 가지고 자의적으로 백성을 다스린다면 백성의 소박한 본성을 상하게 할 수 있다. 그뿐만 아니라 통치자들은 그들 나름대로의 어떠한 목표, 예를 들면 국부(國富), 병강(兵强) 등을 위해 상벌을 수단으로 하는 법치(法治) 또는 윤리 도덕 등의 규범을 표방하는 예치(禮治)

를 행하려고 한다. 그러나 이러한 제도와 규범에 의한 인위적인 다스림도 백성들의 마음을 어지럽히고 백성들의 성정을 불안하게 만든다. 결국 심성이 불안해지면 사람들에게는 외물에 의존하고자 하는 의식이 형성되며, 이와 함께 한정되어 있는 외물을 둘러싸고 분쟁이 가중될 수 있다고 장자는 본 것이다. 그렇다면 어떻게 하는 것이 사람들의 마음을 어지럽히지 않고 평형과 조화를 이루면서 각자의 개성을 살릴 수 있는 길인가?

④ 상현정책의 문제점 제기와 대안

개성의 조화를 위한 불상현(不尙賢; 훌륭하다는 사람 떠받들지 말라) 불견가욕(不見可欲; 탐날 만한 것 보이지 말라)

노자는 사람들이 마음 놓고 소박하게 살아갈 수 있는 사회적 환경을 회복해야 한다고 주장한다. 이러한 입장에 서 있었기 때문에 노자는 상벌과 상현정책을 반대하였다. 상현 정책은 현자에 의한 정치를 구현하기 위하여 묵가에서 주장한 것으로 유가 역시 이와 같은 입장을 취하였다. 노장이 당시 상현(尙賢)정책을 반대한 것은 선뜻 이해하기 어려운 것처럼 보인다. 그러나 노장의 사상 체계를 볼 때 이는 불가피한 일이다.

> "현자를 숭상하지 아니함으로써 백성으로 하여금 다투지 않게 하고, 얻기 어려운 재화를 귀하게 여기지 아니함으로써 백성으로 하여금 도적질을 하지 않게 하며, 욕심낼 만한 것을 보이지 아니함으로써 민심이 어지럽게 되지 않도록 한다. 이 때문에 성인의 다스림은 백성의 마음을 허(虛)하게 하고 백성의 배를 실(實)하게 하며 그들의 지(志)를 약하게 하고 그들의 뼈를 강하게 하여, 언제나 백성으로 하여금 무지하고 무욕하게 하며 저 지자(智者)들로 하여금 감히 나서지 못하게 한다."

노자는 현자를 우대하는 것은 사람들의 지식에 대한 욕구를 촉발시키는 것으로 보았다. 그는 불상현, 불견가욕을 통해 지식과 욕심 없이도 백성들이 살아갈 수 있는 환경의 조성을 주장하였다. 이에 장자 역시 현지(賢知)를 숭상하는 기풍이 조성되면 현자와 불초자, 지자와 무지자가 분화되어 사람들 사이의 경쟁이 더욱 치열해질 것이라고 보았다.

이처럼 노자와 장자는 지식의 추구를 경계하고 무지를 주장하였을 뿐만 아니라 또한 무욕을 강조하기도 하였다.

> "성인이 靜한 것은 靜이 좋기 때문에 靜하다고 말하는 것이 아니다. 만물이 족히 마음을 흔들 수 없으므로 靜하다."
> "욕심 없이 靜하면 천하 사람들이 장차 스스로 안정할 것이다."

노장에서 무욕을 주장한 것은, 스스로 밭 갈아먹고 우물 파서 마시며 베 짜서 입는 것과 같은 삶의 원시적 욕구 실현이나 천연의 성정(性情)을 구애받지 않고 실현하려는 덕성의 욕구 따위를 부정하는 것이 아니다. 즉 그것은 외부의 어떠한 사물에 의해서도 동요하지 않을 수 있는 청정한 마음을 지니게 하기 위한 것이다. 외물에 대한 지식이나 욕심 없이도 살아갈 수 있는 사회를 노장에서는 소박한 사회라고 일컫는다. 이러한 소박한 사회적 환경을 회복하기 위한 방편의 하나로 노자는 부득이 불상현(不尙賢)과 불견가욕(不見可欲)을 주장한 것이다.

인간들 사이에 조화가 깨지고 알력이 생겨 심한 경우 전쟁이 벌어지기도 하는 것은 원래 남을 다스리겠다고 나선 군주들의 인위적인 통치 행위 때문이다. 평화문제를 근본적으로 해결하기 위해서는 군주들의 인위적인 통치 행위가 지양되어야 할 것이다. 장자의 무위의 정치에 대한 의견을 들어보면,

　　"그러므로 군자가 부득이 천하를 다스리게 되었을 경우 무위만한 다스림이 없다. 무위한 뒤라야 그들의 성명(性命)의 정을 편하게 할 수 있다."

　무위의 정치라고 할 때, 무위는 아무 짓도 하지 않는 불위(不爲)와는 다르다. 무위란 팔짱끼고 가만히 있다는 뜻이 아니다. 단지 각기 그 스스로 함에 맡기기만 하면 성명(자연으로부터 부여받은 인성)이 편안할 것이다.

　무위는 결코 가만히 앉아서 불언, 부동하는 것이 아니라 사람들의 각기 "그 스스로 함에 맡기는 것"이다. 통치자가 백성들에게 무위의 다스림을 행한다는 것은 곧, 백성들의 자발성을 최대한으로 살려 주는 것이다. 무위와 자연은 동전의 양면처럼 표리 관계에 있다. 통치자가 무위의 정치를 행한다는 것은 백성들의 자연스러운 성정의 유로(流露)에 맡기는 것이다. 장자는 '자연에 따르라'라는 명제를 인간 행위의 원칙으로 제시하였다. 노장사상에서의 자연은 '저절로', '스스로'라는 뜻을 지닌다. "자연에 따른다"는 것은 사람을 포함한 만물들이 '저절로', '스스로' 변화에 순응함을 의미한다. 이 원리를 정치에 원용하면, 통치자가 자기의 의도와 목적 그리고 기성관념 등 모든 사사로운 의도를 버리고 백성들의 자연스러운 성정의 흐름에 내맡기는 것이다.

　인간이 만든 법망은 정교하지만 큰 도적은 오히려 빠져나가 버리지만 자연의 규범은 엉성한 것 같으나 그 어떤 것도 놓치지 않는다. 만약 개인의 행위가 자연의 규범과 일치한다면 아무런 구애도 느끼지 않고 자유를 누릴 수 있을 것이다. 여기서 자연의 규범에 일치할 수 있는 개인의 행위란 자신의 덕성의 자연스러운 흐름에 따르는 것을 가리킨다. 개인의 본성인 덕(德)은 천지 만물의 모든 원리인 도(道)에서부터 분유(分有)되었는데 이 덕(德)에 의하여 개인은 자연과 조화를 이룰 수 있다.

⑤ 유덕자(有德者)와 이상사회

덕(德)은 자연과 통할 뿐 아니라 타인과도 통할 수 있는 자아의 본성이
다. 장자는 "천지에 통하는 것이 덕이고 만물에 행하는 것이 예(禮)라고 하
면서 인간의 본성인 덕은 인간 사이에 서로 통할 수 있는 뿌리일 뿐 아니라
인간 이외의 사물들과도 통할 수 있는 것이라고 파악하였다. 따라서 덕을
자각하여 회복할 수 있다면 인간들끼리 조화를 이룰 수 있으며 동시에 만
물과 화목하게 지낼 수 있다고 그는 주장하였다.

㉮ 유덕자

천지의 德을 명백하게 아는 것, 이를 가리켜 대본대종(大本大宗)이라
하고 자연과 조화되는 것(天和)이라고 한다. 천하 사람이 고르게 조화롭
게 되는 것을 인화(人和)라고 한다.

이처럼 덕이 자연과 조화를 이룰 수 있는 것은, 장자가 천지 만물의 전
체적·근원적 원리라고 보는 '도(道)'와 개별적인 사물들의 본성이라고 보
는 '덕(德)'이 동질의 것으로서 서로 통할 수 있다는 데 근거한다. 장자는
이러한 덕(德)을 사람들이 자기 안에서 자각하여 되살려낸다면 누릴 수 있
다고 생각하였다. 따라서 장자는 "사람들과 화목할 수 있는 것을 인락(人
樂)이라고 하고 하늘과 조화할 수 있는 것을 천락(天樂)이라고 한다."고
주장하였다. 천락을 누릴 수 있는 사람은 자기 밖에서 자기의 욕구를 충족
시켜줄 대상을 찾으려고 쫓아다니지 않아도 자족할 수 있다.

"道를 파악한 사람은 德이 온전하고, 德이 온전한 사람은 몸이 온전하
며, 몸이 온전한 사람은 정신도 건전하다. 정신의 건전함이 성인의 道다.

이 세상에 생을 의탁하여 사람들과 함께 어울려 살되 어떤 목적을 반드시
이루려고 하지 않으며 어리석은 듯이 순결한 성품을 갖추었도다! 공리,
기교 따위가 결코 그 사람의 마음에 있지 않다. 그러한 사람은 그의 뜻이
아니면 가지 않고, 그의 마음에 맞지 않으면 하지 않는다. 비록 천하 사람
들이 그를 칭찬하고 그 칭찬이 타당할지라도 자득한 채로 있을 뿐 그것을
마음에 두지 아니하며 천하 사람들이 그를 비난하되 그것이 이치에 맞지
않을지라도 무심히 있을 뿐 그것을 받아들이지 않는다. 천하의 비난과 칭
찬이 털끝만큼도 영향을 미치지 못하니 이를 일컬어 온전한 德을 갖춘 사
람이라 하겠다."

　"일이 이루어지지 않으면 반드시 '인도(人道)의 근심'(사회적 제재)이
있고, 일이 이루어지면 반드시 음양의 근심(陰陽之愚: 희비의 감정이 몸
의 음양의 조화를 깨뜨려 몸과 마음을 상해함)이 있게 될 것이다. 그러나
일이 이루어지거나 이루어지지 않거나 근심이 없는 것은 유덕자(有德者)
만이 그렇게 할 수 있다."

　유덕자는 어떤 일에도 흔들리지 않고 평정을 누릴 수 있다는 점을 보여
준다.

　"족함을 아는 사람은 利로써 스스로를 번거롭게 하지 않고, 자득(自得)
에 밝은 사람은 지위가 없어도 두려워하지 않으며, 내면세계를 닦은 사람
은 지위가 없어도 부끄러워하자 않는다."

　이와 같이 유덕한 사람은 어떠한 외물에도 동요하지 않고 '든든한 마
음'(自得)으로 자족하게 살아갈 수 있다. 자족한 사람은 부귀, 공명 등 외
물에 의존하지 않고서도 자아의 생의(生意)를 실현할 수 있으므로 굳이 외
물을 알려고도 하지 않고 소유하려고 애를 태우지도 않을 것이다. 따라서

그러한 사람들은 사회적 갈등과 싸움을 일으키지 않는다. 또한 그들은 어떠한 재물, 권력, 명예에도 의지하려고 하지 않으므로 통치자의 간섭과 지배를 자초하지도 않을 것이다.

만약 이 세상에서 남에게 의지하려는 사람이 없어지거나 재물, 권력, 명예 등에 의존하려는 의식이 없어진다면 통치자들이 아무리 상벌과 이념 그리고 윤리 도덕으로 다스려 보고자 해도 그러한 방식이 받아들여질 수 없을 것이다. 세상의 모든 분쟁과 전쟁은 통치자들의 소행과 관련이 있다. 그러나 천하가 그들 통치자의 뜻대로 좌지우지할 수 없게 된다면 그들의 마음대로 통치권을 팽창시키거나 전쟁과 같은 일을 일으키지 못할 것이다.

이러한 입장에서 볼 때 자족적 인생관을 지닌 사람이야 말로 자신의 덕성을 실현하여 성취감을 즐길 수 있고 평화로운 세계의 시민이 될 자격이 있다. 그리하여 노자는 이러한 시민을 주축으로 삼아 이상향을 설계한다.

㉯ 노자의 이상사회

"나라는 작고 인민은 적다. 갖가지 도구가 있어도 쓸 필요가 없게 하고, 인민이 생명을 소중하게 여기도록 하되 먼 곳으로 이사할 필요를 느끼지 않게 하며, 비록 배와 수레가 있어도 탈 필요를 느끼지 않게 하고, 갑옷과 병기가 있어도 벌려 놓을 곳이 없게 하며, 백성들로 하여금 결승(結繩:문자 이전의 표시 방법)문자를 다시금 사용하도록 한다. 달게 먹고 아름답게 입으며 편안하게 거주하면서 좋은 풍속을 즐긴다. 서로 이웃 나라가 바라보이고 닭과 개의 울음소리가 들려도 백성들은 늙어 죽을 때까지 왕래하지 않는다."

이는 노자가 그려 본 이상사회다. 여기에는 가진 자와 가지지 못한 자, 강한 자와 약한 자, 현명한 자와 어리석은 자 등의 분화가 없다. 그러므로 통치와 교화가 마치 없는 듯하며 사람들도 이를 의식하지 않는다. 노자는 당시 제후들이 다투어 땅을 넓히고 백성의 수를 늘리려고 하는 데 반대하여 소국민과(小國民寡)를 주장하였다. 소국 과민 사회의 구성원들은 자족하여 밖에서 구하지 않는(自足無外求) 인생관을 가지고 있다. 그들은 각자 자신의 생의(生意)를 실현하는 데 필요한 것 이상의 어떤 외물도 바라지 않는다. 따라서 그들은 생활에 필요한 재화와 도구가 그다지 많지 않아도 되고 욕구 충족의 대상을 찾아 먼 곳으로 돌아다닐 필요도 없다. 그리하여 갖가지 일용품이 있어도 쓸 필요를 느끼지 않고, 이웃 나라가 가까이 바라보여도 왕래하거나 이사 다닐 필요를 느끼지 않는다.

이렇게 볼 때 노자에게 있어서 평화로운 사회를 이룩하는 데 가장 방해가 되는 것은 통치자의 인위적인 다스림이요, 절실히 필요한 것은 외물에 그다지 의존하지 않는 자족적 인생관임을 알 수 있다.

5) 그리스도교의 평화사상

(1) 구약과 신약에서 평화의 개념[8]

① 구약에서 평화의 개념

구약에서 평화라는 개념은 총 19회 사용되었다. 히브리어 "샬롬"(Schalom)은 일반적으로 대개 평화라고 번역된다. 하지만 샬롬의 개념은 그보다 더 폭넓은 의미를 포함하고 있다.

"진실로 그의 구원이 그를 경외하는 자에게 가까우니 이에 영광이 우리 땅에 거하리다. 긍휼과 진리가 같이 만나고 의와 화평이 서로 입 맞추었으

---

8) 안병로, 『그리스도교의 검과 평화사상』, 선문대출판사, 2006, pp.14-18 참조.

며 진리는 땅에서 솟아나고 의는 하늘에서 하감하였도다.”(시편 85장 9~11절)

“내가 그 땅에 평화를 줄 것인즉 누우나 너희를 두렵게 할 자가 없을 것이며 내가 사나운 짐승을 그 땅에서 제 할 것이요 칼이 너희 땅에 두루 행하지 아니할 것이며”…(레위기 26장 6절).

샬롬과 같이 화평(和平)과 평화(平和)의 의미를 모두 내포하고 있는 보증의 하나님은 하나의 지속적으로 안내하는 생명운동이며 그 운동의 머리말(序言)이 되었다. 그러한 샬롬의 의미는 거리를 두고 있는 비극적인 세계상황이나 그러한 판단 속에 처해있다 할지라도 하나의 희망찬 역사적 관계 광장으로서 이끌어 낼 수 있다는 것이다. 그것은 존재적 인간 관계이며 인간적 세계 관계를 열어 놓는다.

그리고 그와 연계된 샬롬의 기능은 취소할 수 없는, 어쩔 수 없는 선동적 교사(敎唆)로서 적극적인 삶을 이끌어 낸다. 평화에 기반을 둔 삶의 특색을 묵묵히 드러내는 샬롬은 삶의 요소들이며 그 요소들은 더 이상 하나의 한정된 삶의 질서를 전제로 하지 않는다.

독일 신학자 슈미트는 “열려진 삶의 요소들은 더 많은 인간들에게 정당한 생명운동을 인식하기 위해 자유롭다, 그리고 그런 요소들과 인식 및 삶의 과제로 넘겨진 것과 존속된 것에 쉽게 이어져 지속적으로 아우러져 드러난다”[9] 고 말했다.

적극적 삶의 요소로서 샬롬이 한 개념으로 사용될 때는 그 다음에 뒤따르는 다른 동사가 필요하다. 샬롬이 통상적으로 단순히 전쟁의 반대 개념뿐만 아니라 그 어떤 파괴적인 것을 일으키는 것에 대한 포괄적인 개념을 내포하고 있다. 전쟁 외에도 수많은 다른 사건들이 그와 같은 파괴적인 유

---

9) Schmid, Hans Heinrich,『 Frieden ohne Iliusion』, Zürich 1971, S.78.

형들로 나타나기 때문이다. 여기서의 샬롬은 현실적으로 온전하고 건강한 모든 삶에 필요한 것을 의미한다. 그러한 샬롬은 실질적인 것으로써 드러나야 하며, 슬기로운 지혜가 필요하다는 것이며, 그 지혜는 공정성을 유도해 내기 때문에 인간들의 정당한 행위를 이끌어 낸다. 그러므로 지혜롭게 실천하는 인간은 신에게도 정당 또는 합당하다고 말할 수 있다. 그것은 즉, 신(의 기대)에게 어긋나지 않게 행동하는 것이다.

만약 인간이 무엇이 샬롬의 핵심인가를 밖으로 드러나게끔 지속적이며 포괄적으로 실천했다면, 그는 화평을 구축했다고 본다. 그로 인해 인간에게 필요한 용서가 이루어졌고 배고픈 자가 먹고 병든 자가 치료 받고 또한 슬픈 자가 위로 받는 것, 빼앗긴 자는 다시 되찾고, 파괴된 것은 다시 복구되고, 위로 받는 것 등이 이루어지도록 노력했기 때문이다.

하지만 내면세계에 감추어진 화평의 의지가 스스로 실행되지 않고, 속으로 불평만 한다면, 그것은 진정한 샬롬이 아니다. 이와 같은 심정을 토로한 신학자 슈미트의 글이 있다.

…"평화운동은 세상의 불만족을 가진 자에게 반대하는 것도 아니며, 세상에 없는 마음의 평화를 내놓는 것도 아니다. 그 어느 누가 평화의 숙원을 정신적으로 승화시키고 그렇게 되리라고 전망하고, 그러한 연유로 개인적인 평화 숙원을 내면화시키고 세상을 멀리했다면, 그는 신의 세계로 가는 길을 거절하고 평화에 대한 모반을 연습한 것이다. 그러한 그에게 신의 평화와 세계평화의 본질적인 식별은 낯설기만 하다."10)

---

10) Schmid, 앞의 책, p.118 참조.

(2) 신약에서의 평화11)

로마인에게 Pax라는 개념은 승리자로부터 직접 언급되었고 승리자의
통치적 모습에서 나오는 것으로 여겨졌다. 전쟁의 승리자가 평화를 논하
고 평화롭게 다스린다는 것이다. 그러므로 우리가 먼저 생각해 봐야 할 것
은 예수가 과연 살롬과 평화를 말했는가? 언급했다면 어떠한 의미에서 하
였는가에 대해 관심을 가져야 할 것이다.

평화라는 개념이 구약에서 총 19번 나오지만 신약에서 평화라는 단어
가 총 4번(누가복음 2:14, 19:38, 19:42, 로마서 12:18) 등장한다. 그중에서
예수가 직접 '평화'라는 단어를 사용한 것은 오직 한 번이다.

> "가까이 오사 성을 보시고 우시며 가라사대 너도 오늘날 평화에 관한
> 일을 알았다면 좋을 뻔 하였거니와 지금 네 눈에 숨기었도다."(누가복음
> 19장 42절)

예수가 유태민족의 장래를 생각하며 예루살렘의 성을 바라보고 울면서
한탄한 대목이다. 그는 로마의 통치 하에 있는 이스라엘의 운명이 어떻게
될 것인가를 예견했다고 할 수 있다.

예수가 현실에 안주한 이스라엘 민족을, 진정한 평화를 인지하지 못하
는 백성을 보고 그렇게 울면서 말하지 않았을까? 이 외에 예수가 울었다는
대목은 신약에서 찾아 볼 수 없다. 그 당시의 예수 마음을 그리스도인의 내
면세계에서 진술하게 돌이켜 보면서 보다 더 큰 의의를 생각해 볼 수 있어
야 예수의 평화사상이 더욱 빛날 것이다.

정양모의 저서 「신약성서의 평화관」에서 밝힌 '신약성서의 평화사

---

11) 안병로, 위의 책, pp.18-20 참조.

상'12)을 분석하여 요약하고자 한다.

① 종말론적 구원의 실체로서의 평화에 대하여

누가복음의 저자는 아기 예수가 탄생할 때 "지극히 높은 곳에서는 하나님께 영광이요, 땅에서는 기뻐하시는 사람들에게 평화"라고 했다. 그의 탄생이 바야흐로 지상에 평화가 도래한다는 뜻이다. 이와 유사한 것으로 예수가 예루살렘에 입성하실 때 그를 뒤따르던 무리가 "주의 이름으로 오시는 임금이여, 복이 있으라, 하늘에는 평화가 있고 지극히 높은 곳에는 영광이 있으라"고 외쳤다. 일반적으로 예수는 종말적인 메시아이며 그의 기능은 지상의 평화를 수립하는 데 있었다.

그리스도교의 교리적 평화는 내용적으로 종말적 구원이며, 이사야 선지자는 이러한 종말적 메시아 왕을 '평화의 왕'이라 했다. 그래서 히브리서 저자는 예수를 가리켜 '샬롬 왕' 즉 '평화의 왕'이라 불렀다.

이상과 같이 예수의 탄생과 활동, 또는 그의 인물 자체를 종말적 구원의 사건으로 서술하고 있다. 여기에 모두 '평화'라는 개념이 사용된다. 따라서 여기서 말하는 평화는 그에 해당하는 세속적 헬라어 낱말처럼 '비전쟁적 상태'를 의미하는 것이 아니고, 포로 후기 시대 구약의 예언자들이 말하는 샬롬 그대로 종말적·궁극적 평화를 뜻한다. 이런 의미에서의 평화는 구원과 동의어로 보인다.

② 신적 주관으로서의 평화에 대하여

신약성서에는 '평화의 하나님'이라는 표현이 여러 번 나온다고 하지만 조사해 보면 그러한 용어는 없다. 다만 평화라는 단어는 누가복음에서 3번, 로마서에서 1번 나온다.

---

12) 정양모, 「신약성서의 평화관」, 『현대사회와 평화』(서광사, 1991), pp.33-81 참조.

평화는 하나님의 속성이자 동시에 하나님이 평화를 이룩하시는 분이라는 것을 뜻한다. 이러한 사상은 초대 교회에게 보내는 바울의 서간문 속에 고정된 형식으로 나타난다. 예컨대, "하나님과 예수 그리스도로부터의 은혜와 평화"라는 표현은 편지 서두에 나오는 인사말이다. 편지의 머리와 끝에 평화라는 낱말로 인사를 하는 것은 확실히 히브리적인 유산이다.

주목되는 것은 왜 주로 이방 그리스도교인을 향한 편지에 전적으로 헬라적 인사법으로 하지 않고 히브리의 인사말인 평화라는 낱말을 써야 할 이유가 어디 있었는가에 있다. 초대 그리스도교인들에게 있어서 평화는 나사렛 예수의 사건을 통해서 또는 교회 공동체 내에서의 성도 간의 친교를 통해서 이미 맛 본 구원의 현실이며 동시에 끊임없이 새롭게 받아들여져야 하는 미래적 구원이자 항상 새롭게 받아들여져야 하는 미래적 구원이 되었다. 그들에게 있어서 평화라는 낱말이 사용된 인사말은 맥 없는 상투적인 문구가 아니라 그들이 삶을 지탱하고 특징짓는 힘의 원천이었다.

③ 막힌 담을 허물어내는 화해로서의 평화

예수가 이룩하고자하는 평화는 인간과 인간 사이에 막힌 담이 허물어지고 적대 관계가 화해의 관계로 바뀌는 사건을 뜻한다. 그 제자들은 "그리스도께서는 우리의 평화"라고 고백했다. 베드로는 고넬료에게 전도할 때에 예수의 선교활동을 '평화를 전파하는' 활동으로 묘사했다.

"그리스도께서는 우리의 평화이십니다. 그는 유대 사람과 이방 사람 사이에 막혔던 담을 허시고 둘을 하나로 만드시며 서로 원수된 것을 자기 몸으로 해소시킨 분입니다. 그는 오서서 멀리 있는 사람들과 가까이 있는 사람들에게 평화를 전파하셨습니다. 그를 통하여 이방 사람과 유대사람 두 편이 함께 한 성령 안에서 아버지께로 나아가게 된 것입니다."(에베소

2장 14, 17~18절)

그리스도를 평화의 왕으로 믿는 신앙고백과, 민족과 민족 사이, 인종과 인종 사이, 남자와 여자 사이, 계급과 계급 사이의 차별, 억압 착취의 관계를 용인하는 것과는 절대로 양립할 수 없다. 이러한 차별의 담을 고수하려는 세력은 어떠한 이념을 붙이든 간에 악이다.

두 집단 사이의 막힌 담을 헐고 원수 관계를 해소시키는 것을 화해라고 한다. 바울은 복음을 전하는 사도직을 '화해의 말씀'이라 일컫는다. 화해는 인간과 하나님 사이, 그리고 인간과 인간 사이의 화해를 상정할 수 있다. 에베소서에서는 인간과 인간 사이의 화해가 하나님과 인간 사이의 화해에 선행되는 화목함의 사건임을 강조한다.

예수는 형제와의 화해가 하나님께 드리는 예배에 선행되어야 한다고 했다. 그러나 바울은 우선 하나님과 인간 사이를 화해시킨다. 로마서에서도 바울은 하나님과 인간 사이에 이룩되는 종교적 차원의 일로만 국한시키지 아니한다. 바울이 하나님과 인간 사이의 화해를 우선시하는 것은 그것이 전적으로 하나님의 솔선(率先)권에 의하여 은혜로 일어나는 사건이며 그것은 나아가 인간과 인간 사이, 즉 유대인과 이방인 사이의 화해를 위한 근거로 제시하는 것이다.

(3) 로마-가톨릭의 평화사상[13]

성경에 기초하고 있는 가톨릭의 평화론은 아우구스티누스의 평화사상을 거쳐 제2차 바티칸 공의회 사목 헌장 그리고 여러 교황의 회칙 등을 통해 그 시대상황 속에서 선명하게 드러난다. 그 기본 사상은 인간을 하나님

---

13) 박종대, 「가톨릭의 평화사상」, 『현대사회와 평화』(서광사, 1991), pp.87-105 참조.

의 모습인 인격으로 보는 것이며, 더 나아가서는 기본 권리를 갖는 인간을 지키는 것이다. 결국 인간을 인간답게 살 수 있도록 하는 것이 가톨릭의 평화론이다. 이를 위해 경제적으로는 개인이나 국가 간에 있어서 부의 공정한 분배를 주장한다. 한편 정치적으로는 민주주의를 강조한다. 그것은 민주주의 제도가 우리 시대에서 인권을 가장 잘 보장해 줄 수 있는 제도라고 생각하기 때문이다. 따라서 가톨릭교회의 핵심적인 사회관은 인권, 즉 인간을 지키는 것이다.

① 현대 가톨릭의 평화론

제 1. 2차 세계대전 이후의 걷잡을 수 없는 가톨릭의 전쟁책임론과 세력의 붕괴 그리고 그와 더불어 불신의 시대가 찾아왔다. 이러한 혼란기에 당면한 교황 요한 23세는 1963년 '지상의 평화' 회칙에 가톨릭교회의 평화론을 요약해서 제시하였다.

이 회칙은 먼저 우주의 질서와 인간이 질서에 대해 말한다. 즉, 인간을 하나님의 모습인 인격체로 여기면서 이러한 인격체의 개방성은 인류공동체를 이루며 공동선을 지향하는 존재임을 명시하고 있다. 서론과 제1부에서는 인간으로서의 권리와 의무를 논하고, 제2부에서는 각 정치 공동체 내에서의 개인과 공권력간의 관계를 살피면서 공권력의 필요성과 그 한계를 논의하고 있다. 또한 제3부에서는 정치 공동체 간의 관계를 논하면서 인류의 평화건설과 증진을 광범위하게 시도한다. 그리고 유엔의 인권선언을 높이 평가하는 동시에 인권 신장을 강력히 주장한다.

㉠ 교황 요한 23세의 '지상의 평화' 회칙

교황 요한 23세(제위기간 1958~1963)는 제2차 바티칸 공의회를 소집하여 평화에 대해 논의하였다. 그는 1961년 '어머니와 교사'와 1963년 '지상의 평화'라는 사회윤리회칙을 발표하였다. 주요 내용은 현대 인간의 존엄성 강조와 옹호였다. 지상의 평화에서 인간의 존엄성에 뿌리내리고 있는 인권이 상세하게 기록되었으나 권리에 상응하는 의무를 함께 명시하여 개인주의의 위험을 피하고 있다.

회칙의 머리말('지상의 평화', 1~7항)에서 모든 시대의 인간들이 갈망하는 지상의 평화는 하나님께서 정하신 질서가 준수되어야만 확고하게 성립될 수 있다고 천명한다. 이러한 내용은 이미 아우구스티누스의 '신국(神國)론' 19서 12장에 제시되어 있다. 아우구스티누스에 의하면 평화의 추구는 보편적인 자연법이므로 평화를 원하지 않는 사람은 아무도 없다. 전쟁이나 인간의 모든 불안, 소란도 결국 평화를 지향하는 현상이다. 즉 평화를 향한 열망이 인간의 본성에 뿌리박고 있다는 의미에서 보편적인 자연법이다. 또한 아우구스티누스의 우주적인 평화의 개념은 하나님께 기원을 둔 우주적인 질서 개념과 밀접한 관계를 가진다. 결국 평화는 질서에 의해 성립된다는 것이다.

토마스 아퀴나스도 모든 인간의 열망이 의식적이든 무의식적이든 평화를 지향한다고 말한 바 있다. 여기서 평화는 모든 열망을 거스르는 내적 및 외적인 장애를 제거함을 뜻한다. '현대 세계의 사목 헌장'은 78항에서 평화에 관한 아우구스티누스의 천명과 같은 맥락으로 다음과 같이 천명한다.

"평화는 전쟁 없는 상태만도 아니요, 적대 세력간의 균형 유지만도 아니며, 전제적 지배의 결과도 아니다. 정확하게 말해서 평화는 정의의 실현인 것이다. 인간 사회의 창설자이신 하나님께서 인간 사회에 부여하신 질서, 그리고 항상 보다 완전한 정의를 갈망하는 인간들이 실현해야 할 그 질서의 현실화가 바로 평화인 것이다."

나아가서 사목 헌장은 평화가 정의 이상의 것임을 명백하게 밝히면서 평화 건설을 위한 과제를 다음과 같이 부연한다.

"인류의 공동선은 본질적으로 영원한 법칙에 지배되지만, 그것이 구체적으로 요구하는 내용은 시대의 흐름에 따라 끊임없이 변화하는 것이므로 한 번도 영원히 얻어진 적이 없으며 언제나 꾸준히 건설되어 나아가야하는 것이다… 이렇듯 평화는 정의의 내용을 초월하는 사랑의 결실이다. 현대의 평화는 이웃에 대한 사랑의 결과이며 하나님 아버지께로부터 오는 그리스도의 평화의 모상이며 결실이다."

ⓛ 지상의 평화를 위한 인간의 권리와 의무

다른 회칙들과 마찬가지로 '지상의 평화'에서도 피조물인 인간은 본격적 존재로서 권리와 의무의 주체가 된다. 인간은 본성적으로 지성과 자유의지를 가지고 있으며, 이러한 인간의 본성으로부터 그의 권리와 의무가 유래한다. 따라서 인간은 권리를 행사할 뿐만 아니라 그의 도덕적 의무를 실현할 수 있고 또한 실현해야 하는 책임이 있다.14)

사회에서 인간 상호 간에 적용되는 질서는 도덕적인 것으로서 이 질서는 진리에 의거하는 것이다. 그리고 정의의 규준대로 실천되고 상호간의 사랑으로 유지, 완성되기를 요구하며 완전한 자유와 함께 날로 새롭고 보다 더 새로운 균형 아래 조정되기를 요구한다('지상의 평화', 37항). 이런 종류의 도덕적 질서는 보편적이면서 동시에 절대적이고 불변한데 그 객관적 기준은 위격적(位格的)이며 인간성을 초월하는 하나님께 있다. 하나님

---

14) 평화 회칙에 열거되어 있는 인간의 권리와 의무는 다음과 같다. 인간의 권리에는 (l) 생존과 품위 있는 생활수준에 관한 권리 (2) 도덕적 및 문화적 가치에 관한 권리 (3) 옳은 양심에 의거하는 경신(敬神)의 권리 (4) 신분 선택의 자유에 관한 권리 (5) 경제계에 관한 권리 (6) 집회와 결사의 권리 (7) 이주의 권리 (8) 참정권 등이 있으며, 의무로는 (l) 인간의 상호 협조 (2) 책임의 자세 (3) 진리, 정의, 사랑과 자유에 의거한 사회생활 (4) 타인의 권리를 인정할 의무 등이 지적되어 있다 ('지상의 평화', l~36항).

은 만사의 진리이고 최고선이며, 가장 숭고한 근원이시다. 따라서 오로지 그 분으로부터만 인간 사회가 생명력을 얻을 수 있으며 질서 있고 효과적인 사회, 인간의 존엄성에 적합한 사회가 될 수 있다('지상의 평화', 38항).

철학적으로 고찰할 때 '지상의 평화' 회칙에서 규정하고 있는 인간은 스콜라 철학, 특히 토마스 아퀴나스의 자연법론에 그 사상적 연원을 두고 있다. 토마스의 자연법론에서는 인간이 모든 사회적 제도의 담지자이고 창조자이며 목적이다. 나아가서 인간은 본성적으로 공존하도록 되어 있으며, 자연을 초월하는 보다 높은 질서로 향하는 소명을 지니고 있다.

다시 말해서 개개 인간이 사회생활을 운영하는 모든 조직체의 기초이며 목적인 동시에 주체가 되어야 한다는 것이다('어머니와 교사', 219항). 따라서 인권의 기초를 형성하는 인격의 불가침해적인 존엄성이 모든 사회생활과 제도의 최상 원리가 된다.('지상의 평화, 8~26항) 나아가서 이 원리는 연대성의 원리, 보조성의 원리와 함께 한 국가 안에서의 사회적 관계 뿐만 아니라 세계 인류 가족('지상의 평화', 145항) 안에서의 국제 관계를 조절하는 기능을 가진다.

회칙 '지상의 평화'(142~144항)는 1948년 12월 10일, 유엔 총회가 승인한 '세계 인권 선언'을 높이 평가하며 거기에 제시된 인간의 모든 권리와 자유를 적극적으로 인정한다.

가톨릭교회는 인권 침해를 평화를 파괴하는 분쟁의 근원으로 여기면서 인권을 존중하는 것은 평화에 이르는 길일 뿐만 아니라 복음 안에서 인간에게 약속된 구원을 얻기 위한 전제 조건이라고 파악한다. 여기서 인권은 인간이 정신적·도덕적 존재로서 그리고 사회적 존재로서 도덕적 책임을 지는 인간상을 전제로 하고 있다. '지상의 평화'가 유엔 총회의 인권 선언을 높이 평가한다고 해서 인권에 관한 근거가 원칙적으로 동일한 것은 아니다. 유엔의 인권 선언이 인간을 규정함에 있어서 종교적인 특성을 배제하고 있는 반면 '지상의 평화'에서 규정하고 있는 인간은 부분적으로 형이상학적인 그리고 신학적인 논리에 의존하고 있다.

여기서는 인간이 이성적 존재로서 규정되면서 어디까지나 하나님의 모상으로서 인격적 존재라는 점이 강조되었다. 제2차 바티칸 공의회의 '종교의 자유에 관한 선언'도 종교의 자유가 으뜸가는 자유로서 인권에 속한다는 것을 강조하면서 그 근거가 인격의 존엄성에 있다는 것을 명시한다는 평화 원칙을 살펴보았다.

> … "자연적 존엄성으로 볼 때, 모든 인간이 동등하다는 것은 일반적으로 확신되고 있다. 그러므로 인종 차별은 적어도 학리상으로 더 이상 정당화될 수 없다. 그리고 이것은 위에서 논술한 원칙에 의해 인간 사회를 형성하기 위하여 중대한 의미를 지닌다."('지상의 평화', 44항)

근원적으로 인격의 존엄성은 하나님의 계시와 이성 그 자체로서 인식되며, 모는 형태의 인종주의, 국수주의, 종교적 편견에 의한 인간 학대 등은 악한 것으로서 단죄된다고 한다.

회칙 '지상의 평화'의 전체적인 문맥으로 볼 때 우리는 인권과 관련해서도 '질서'의 사상이 기초에 자리 잡고 있다는 것을 쉽게 알 수 있다. 인간은 하나님이 부여하신 그리고 인간에 의해 인식되는 질서에 따라 권리들을 인식할 수 있다. 또한 자연법에 상응하는 인권들은 순수하게 자연적으로만 근거되지 않는 신법으로서 간주된다. 이러한 근거에서 이 회칙은 개인적·사회적 권리들을 요약하여 제시하고 있다.

인권에 대한 인정은 사회적·정치적인 공동체 형성의 타당성과 지속성을 정당화하는 데 빼놓을 수 없는 핵심적인 요체다.

ⓒ 인간과 공권력과의 관계

'지상의 평화'의 제2부는 각 정치 공동체 범위 안에서의 인간과 공권력 간의 관계에 관해 다룬다. 이때 '정치 공동체'는 주권 국가, 소수 민족의 공동체, 나아가서는 국제연합과 같은 규모의 공동체까지도 포함한다. 또한 공권력은 정치 공동체의 권위에 의한 힘을 의미한다. 이 회칙은 먼저 공동선의 달성을 목적으로 하는 공권력의 필요성과 그 신적인 기원에 관해 언급한다. 여기서 중요한 것은 자연적인 도덕법이 국가들 사이의 관계에서도 유효하고 타당하다는 점이다('지상의 평화', 80항). 이 회칙은 공동선을 국제 세계로까지 확대시켜 적용하고, 국제 관계를 조절하는 세계적인 권위로서 유엔을 예로 든다.

요한 23세 역시 그의 선임 교황들처럼 집권자들의 권위가 하나님께로부터 유래한다는 성 바울로의 말씀(로마 13, 1~6)을 인용하면서, 이에 관한 성 요한 크리소스토무스의 해석에 의존한다. 즉, 집권자(통지자)가 하나님에 의해 임명된 것이 아니라 행사되고 있는 권위가 그 분으로부터 오는 것이라고 설명한다('지상의 평화', 46항).

권위의 문제에 관한 가르침에서 요한 23세는 권위와 집권자를 구분하고 있다. 세속적인 권위는 그보다 더 높은 권위에서 유래한다. 그러므로 그들의 권위가 진정으로 하나님의 권위와 연결되어 있을 때에만 시민들의 양심, 즉 의무감에 호소하여 공익을 위해 공헌할 수 있다는 것이다.('지상의 평화', 47, 48, 49항) 만일 통치자들이 도덕적 질서에 위배되는 요구를 하거나 인권을 침해한다면, 그들의 명령은 법적인 효력을 상실함으로 시민들의 복종 의무도 사라진다.('지상의 평화', 61항)

다시 말하면 권력은 아무런 통제와 제한도 받지 않는 힘이 아니라 도덕적 질서로부터 그 힘을 얻는다는 것이다('지상의 평화', 47항). 따라서 국가의 통치자들이 도덕적 질서와 하나님의 의사를 거스르며 입법하거나 명령하는 경우, 그것은 정당한 의미에서의 입법도 아닐 뿐더러 그와 같은 권한은 양심에 의무를 부과할 효력을 상실한다.

'지상의 평화'는 법과 관련하여 토마스 아퀴나스의 가르침을 인용하고 있다.

> 인간의 법은 옳은 지성에 합치하는 한 법의 의의를 지니므로, 영원법에서 유래됨이 확실하다. 그러므로 옳은 지성에서 탈선한다면 악법이며, 이것은 법의 의의가 없는, 반대로 폭력의 한 종류라고 할 것이다.('지상의 평화', 51항)

또한 요한 23세는 어떤 특정한 정치 체제(통치형태)를 유일하고 절대적이며 최선의 것으로 제시하지는 않지만, 삼권 분립의 형태를 취하는 정치 체제가 인간 본성의 요구에 합치된다고 천명한다.

국가 공권력의 목적은 공동선의 실현에 있다.('지상과 평화', 53, 54항) 여기서 '공동선'은 '인간 전체, 즉 육체와 정신의 필요물'과 관련되는 것이다. 요한 23세의 다른 사회 회칙인 '어머니와 교사'에 의하면 공동선은 '인간이 자신의 완성을 보다 원만하고 용이하게 이룰 수 있게 하는 사회생활의 모든 조건들을 포함하는 종합'으로 이해된다. 따라서 공동선은 국가의 근거이며 한계다. 국가는 바로 이것 때문에, 이것을 위하여 다양한 기능을 행사하는 것이다.

인권과 관련지어 생각해 보면 공동체의 목적은 단순히 집단적인 복지나 경제의 성장 뿐만 아니라 인격체인 개인의 발전을 이루는 것이다. 이때 개인의 발전을 위해서는 인권의 유효성과 존중이 필수 조건이 된다. 따라서 공동선은 개인의 발전을 위한 수단적인 가치이지 그 자체로 가치 있는 것은 아니다. 또한 국가는 개인의 발전에 도움을 주어야 하므로 공동선과 인권이 모순 관계에 있지 않을 수 있다는 결론이 도출된다. 그런데 인권이 보장되기 위해서는 인간적인 국가 질서가 필요하다. 결국 국가의 법질서는 인권의 실현을 위한 첫째 조건이 된다. 즉 국가는 인권을 기본권으로서 법제화해야 하며, 그렇게 함으로써 국가에 우선하는 자연법적인 인권이 보장될 수 있다는 것이다.

‘지상의 평화’는 이어서 행정관리와 사법관들이 개인의 인권을 보장하고 공동선을 실현함에 있어서 어떤 형태의 압력에도 흔들림 없이 정의를 존중해야 한다고 주장한다. 그러므로 “국가의 행정관들은 법을 명확하게 인식하고 관계되는 사실들을 현명하게 조사하여 모든 것을 합법적으로 처리해야 한다.” 마찬가지로 “사법관들은 공정하게 어떤 편의 압력에도 흔들림이 없이 정의를 시행해야 한다.”

입법자들도 “직무상 도덕의 규준들, 헌법상의 규준들, 또는 공동선의 실제적 필요물들을 결코 소홀히 해서는 안 된다.”(‘지상의 평화’, 69항) 이 회칙은 나아가 세계 공동선과 세계 공동체에 관해 언급한다. 즉 이제 세계는 하나이므로 세계 공동선이 실현될 수 있기 위해 모든 지역의 정치 공동체들이 협력해야 한다는 것이다. 이를 위해서는 전 세계적으로 광범위하게 활약할 수 있는 공권력이 요청된다.(‘지상의 평화’, 137항)

1945년 6월 26일, 결성된 국제연합은 만족스럽지는 않지만, 세계 공동선의 실현을 위한 초국가적 국제적인 공권력을 가진 결성체로서 적극적으로 평가된다. ‘지상의 평화’ 회칙은 앞에서 말한 모든 과업의 성취를 위해 가톨릭 신자들이 “지성으로 인도되고 자연 도덕을 성실하게 구비한 인간들과 함께 여러 가지 양식을 성공적으로 협력”할 것을 촉구한다.(‘지상의 평화’, 157항)

마지막으로 이 회칙의 제5부 ‘목자의 격려사’에서 요한 23세는 “경제, 사회문제들, 또는 문화 및 정치에 속하는 제도들이 자연계나 초자연계에서 그리스도적 신앙의 빛을 받고 애덕으로 인도되어 인간들을 완성하는데 도움이 되어야 할 것"이라고 천명한다.('지상의 평화', 146항) 그리고 아우구스티누스의 주장을 상기하면서 이렇게 선언한다.

> "인류 전체의 평화는 개개인의 마음 속에 평화가 확립되지 않고서는, 즉 하나님께서 명하신 질서를 그 자신 안에서 준수하지 않고서는 확립될 수 없다."('지상의 평화', 165항)

요한 23세는 평화의 군주이신 그리스도의 평화(에베 2,14~17, 요한 14,27)를 하나님께 간청하고 우리 모두가 진리, 정의 , 형제적 사랑의 증인이 될 수 있도록 해 주기를 간절히 기도하며 교황이 축복을 내리는 것으로써 평화대헌장의 끝을 맺는다.

회칙에서 도덕적 질서를 기초로 삼고, 인간이 사회적 관계에서 법과 정치적 질서에 의해 인도된다는 것을 부각시킨다. 회칙 '지상의 평화'의 중심적인 이념들은 자유, 인간의 존엄성, 인권, 인간 개개인의 책임 등인데 이들은 국가적 국제적 조직의 형성을 위한 기초가 된다. '지상의 평화'에서 주창된 평화 선포와 인권 신장의 정신은 오늘날까지 계승, 발전되고 있다.

현재 로마-가톨릭교회는 20세기를 맞이하여 십자군 원정 및 제국주의적 식민주의정책과 유일신론을 바탕으로 한 선교활동과 전쟁사의 문제점을 되돌아 보았다, 그리고 교황들의 사회 회칙을 통하여 성과 속의 이원론에 의해 사회 문제를 등한시했던 교회의 낡은 사고의 틀에서 벗어나 21세기를 향한 인류문화사에 새로운 방향을 열어 놓고 있어 귀취가 주목된다,

㉣ 교황 요한 바오로 2세

교황 요한 바오로 2세는 가톨릭이 평화를 실천하는 교회라고 말하며,

20세기 후반 인류의 평화의 사자로서 지구 곳곳을 누비며 평화 건설에 헌신하였다. 그는 1987년 1월 1일, 세계 평화의 날 메시지 '발전과 연대는 평화의 요체'에서 그의 정신과 실천사상을 알렸다.

"우리는 근년에 이르러… 정치적·지리적·이념적 경계를 뛰어넘어 인류 가족의 불우한 식구들을 돕고자 하는 집단의 점증하는 열망을 보고 있습니다. 우리는 인류가 맺고 있는 세계의 모든 개인, 모든 집단과의 관계와 진정한 인간성을 향한 근본 자세를 갖추어야 할 필요가 있습니다. 그러므로 우리는 전 인류 가족의 연대를 이루기 위한 투신이 평화의 요체라는 것을 깨달을 수 있습니다. 인간의 선악과 사람들의 선의를 증진시키는 계획들을 갖고 연대를 실현하는 첫 밑거름입니다. 고통당하고 있는 사람들을 돕고자 하는 그 연민과 사랑의 유대는 우리들의 단일성을 또 다른 방법으로 진전시키고 있습니다. 전 인류 가족과 더불어 사회적 연대의 자세를 갖추고 이런 연대의 자세로 모든 사회적 정치적 상황들을 직시해야 하는 것입니다."

교황 요한 바오로 2세는 인류의 연대 속에 평화를 행동으로 실천하기를 요청하고 있다.

6) 이슬람교의 평화사상

현재 이슬람의 신자 수는 13억으로 단일 종교로는 세계적으로 가장 큰 종교다. 이슬람은 유대교, 그리스도교의 계통을 이어가는 보편 종교이며 유일신사상을 고수하는 것은 그들과 같다.

(1) 평화를 중시하는 이슬람

이슬람인들이 널리 사용하는 인사말은 아살라마 알아이쿰(asalama alaikum) 즉, '당신께 평화가 깃드소서!' 다. 쿠란 59장 23-24절에 의하면, "하나님은 평화이시다. 평화, 살암(salam)은 하나님의 99가지 속성 중에 하나"이기 때문이다. 평화가 이슬람에서 보편적이고 핵심적인 사상이라는 것을 알 수 있다.

그리고 이슬람의 어원의 출처는 동사 아스라마(aslama, 복종, 순종한다)다. 아스라마는 명사 살암(salam; 평화, 안정)에서 파생되었다. 이슬람이라는 단어를 풀어 본다면, 이슬람은 하나님의 뜻에 절대복종하여 평화를 추구하는 것이다. 따라서 이슬람은 신께 절대복종함으로써 신자 개인이나 공동체가 마음의 안정 또는 완전한 평화의 질서를 얻을 수 있다는 것이다.

이슬람의 평화개념은 적극적이고 소극적인 두 가지의 의미를 가지고 있다. 전자는 이슬람의 선교를 통해 전 인류를 무슬림의 형제가 되게 하는 것이고 후자는 전쟁의 위협이나 공포, 압제와 부정 그리고 빈곤과 정의롭지 못한 것들로부터 인간을 자유롭게 한다는 것이다.

이슬람의 평화사상의 축을 이루는 요소를 쿠란의 구절들 중에서 찾아보면 다음과 같다.

"더 이상 소요와 압제가 존재하지 않고 정의와 믿음이 하나님에게 거할 때까지 그들과 모두 힘을 합하여 아무 곳에서나 싸울지어다."(8장 39절)

참된 평화를 유지하기 위해서는 소요와 압제가 사라질 때까지 정의와 믿음을 가지고 싸우라고 한다.

하지만 무하마드의 어록인 하디스에는 평화를 구하는 글이 많다. 그 중에서 한 가지를 예로 들어 보면

"오, 인간들이여! 적과 조우하기를 바라지 말고 하나님의 보호를 구하라. 그러나 적과 일단 조우할 경우에는 인내하고 파라다이스가 칼날의 그늘에 있다는 것을 기억할지어다."15)

쿠란에 "악에 대한 보복은 악 그 자체와 같으니라. 적을 용서하고 평화를 구하는 자, 그들은 하나님과 함께 하는 보상을 누릴지니라. 진실로 하나님은 악한 자를 사랑하지 않느니라. 인내하고 용서하는 것, 그것은 용기 있는 의지의 행사이며 문제해결의 단서이니라"(42장 40-43)고 기록되었다.

이 구절은 아브라함으로부터 내려오던 전통에서 당연시 되어오던 탈리오의 법칙을 거부하고 평화주의의 태도를 중시하고 있다는 것을 명시적으로 시사해주고 있다. 또한 "그네들이 평화를 원하면 너희들은 그들을 평화로 받아들일지어다. 하나님을 신뢰할지니 그 분만이 모든 것을 듣고 아느니라." 여기서 강조하는 것은 호혜주의에 기초한 평화구축을 표방하고 있다. 그 뿐만 아니라 "오 인간들이여! 우리는 한 쌍의 남과 여로부터 너희들을 창조했고 너희들은 다시 여러 민족과 부족으로 만들었나니 서로를 알

---

15) Imam Bukhari, sahib, al-Bukhari, translared by Muhammad Mushin Kham (Beirut: Dar al-Arabia, 1984), vol. 4. P.165.

고 경멸하지 말지어다."(49장 13절) 인류의 다원적 성격을 인정하는 동시에 서로 간의 평화공존의 중요성을 일깨워 주고 있는 메시지로 분석된다.16)

(2) 이슬람의 고전적 국제질서의 이론형성

이슬람의 전통적 분류에 의하면 세계는 이슬람 영역과 다른 전쟁 영역의 두 영역으로 나누어진다. 전자는 이슬람식 정의가 구현된 지역이며 후자는 다른 질서 체제가 온존하고 있는 지역으로서 언젠가는 이슬람 영역에 병합되어야 하는 대상이다. 이슬람 영역에는 이슬람 공동체와 이슬람이 관용하는 다른 공동체가 포함되어 있다. 이 다른 공동체의 구성원을 피보호자 또는 성전의 추종자라고 부르는데, 그 중에는 그리스도교도, 유대교도 및 다른 교도의 공동체가 있다. 그들은 모두 이슬람의 권위를 존중한다는 의미에서 높은 세금을 지불한다. 그 대가로 그들은 자신의 생명과 재산을 보호받는다.

또한 그들에게는 자신의 신앙과 법률을 고수하는 것이 허용된다. 이슬람 영역 내에서 무슬림과 비무슬림의 관계는 이슬람 성법이 규정한 합의 사항에 따라 정립되어 있다. 합의 사항에 의하면 개인의 신분과 관련된 문제에서는 관용된 종교의 정의 표준과 교회법을 인정한다. 한편, 이들 공동체의 구성원은 자신이 원할 때 언제라도 이슬람의 신조를 따르겠다고 공언하면 이슬람 공동체에 가입할 수 있으며 그 혜택을 누릴 수 있다. 심지어 이슬람으로 개종하지 않는다고 할지라도 이슬람의 정의 즉, 성법을 이용하고 싶으면 이슬람 사법 당국에 요청할 수도 있는 것이다.

---

16) 문정인,「평화학의 현황과 전망」,『21세기 평화학』,하영선 편,(도서출판 풀빛, 서울 2002), pp.54-57 참조.

그러나 이슬람은 옛날이나 지금이나 평화적인 방법으로 선교되어야 한다. 즉, "하나님의 말씀을 전하는 데는 강요가 있을 수 없다"(쿠란 2장 256절)는 가르침을 따르는 무슬림에게는 이교도의 침입이 있기 전까지는 무력에 의한 지하드(Jihād; 聖戰)가 합법적으로 허용된다고 볼 수 없다. 그러나 지하드가 평화적으로든 전쟁으로든 간에 수행되어 이슬람 영역이 확대된다면, 그것은 정치적 차원에서 볼 때 전혀 별개의 문제다. 따라서 종교나 성법상의 지하드는 독실성과 정의의 표현이기 때문에 그 임무수행은 정당한 전쟁이자 방위전쟁의 성격으로서 합당한 것으로 여긴다. 또 이러한 지하드는 세계 역사상 그 어느 나라의 법체계를 본다고 해도 정당한 전쟁이라고 할 수 있는 것이다.

(3) 정당한 정의의 전쟁으로서의 지하드론 성립

지하드(Jihād)는 이슬람을 방어하고 확장함에 있어서 무슬림의 개인적 의무인 동시에 이슬람 공동체의 집단적 의무이기도 하다. 예컨대 전쟁 영역을 평화의 이슬람 영역으로 변형시키는 방법 중에 하나가 바로 지하드(성전)다. 지하드는 신자 개개인이 수행해야 할 의무다. 이슬람의 궁극적 목적은 지상에 이슬람을 보편화시켜 알라의 통치권을 확립하는 것이기 때문이다. 그러므로 목적을 달성하기 위한 필요에 따라 이슬람 국가의 모든 무슬림에게 집단적으로 부과된 정치적 의무가 지하드다.

지하드라는 단어의 원래 의미는 성전(聖戰)이라는 의미 외에도 노력, 시도, 애씀 등으로 풀이된다. 이런 관점에서 보면 지하드는 무슬림 개개인에게 부과된 일정한 임무나 과제를 성심 성의껏 충실히 이행하는 것도 해당된다. 지하드 개념의 법학적 의미는 이슬람 성법이 규정한 의무를 성취하기 위해서 신자는 '알라의 길', 즉 정의의 길에서, 있는 힘을 다해 노력해야 한다는 것이다.

따라서 지하드는 신자 개개인이 첫째, 악을 제거하고 하나님의 말씀을 보급하는 데 노력하며, 둘째, 전쟁에 참가하여 몸을 바치고 무력을 사용하는 종교적, 법적 의무로 정의된다. 두 번째 의미에서 지하드는 신자 각 개인의 공동적 의무로 간주된다. 이 경우 신자는 신체적으로 전쟁터에 나갈 여건이 구비되어야 한다. 신체적인 결함 때문에 전쟁터에 나가기가 어려운 신자는 무기를 들고 싸우는 대신 무기나 보급품을 운반하거나 헌금을 함으로써 공헌해야 한다. 신체적으로 아무런 결함이 없는 신자만이 전쟁터에 나갈 의무가 있다.

지하드를 침략 전쟁인지 또는 방어 전쟁인지의 성격을 밝히지 않고 단지 정의의 전쟁으로 압바시야 왕조(750~1258)의 수도 바그다드가 13세기 중엽 몽고군에 의해 함락될 때까지 배출된 대부분의 학자들은 침략적이든지 방어적이든지 그 전쟁의 성격은 상관하지 않고 지하드가 정당한 정의의 전쟁이면 된다는 견해를 받아들였다.

그 대표적인 학자는 14세기의 저명한 사회학자이며 역사 철학자인 이븐 할둔(Ibn Khaldūn; 1332. 5. 27~1406. 3. 17)이다. 그는 이슬람 역사에 나타난 전쟁을 네 가지 유형으로 분류하였다. (1) 아라비아 반도의 사막에서 일어났던 부족 전쟁 (2) 야생적 원시 집단에 의한 약탈 전쟁 (3) 이슬람 성법에 규정된 전쟁 (4) 반란 또는 이단 집단에 대한 전쟁이라는 네 가지 유형이다. 그는 앞의 두 전쟁을 이기적 또는 물질적 동기에서 일어난 전쟁이라고 비난했지만, 뒤의 둘은 윤리적·종교적 표준을 유지하기 위해 불가피하게 추진해야 하는 정의의 전쟁이라고 파악하였다.

(4) 방어 전쟁으로서의 지하드론 형성

이슬람의 출현 시기인 7~9세기는 이슬람교의 팽창기였으며 내실을 도모한 문명 창출기였다. 이 때 나온 이론은 샤피가 전개한 고전이론이었다. 여기서는 침략 전쟁과 방어 전쟁을 구분하지 않고 있다. 왜냐하면 지상에서 하나님의 통치와 정의를 확립, 구현하는 길에는 침략이건 방어 이건 아무런 차이가 없기 때문이다. 비록 지하드는 하나님의 계명(쿠란81장 10~13절)에 따른 것이지만 무슬림의 힘이 충만하여 이교도를 제압할 수 있을 때에만 의무적인 것이다.

이슬람 공동체의 내부 분열과 혼란을 걱정하고 있던 이슬람 신학자 이븐 타이미야는 외적(십자군과 몽고군)이 다르 알 이슬람의 문전에서 위협을 주고 있을 때, 지하드의 고전적 원칙은 이미 헛되고 덧없다는 점을 인식하고 현실을 감안한 새로운 타협안을 제시했다. 지하드를 비무슬림이 이슬람을 위협할 때 평화를 위해 그들과 싸우는 방어전쟁으로서 풀이한 것이다. 그는 이슬람의 영역을 잠식하려고 하지 않는 비무슬림은 이슬람의 투쟁 대상이 아니며 그들에게 전쟁을 강요하는 것은 이슬람 성법이나 신학 이론에도 어긋난다고 주장했다.

비무슬림이 이슬람으로 개종하지 않는다고 해서 죽여야 한다면 그것은 바로 신앙 문제에서 가장 큰 강요 행위가 된다고 규탄하고 있는 것이다. 따라서 신앙 문제에 강요가 있을 수 없다는 계시(쿠란 2장 256절)에 어긋난다고 풀이했다. 그러나 이는 끊임없이 이슬람 영역을 침범하여 영토 병합을 꾀하는 비무슬림의 경우와는 전혀 다르다는 입장을 취했다. 그 이후로 지하드는 더 이상 이슬람을 받아들이지 않는다는 이유 때문에 수행되는 전쟁영역에 대한 전쟁으로 해석될 수 없었고 오로지 이슬람을 방어하기 위해서 무슬림에게 부과된 종교적 의무로 그 원칙이 바뀐 것이다.

(5) 이슬람식 평화의 조건

이슬람법의 이론체계에 따르면 이슬람 영역과 전쟁 영역 사이의 전쟁 상태는 전자의 질서 체계가 후자를 지배할 때 종결된다. 따라서 이슬람의 궁극적 목표는 항구적 전쟁보다 항구적 평화를 이룩하는 데 있다고 할 수 있다. 즉, 지하드는 전쟁 영역을 이슬람 영역으로 변화시킴으로써 이슬람의 이상적 질서를 실현하는 일시적인 법적 방편이라는 것이다.

그러나 현실세계에서는 무슬림 학자들의 이상과는 달리 이슬람 영역과 전쟁 영역의 공존 상황이 항구적으로 정착되고 일반 무슬림들도 두 영역 간의 노골적인 적대 관계보다는 지하드의 잠재적 상태에 더 익숙해져 있다. 또한 이슬람식의 질서체계도 전쟁 영역의 비무슬림에게 완전히 부정적인 것도 아니다. 비록 두 영역 간의 완전한 평화는 교리상으로 확립될 수 없지만 불완전한 평화는 지속될 수 있다. 이 상황에서 무슬림과 비무슬림 간의 접촉이 개인적인 차원에서나 공식적인 차원에서 이루어져야 한다면 그것은 오직 평화적인 방법으로만 이루어질 수 있는 것이다.

세계를 이슬람 영역과 전쟁 영역으로 분류하는 이슬람의 질서체계 하에서는 중립성의 개념이 자리 잡을 틈이 없다. 특히, 중립성이 쌍방 간의 적대 관계를 솔선하여 자제하는 것을 의미한다면 더욱 그러하다. 또한 무슬림 영역의 권위자와 유효한 협약을 맺지 않은 전쟁 영역의 공동체는 모두 이론적으로 지하드의 대상이기 때문에 중립적인 입장을 취한다고 해서 지하드의 대상에서 면제되는 것은 아니다.

오직 에티오피아(Ethiopia)만이 예언자 무하마드의 생존 당시 무슬림에게 망명처를 제공해 준 역사적 사실 때문에 이슬람에서 특별한 지위를 누린다. 즉, 에티오피아가 무슬림에게 적대 행위를 하지 않으면, 모든 이디오피아인들은 무슬림과 영구적 평화 관계를 누릴 수 있다고 선언한 것이다.

그 밖의 나라들이 이론적으로 지하드의 공격 대상에서 면제될 수 있는 길은 평화조약을 체결하는 방법뿐이다. 그러나 이 평화 조약은 갱신, 개정 또는 유효 기간의 연장 등을 수없이 되풀이할 수는 있어도 일시적ㆍ한시적 성격에서 벗어날 수는 없다. 왜냐하면 이슬람 영역과 전쟁 영역 사이에는 적대적인 관계가 정상적인 관계로 간주되기 때문이다.

(6) 이슬람과 현대 국제 사회

오! 믿는 자들아! 항상 평화의 상황 속으로 걸어가라(쿠란 2장208절).
유일신은 너희들을 평화에 정주하도록 부르신다(쿠란 10장 25절).

제2차 세계 대전 이후 평화적 목적을 추구하기 위한 민간 차원의 국제 기구가 무슬림 세계에서도 창설되었다. 특히 무슬림간의 보다 밀접한 교류를 추진하고 이슬람 교리를 세계 평화의 확립이라는 관점에서 새롭게 해석하려는 민간 기구가 바로 세계무슬림의회다. 이 기구는 이슬람 교육과 윤리의 목적은 싸우고 전쟁하는 인간에 있는 것이 아니라 이슬람, 즉 평화에 헌신하는 것이 인간의 일이라고 주장한다. 따라서 이슬람은 세계적 이해와 세계적 책임의 관점에서 어떠한 전쟁 행위도 비정상적인 것으로 여기며 쿠란 구절에 나오는 평화적 요소를 강조하고 있다.

특히 세계무슬림의회는 1983년 초에 세계 평화의 증진을 위해 그 입장을 발표했다.

"전 인류가 갈구하는 세계 평화의 실현을 도모하기 위한 노력으로서 교육의 역할은 중요하다.…장기적인 평화 체제의 전제 조건은 무엇보다도 모든 인종과 민족이 서로 깊이 이해하고 관용하는 능력을 배양하여 서로의 존재를 존중하고 인정하는 데 있다. 교육은 국제적 차원에서 새로운 현대적 윤리의 복음이므로 이를 통해 인간은 자유롭고 책임 있고 또 품위 있게 되는 것이다 그 결과 인간은 서로 동등한 동료로서 이해하고 인류의 미래를 공동으로 협력하여 조성하는 각 민족의 구성원으로 서로 대하게 될 것이다.”

이러한 교육 목표를 통해 인간의 가치를 새롭게 해석하여 파괴적인 경쟁의식을 극복하고 상호 신뢰의 분위기를 조성하며 나아가서 불신과 차별에서 벗어나 협동 정신과 형제애로 인류 평화를 증진해야 한다고 세계무슬림의회는 생각하고 있다. 물론 무슬림 세계에는 아직도 중세 이슬람 제국의 영광에서 조성된 이슬람의 세계 지배라는 야욕의 꿈에서 깨어나지 못하고 이 꿈의 실현을 권장하는 목소리가 분명히 존재하고 있다. 그러나 이 목소리는 점점 작아지고 있으며 그 대신 민족 간의 관계를 새로운 시각에서 보아야 한다는 입장에 서 있는 인류 화합의 목소리는 점점 커지고 있다. 후자는 나음의 구란 구절을 즐겨 인용한다.

한줄기 빛과 복음이 유일신에게서 너희에게 왔도다. 유일신께서는 그것에 마음 두는 사람을 평화의 길로 이끌어 가신다.(쿠란 5장 16~17절)

2. 종교 분쟁의 원인과 실제

1) 오늘날 종교가 평화를 말할 수 있는가?

우리는 앞에서 각 종교의 위대한 평화사상을 살펴 보았다. 종교마다 그들의 가르침은 놀라운 진리임이 분명하다. 그러나 종교사는 종교 내부의 갈등과 많은 분파를 형성해 온 것을 증언하고 있다. 그들의 진리와 가르침과는 너무도 달리 자기 종교 내 분파 간의 조화와 일치도 이루지 못하고 있으며 경우에 따라서는 엄청난 전쟁을 감행해 왔다. 자기 종교 내의 갈등과 분쟁도 해결하지 못하는 종교가 어떻게 세계적인 전쟁을 해결할 수 있을지 매우 궁금하다.

또한 종교 간의 갈등과 분쟁 내지 전쟁은 더욱 심각하다. 강인철 교수는 한국국방연구원(KIDA)과 미국국정정보센터(CDI)의 세계종교분쟁자료를 종합해 보면 2000년 1월 1일, 현재 37건이 종교 분쟁 중에 있으며, 2002년 9월, 현재 종교분쟁사례는 최대 57건이라고 보고 했다. 실로 전세계가 종교 분쟁의 화염 속에 휩싸여 있는 실정이다. 그런데 이러한 종교들이 평화를 말할 수 있는지 묻지 않을 수 없게 되었다.

강 교수의 분석에 따르면 종교 분쟁의 당사자로 이슬람교 신자들이 가장 자주 분쟁에 참여하고 있다고 한다. 분쟁 당사자의 한쪽 혹은 쌍방이 무슬림인 경우가 전체의 46.3%나 된다. 그 다음으로는 그리스도교의 여러 분파들로서, 전체의 34.2%를 차지하고 있다. 그리스도교 내에서는 동방정교도가 분쟁의 당사자로 가담하는 경우가 12.2%, 가톨릭 9.8%, 개신교 8.5%가 뒤를 잇고 있다. 이밖에 불교가 7.3%, 힌두교가 6.1%로 나타난다. 이 외에도 유대교는 2.4%, 시크교는 1.2%, 티벳불교와 위그르족의 분리운동 2.4%다. 여기서 이슬람교와 그리스도교, 유대교 등 이른바 유일신 신앙체계를 지닌 종교가 분쟁당사자의 82.9%를 차지하여 압도적으로 나타났다.

한편, 이들 분쟁들을 몇 가지 대립 유형별로 나눈 뒤 해당 유형의 빈도를 정리해 보면, 현재의 종교분쟁 가운데 가장 발생빈도가 높은 것이 '이슬람 대 그리스도교' 유형의 갈등으로 전체 종교분쟁의 40.4%를 차지한다. 특히 이슬람교와 동방정교회간의 갈등이 19.1%로 가장 빈발하고 있다. 물론 이는 독립국가연합이나 동유럽에서 종교분쟁이 급속히 확산되는 사정을 반영하는 것이다. '이슬람 대 가톨릭'의 갈등유형은 전체 분쟁의 10.6%, '이슬람 대 개신교' 유형은 전체의 8.5%로 나타나고 있다.

그리고 이슬람 내부의 갈등 또한 전체 갈등의 25.5%를 차지할 정도로 자주 발생하고 있다. 이슬람 내 상이한 교파간의 갈등 즉 대부분이 시아파와 수니파의 갈등이 10.6%이고, 14.9%가 동일 교파 내의 갈등이다. 이러한 이슬람 동일교파 내의 갈등은 근본주의운동의 확산과 폭력화 경향을 단적으로 보여준다. 이밖에 '이슬람 대 불교'와의 갈등 유형과 '그리스도교 내부의 분파간 갈등' 유형이 각각 6.4%로 나타난다.

이처럼 세계 도처에서 종교적 신념의 차이 때문에 상대방을 살상하는 투쟁이 계속되고 있다. 따라서 유대교 랍비인 노르만 솔로몬 박사의 절규하는 소리가 들리는 것 같다. "대화냐? 죽음이냐?" 또 튀빙겐대학의 신학자 한스 큉(Hans Kueng) 신부는 "종교간의 평화 없이 세계평화는 없고, 종교간의 대화 없이 종교간의 평화는 없다."고 역설하고 있다. 종교간의 대화와 협력은 인류의 생존과 지구촌의 존망이 달려 있는 지구촌 최후의 희망으로 떠오르고 있다. 지구촌의 평화로운 미래는 종교간 대화의 성패에 달려 있다고 해도 과언이 아니다.

① 종교분쟁(신냉전)의 대두
현대에 와서 국제정치에 관한 뉴스에 '종교'가 등장하지 않는 날이 없

다. 구 유고슬라비아의 내전, 구소련의 여러 독립국들 사이의 분쟁, 중동 국가들 사이의 충돌 및 정변 그리고 각지에서 빈번하게 발생하고 있는 테러 등 이러한 모든 사건들의 배후에서 종교는 그 모습을 드러내기도 하고 혹은 감춰버리기도 한다. 따라서 현대의 분쟁에서 종교를 빼고서는 국제 정치의 흐름을 파악할 수 없을 정도다.

사람들은 곧잘 '냉전이 종식되면서 종교가 전면에 등장하고 있다. 지금부터는 종교 분쟁의 시대다' 라고까지 말한다. 다시 말하면 신냉전(New Cold War)의 시대라는 것이다. 냉전이라는 거대한 '바위'가 없어지자 종교에 기초를 둔 분쟁이 훨씬 빈번하게 발생하기 쉬운 환경이 되었기 때문이다. 눈앞에서 '이데올로기의 적'이 사라지자 동서대립에 쏟았던 에너지가 그것과는 전혀 다른 이질적인 차원의 종교로 향하고 있는 것이다. 종교의 힘을 실감하게 되는 상황이 늘어나고 있다.

그러나 현대적인 의미에서의 '종교의 대두'가 냉전의 종식을 계기로 하여 일어난 것은 아니다. 이슬람 원리주의의 대두나 공산권에서의 종교의 부활만 하더라도 이미 냉전 시대에 일어났던 일들이다. 그러한 현상에는 냉전을 포함한 '현대'에 대한 문제 제기나 이의 표명이라는 측면이 있는 것은 아닐까?

그런 의미에서 지금 세계 종교의 존재 모습을 파악하는 것은 국제 정치의 움직임을 따르기 위해서도 필요할 뿐만 아니라 그것은 우리가 지금 서 있는 현대 문명 그 자체에 대하여 생각해 볼 수 있는 통로가 된다. 오히려 '냉전이 끝나고 종교가 대두하고 있다. 지금부터는 종교에 대하여 생각해 볼 수 있는 시대다'17)라고 해야 할 것이다. 이것은 서로 경쟁하듯이 종교

---

17) '종교분쟁지도'는 국제정치경제 정보지 《포어사이트》에 게재되었다. 이 잡지는 1990년 3월에 창간된 월간지로, 창간호부터 '민족세계지도'와 '종교세계지도'라는 연재물을 만들어 1992년 8월호까지 30회에 걸쳐서 민족 문제와 종교 문제를 계속적으로 다루어 왔다.

와 나란히 대두하고 있는 '민족'에 대해서도 마찬가지로 말할 수 있을 것이다.

② 국경선과 종교권

세계 종교가 현대의 국제 정치에서 점차 의미를 갖게 된 것은 '경계가 없는 존재'이기 때문이다. 종교의 분포를 토대로 세계지도를 그려보면, 현재의 국경선으로 그려진 지도와는 전혀 다른 모습이 나타난다. 이렇듯 '국경선과 종교 분포의 불일치'가 알력과 항쟁을 낳는 요인이 되고 있다.

그것은 민족에 대해서도 마찬가지로 말할 수 있는데, 민족의 경우는 국가보다 훨씬 세분화되어 있고, 그 세분화된 각각의 정체성의 충돌이 파란을 낳는 요인이 되는 경우가 많다. 이에 비해 종교는 많은 나라에 걸쳐서 광범위한 '종교권'을 형성하고 있어 사실 국가의 구분을 무색하게 하는 형태로 영향을 미치고 있다.

그러한 종교권은 특히 이슬람교의 경우에 현저하게 나타난다. 힌두교의 나라 인도에서 '모스크'가 파괴되어 이슬람교도가 피해를 입으면, 이번에는 파키스탄이나 방글라데시에서 이슬람교도가 힌두교도에게 보복을 가한다. 이란의 최고 지도자는 '인도의 이슬람교도 지지'를 부르짖는다. 아프가니스탄·카슈미르·보스니아 등의 분쟁 지역에는 무자히딘(이슬람 전사)이 서로 번갈아가면서 전쟁을 벌이는 일종의 네트워크가 형성되어 있다. 세계 분쟁의 '견본시장'같은 뉴욕에서는 이슬람교도에 의한 빌딩폭파 테러까지 일어나고 있다.

물론 그리스도교의 경우도 횡적인 유대는 강하다. 특히 가톨릭은 바티칸을 정점으로 한 피라미드 형태의 강고한 조직이 갖춰져 있으며, 이 조직력은 유사시마다 유감없이 발휘된다. 다만 그것이 무력 투쟁이나 테러와 결부되어 있지 않다는 것이 이슬람교와 완전히 다른 점이다. 그것은 두 종교가 갖고 있는 성격의 차이 특히 '관용'이나 '타협'에 대한 사고방식의 차이 때문일 것이다.

이러한 '종교권'의 존재는 각각의 종교가 포교되고 전파되어온 자취이기도 하다. 예전에는 이러한 종교권과 어느 정도 일치하여 국가가 존재하였지만, 현재의 국경선은 각 종교권을 분할하는 식으로 그려져 있다. 이것은 시대가 흐름에 따라 '종교'와 '민족'이 서로 교차되지 않을 수 없었다는 것, 달리 말하면 그때까지 종교에 기초해 있던 사람들의 정체성에 민족이나 민족 국가가 뒤얽혀 들어갔다는 것을 말해준다.

이미 '종교'와 '민족'의 관계는 서로 뒤얽혀 있어 어떤 지역에서의 종교적 분파가 '민족'으로 전환하는 경우도 생기고 있다. 레바논 그리스도교의 만론파, 이슬람교의 도르지파 등은 오히려 '민족'이상의 힘을 보여주고 있다. 그렇기 때문에 이러한 집단은 민족이나 종교라는 분류 방식에 대입하기 보다는 '민족적 집단'이라고 불러야 할 것이다.

③ 유고의 사례 연구 - 종교적 민족의식

종교와 민족이 서로 뒤섞여 있는 것은 구 유고슬라비아에서 두드러지게 나타났다. 예컨대 분쟁의 와중에 있는 보스니아 무슬림의 주체성 변천은 흥미롭다. 그들은 원래는 세르비아인과 같은 사람들이었다. 그런데 중세에 들어와 정교도인 세르비아인들은 '보고미르'교라는 그리스도교의 이단을 믿게 되었다. 산간 지방이라는 환경이 이러한 이단을 키웠는지도 모른다. 그 후 14세기부터 세르비아·보스니아가 모두 오스만 튀르크 제국의 지배를 받게 되었는데, 이때 이 보고미르교를 믿는 세르비아인은 실리적인 이유에서 이슬람교로 개종을 하였다. 오스만 튀르크 제국 하에서 그리스도교 정교도인 세르비아인과 이슬람교도인 세르비아인이 병존하고 있었던 것이다.

흥미롭게도 이슬람교도들은 자신들을 '튀르크인'이라고 불렀다. 튀르크인이란 세르비아인에게는 '이슬람교도'라는 의미다. 그리고 원래의 튀르크인은 '오스만인'이라고 불렀다. 결국 그들은 스스로를 '이슬람교도'로 의식하고 있었던 것이다. 게다가 그것은 정교도인 세르비아인도 마찬가지여서 똑같이 세르비아인이라는 의식은 없고 '세르비아 정교회의 신자'라는 의식 밖에 없었다. 이러한 상황이 18세기 말까지 지속되었다. 그러나 19세기 말부터 차츰 정교도인들은 '세르비아인'이라는 의식을 갖기 시작했다. 그것이 절정에 달한 것이 1878년의 세르비아 독립이다.

이러한 '세르비아인'의 각성을 동경의 눈길로 바라본 것이 이슬람교도들이었다. 그들은 차츰 '튀르크인'이 아니라 '세르비아인 이슬람교도'라는 자각을 하기 시작했다.

그런데 두 차례의 세계 대전을 거쳐 지금의 유고슬라비아가 성립하면서 다시 그들의 의식은 크게 변했다. 정교도인 세르비아인과 가톨릭인 크로아티아인으로 갈라져서는 '자기들은 서로 전혀 다른 존재'라는 의식이 급부상하더니 급기야는 '무슬림인'이라는 이름으로 다른 '민족'임을 주장하기 시작했다.

④ 이슬람 원리주의가 등장한 이유

'사회변혁'의 특징을 지금도 가장 많이 갖추고 있는 것이 이슬람교일 것이다. 20세기 초부터 조금씩 고개를 내밀다가 1960년대부터 급속하게 대두하고 있는 이슬람 원리주의 세력은, 사실 모순이 온존해 있는 기존의 질서나 빈곤을 유지하려는 이슬람 보수 세력에 대해 저항하기 위해 등장하였다. 그러던 것이 세계에서 위협을 느끼게 된 것은, 그들이 '지하드'나 테러도 자신들의 목적을 달성하기 위한 수단으로서 불사하기 때문이다.

왜 그들은 서방 사회, 즉 유럽과 미국의 그리스도교 사회를 공격하는가.

그 배후에는 서방 사회가 '근대'사회로 변천하는 과정에서 자신들에 대한 혹독한 각성과 자책이 있었다. 서구가 일으킨 근대 국가는 '민족국가라는 적절한 규모에서 경제 발전을 꾀하고 자유와 인권이 보장되는 민주적인 사회를 만든다'는 것이었다. 그런데 오스만 튀르크 제국 등의 치하에서 종교에 뿌리박고 공동체를 형성해온 이슬람 사회에서는 그러한 준비를 할 수 없었다. 더구나 오스만 튀르크의 붕괴 과정에서, 서구 열강은 이슬람 사회를 분할하여 식민지로 만들고, 내적인 연관성을 무시한 채 경제권을 완강히 자의적으로 토막 내 버렸다. 두 차례의 세계 대전을 거쳐 독립을 달성한 후에도 국경선은 식민지 시대 그대로 유지되었으며 경제적인 유대는 무시되었다. 도저히 '근대'에 뒤쫓아 가지 못했기 때문에 좌절감만 팽배했고 민중의 불만은 누적되었다. 그리고 서구형이 아닌 '근대화'와 '민주화'를 지향하는 원리주의가 대두하였고 비판의 화살은 체제와 서방의 여러 나라로 향해졌다. 자유라든가 인권이 아니었던 것이다.

원리주의적인 구조로 이슬람 사회 뿐만 아니라 통일 국가를 형성하기 위하여 그들은 민족을 들고 나서기도 하고 종교를 들고 나서기도 하다가 결국은 공산주의를 들고 나서기도 하였다. 세계 각지에서 일어나고 있는 분쟁은 이렇듯 발버둥치는 시행착오의 결과라고 할 수 있을 것이다.

⑤ 21세기 종교의 새로운 적

지금 세계는 혼돈 속에서 방황하고 있다. 지금까지는 냉전이라는 이름의 연막에 의해 불행하게도 문제의 해결이 뒤로 미뤄져왔지만, 인류는 이윽고 그것에 본격적으로 매달리지 않으면 안 될 사태에 직면하고 있다. 더구나 오랜 세월의 냉전 결과, 그때까지의 '동'은 '남'의 일원으로 변하고 말았다. 점점 심각해지는 혼돈 속에서 국가를 초월하여 광범위하게 퍼져 있는 종교가 새로운 '국제적인' 역할을 담당하려는 것은 아닐까?

그러나 현대 세계에서 돌출하고 있는 것은 '빈곤'이나 '경제 발전' '분쟁'만은 아니다. 에이즈·마약·환경 파괴·인구폭발 등 더 이상 그 해결을 미룰 수 없는 심각한 과제들이 우리들을 무겁게 내리누르고 있다. 이러한 '새로운 적'에 대해서는 어떤 종교도 아직 해결하지 못하고 있다. 20세기가 지나고 바야흐로 21세기가 되었으면서도 부끄러운 시대는 사라지지 않았다. 세계는 아직도 미로 속에 있다.

2) 종교 분쟁 사례

(1) 가톨릭과 개신교의 분쟁

① 북아일랜드의 종교 분쟁

아일랜드 북부 슬라이고주(州)의 말라그모어 항, 여름날의 햇살이 눈부시게 내리쬐고 있는 가운데 한 척의 소형 요트가 미끄러지듯 바다 한가운데로 나아가기 시작했다. 엘리자베스 여왕의 부군 에딘버러 공의 숙부 마운트 베텐 백작의 낚싯배였다. 그로부터 약 5분 후 항구의 선창가가 점차 보이지 않게 되었을 때쯤, 백작 등 7명이 타고 있던 요트가 갑자기 폭발하여 산산조각이 되어버렸다. 1979년 8월 27일의 일이다. 영국 왕실 뿐만 아니라 전 세계를 진동시켰던 마운트 베텐 백작 폭살사건이었다.

그로부터 12년이 지난 1991년 2월 7일, 걸프 전쟁이 한창일 때 영국의 수도 런던의 다우닝가 10번지에 있는 수상 관저에 세 발의 로케트탄이 발사되었다. 때마침 관저에는 메이저 수상 등이 걸프 전쟁 문제로 각의를 열고 있었는데 경호 경관 네 명이 경상을 입었을 뿐 수상 등 각료들은 전원 무사했다. 12년이라는 시차를 두고 일어난 이 경악할 테러 사건의 공통분모는, 바로 가톨릭계 과격파 조직 아일랜드 공화국군이며, 이 IRA(IrishRepubli-can

Army)의 테러 사건으로 상징되는 북아일랜드 문제다.

얼스터(ulster) 지방을 포함한 아일랜드에 언제부터 사람이 살기 시작했는지는 정확하지 않지만, 약 9,000년 전이라고 한다. 기원전 5세기에는 철기를 가진 켈트계 민족들이 이 지역에 침입하여 이후 켈트문화의 중심이 되었다. 이들 켈트계 민족들은 당초 자연 숭배적인 돌리드교를 신앙하고 있었는데, 432년에 성 페트릭에 의해 들어온 가톨릭으로 서서히 개종하게 된다. 후의 역사가에 의하면 '성자와 학자의 섬'이라고 불릴 정도로 종교와 문예가 화려하게 꽃피웠다고 한다.

그러나 아일랜드의 평화는 오랫동안 지속되지 않았다. 로마 교황 하드리아네스 4세가 1155년 영국왕 헨리 2세에게 아일랜드의 영유를 허락하는 교서를 내린 이후로 영국에 의한 아일랜드의 식민지화가 급속히 진행되었기 때문이다. 16세기 영국의 성공회와 가톨릭 교회의 항쟁은 그칠 줄 몰랐다. 이것이 어느 정도 종결된 것은, 아일랜드가 1922년에 아일랜드 자유국으로서 독립하고서부터다.

그러나 1922년, 독립 당시 프로테스탄트가 주민의 3분의 2를 차지하고 있는 얼스터 지방 등 아홉 개 주 가운데 여섯 개 주는 영국의 통치 아래 남겨둔 채 북아일랜드를 형성한다. 이 때문에 문제의 불시는 북아일랜드 문제로서 남게 된다. 가톨릭계 주민이 선거권, 취직, 공영 주택의 배당 등에서 여전히 차별을 당하는 것도 프로테스탄트와 가톨릭 쌍방의 대립을 더욱 가열하였다고 할 수 있다.

이러한 상황 아래서 1969년에 북아일랜드에서 프로테스탄트 과격파와 가톨릭계 시민 사이에 대규모 충돌 사건이 발생하였으며, 일부 가톨릭 과격파는 제2차 세계 대전 이전부터 있었던 대 영국 테러 조직인 IRA의 이름을 빌려 아일랜드의 완전 독립을 목표로 투쟁을 격화시켰다. 이에 대해 프로테스탄트 과격파는 얼스터 방위군을 조직하였다. 이리하여 IRA과 얼스터 방위군, 나아가 북아일랜드에 파견된 영국군까지 가세하여 삼파전의 양상을 띤 피비린내 나는 항쟁이 전개되어 현재에 이르고 있다. 이미 이 문제로 인한 사망자가 2,000명 이상에 달하고 있고 국면의 타개는 극히 어려운 것이 현 상태다.

북아일랜드의 전체 인구는 1997년을 기준으로 166만이며, 이 가운데 가톨릭교도는 약 50만이라고 한다. 겨우 약 30%를 차지하고 있을 뿐이다. 나머지는 거의 프로테스탄트계의 여러 분파들이다.

'종교적 다수파가 소수파를 문화·경제·정치적으로 탄압하는' 종교 분쟁의 근본 원인이 여기에서도 확연하게 드러난다. 게다가 IRA의 테러활동은 영국 본토로까지 확대되고 있으며, 전혀 수습될 기미는 찾아볼 수 없다. 의회제 민주주의를 길러낸 영국에서 일어나고 있는 북아일랜드 문제, 이것은 종교가 얼마나 인간의 행동을 규정하는가를 여실히 보여준다.

② 캐나다와 퀘백주

미국과 캐나다는 역사적으로 불가분의 관계에 있으며 동시에 캐나다와 프랑스도 불가분의 관계에 있다. 왜냐하면 미국도 캐나다도 지금까지 영국의 영향이 매우 짙지만 대부분이 프랑스령이었기 때문이다. 17세기 초엽, 대서양에서 세인트로렌스 강을 거슬러 올라 북미 대륙으로 들어온 프랑스는 1608년에 퀘백에 요새를 세우고 다시 오대호에서 미시시피 강으로 내려갔으며 18세기에는 멕시코 만에 이르기까지 남북으로 길고 넓은 영역을 프랑스 식민지로 삼았다.

루이지애나라는 현재의 주 이름은 루이 14세에서 딴 것이다. 그리고 그 진출의 주된 목적은 영국인의 서부 개척과는 대조적으로 원주민과 서로 협력하는 모피 교역에 있었다. 1745년 프랑스는 원주민과 함께 동부를 지배하던 영국과 격돌했지만 패배하고 1763년 미국과 캐나다를 영국에게 빼앗겼다.

1763년, 영국이 빼앗은 캐나다는 1867년에 영국령 캐나다 연방이 되고 1931년에는 영국 연방의 완전 자치령으로 독립한다. 인구 구성비는 영국계가 40% 남짓이고 프랑스계가 30%다. 그러나 총인구의 절반 정도가 가톨릭교도이고 그 중에서도 프랑스계 주민의 약 80%를 점하는 퀘백 주는 압도적으로 가톨릭이 많고 공용어도 프랑스어가 지배적이다. 영국계가 주력인 캐나다에서는 매우 이색적인 주다. 간단히 말해 캐나다 속의 프랑스가 바로 퀘백 주다.

그래서 당연히 독립의 움직임이 나오고 있다. 본래 영국인과는 성격이 맞지 않는 프랑스인이므로 일단 불이 붙자 걷잡을 수가 없이 1963년에 '퀘백 해방전선'(FLO)이 결성되는 등 독립 운동은 격화되고 있으며 1976년의 주 의회 선거에서 독립파인 퀘백당이 의회의 70%를 획득하는 등 정점에 달했고 이후 독립의 구체화를 위해 몇 번이나 주민투표가 실시되었다. 그리고 1994년의 주민 투표에서는 드디어 독립파가 과반수를 차지했다.

하지만 '퀘백 독립국'은 아직 탄생하지 못하고 있다. 경제·문화가 오대호를 중심으로 발달한 캐나다에서 퀘백 주는 온타리오 주와 함께 아주 중요한 위치를 차지하고 있기 때문에 캐나다 본국이 쉽게 포기하려고 하지 않기 때문이다. 그러나 주민의 독립에 대한 열기는 전혀 식을 줄 모르고 언제 폭발할지 주목이 되는 상황이다.

(2) 이슬람교와 힌두교의 분쟁

① 캬슈미르의 분쟁

히말라야 산맥 서쪽에 있으며 인도의 북단에 위치한 캐시미어 옷감의 본고장, 쟘 카슈미르 주가 분리 독립운동으로 동요하고 있다. 주 인구 약

600만 가운데 90%이상을 차지하고 있는 이슬람교도 주민이, 1990년 이후 힌두교도가 다수파인 중앙 정권에 반기를 들고 인도 반대 투쟁을 전개하고 있기 때문이다. 인도 중앙 정부는 같은 해 1월 중순 잠 캬슈미르 정부를 해산하고 지사의 직할로 만들어 중앙의 지배권 강화를 기도했지만, 정세는 여전히 긴박하게 움직이고 있다.

분리 독립 운동의 배후에는 인도와의 알력이 계속되고 있는, 이슬람 국가인 파키스탄이 있어 자칫 잘못하면 '제4차 인도파키스탄 전쟁'으로까지 발전할지도 모른다. 다신교로 우상을 숭배하는 힌두교와 일신교로 우상을 거부하는 이슬람교, 서로 용납할 수 없는 두 종교가 마찰을 되풀이하고 있는 것이다.

카슈미르는 영국이 인도를 지배하던 시대에 힌두교도인 영주 하리 신을 정점으로 한 하나의 영주국이었다. 1947년 인도와 파키스탄이 분리 독립했을 때 다른 대부분의 영주국이 인도나 파키스탄에 귀속하기로 결정한데 반해 신 영주만은 독립을 생각하고 있었다. 그러나 당시에도 주민의 80% 가까이가 이슬람교도라는 실정에 눈을 돌린 파키스탄이 캬슈미르를 무력으로 합병하려고 획책하자 이에 놀란 영주가 인도에 도움을 청하기 위해 급히 인도와의 병합 문서에 서명했다. 그리고 카슈미르의 귀속 문제를 둘러싸고 발발한 것이 제1차(1947~49년), 제2차(1965년)의 두 차례에 걸친 인지 전쟁이다.(1971년의 제3차 전쟁은 방글라데시 독립전쟁임).

모두 파키스탄의 패배로 끝났지만, 사실상 카슈미르는 휴전선을 사이에 두고 인도 측의 잠 카슈미르 주와 파키스탄 측의 아자드 캬슈미르, 기르기트 관리구역으로 분할되었다. 1962년에 일어난 중국과 인도의 국경 분쟁으로 중국이 인도 측의 북부를 점령, 파키스탄과 중국이 손을 잡은 사태는 상황을 더욱 혼미 속으로 밀어 넣었다. 이에 더하여 문제를 더욱 복잡하게 만든 것이 영주가 인도 측과 조인한 합병 문서였다. 인도 측은 이 문서에 조인할 때 명확히 군사·외교·통화 이외의 대폭적인 자치를 카슈미르 측에 부여하겠다는 약속을 하였다. 이는 인도 헌법 제 370조에 지금까지도 명기되어 있다. 그런데 이슬람교도 주민에 의하면 이것이 알맹이 없는 공문서가 되었다는 것이다.

"네루(초대 인도 수상)는 때가 오면 자치를 주겠다고 약속했다. 그런데 인도는 조금씩 약속을 어기더니 지금은 헌법370조를 폐기하려고까지 하고 있다." 이것이 잠 카슈미르 주 내에서 반인도 테러를 되풀이하는, 대소 약 30개에 이른다는 분리주의 과격파(최종 목표는 '독립' 또는 '파키스탄으로의 합병' 등 다양하다)의 운동의 근거가 되고 있다. 또한 '카슈미르의 최종적인 귀속은 국민투표에 따른다.'는 국제연합의 결의의 존재도 간과할 수 없다. 인도 측은, ㉠ 캬슈미르 주는 인도 고유의 영토이며 분리주의 과격파는 범죄자 집단이고, ㉡ 파키스탄이 이 주의 민족 자결을 지지하는 것은 부당한 내정 간섭이라고 강조하고 있지만, 주민들은 이를 외면하고 있다.

잠 카슈미르 주에는 이슬람교도가 압도적으로 다수를 차지하고 있음에도 불구하고 힌두 교도가 주정부·관료 기구를 마음대로 지배해왔다. 이슬람교도는 군대조차 갈 수 없다. 인도 중앙 정부가 자금 지원을 강화하여도 망처럼 둘러쳐 있는 행정 기구에 의해 대부분이 힌두 교도의 주 관리들 손으로 들어 가버리고 만다. 관광·농업·수공업 정도에 불과한 산업도 격화 일로에 있는 카슈미르 분쟁 때문에 진보하지 않는다. 이 주의 이슬람교도 주민의 실업률은 인도에서 가장 높은 부류에 속한다.

잠 카슈미르 주를 둘러싼 분쟁은 단순한 반인도 투쟁에 그치지 않고, 아프가니스탄이나 구소련 중앙아시아의 이슬람계 국가들과도 연동하고 있다. 현재 이슬람교도의 전사들은 아프가니스탄에서 '실지 훈련'을 받고 있다고 한다. 또한 분리주의 이슬람 세력 가운데 이슬람 원리주의의 초강경

파가 급속하게 대두하고 있다는 것도 큰 변화다. 테러 지상주의와 파키스탄에의 병합을 부르짖는 이들이 힘을 얻으면 정세가 더욱 악화되는 것은 피할 수 없을 것이다.

인도 아시아 대륙의 일각에서 불을 뿜고 있는 카슈미르 분쟁은 이제 유일신인 이슬람교와 다신교인 힌두교와의 싸움의 영역을 넘어서고 있는지도 모른다.

② 인도의 종교적 '악순환'

인도 남부 타밀나두 주의 스리페룸부드르, 인도양에 면한 이 마을은 1991년 5월 21일 열기가 휩쓸고 있었다. 총선거에서 정권 복귀를 노리는 국민회의 라지브간디 총재가 유세를 하기 위해 방문했던 것이다. 날이 완전히 저물었을 무렵, 야자나무로 둘러싸인 야외 집회장에 씩씩하게 등장한 간디 총재, 그러나 갑자기 '탕'하는 굉음과 함께 이 행사는 중단되었다.

라지브 간디의 폭살 사고, 이 정보는 순식간에 선 세계로 전해졌다. 인도 통합의 상징이 되어왔던 '네루 왕조'가 라지브 간디의 암살로 도중 하차 하면서 종교 분쟁이 격화 될 위험성이 높아졌기 때문이다.

그로부터 약 1년 반, 인도의 주원이라고도 할 수 있는 북부 지역에서 바로 이 나라의 뿌리를 뒤흔드는 사건이 일어났다. 1992년 12월 6일 수십 만의 힌두 교도가 폭도로 돌변하여 우탈 프라데슈 주 아요디야에 있는 오래된 이슬람 사원을 습격, 파격했던 것이다. 이 '야요디야 사건'이 방아쇠가 되어 인도 각지에서 힌두 교도와 이슬람 교도의 충돌이 잇따라 발생했고 그로 인한 사망자는 1.000명을 훨씬 넘었다.

전체 인구가 약 11억에 이르는 인도는 세계 최대의 의회제 민주주의 국가다. 국민의 80%는 힌두 교도이며, 정치 제도와 종교 비율만 보면 안정되어도 좋을 법한 나라다. 그러나 인도의 국토는 스칸디나비아와 구소련을 제외한 유럽에 필적할 정도로 광대하며, 유럽 인구의 배나 되는 사람들이 살고 있다. 유럽에 비하면, 이 25개 주가 독립 국가가 되어도 좋을 정도의 규모인 것이다. 아무리 '소수파'라고 하여도 이슬람교도가 11%로 9.000만, 시크교도는 1.700만이나 되니 이것은 대단한 숫자다. 이 때문에 이슬람 교도 다수를 차지하는 잠 카슈미르 주나 시크 교도가 다수파인 편잡 주 등에서는 분리주의 운동이 힌두 교도와의 종교 분쟁의 형태를 띠면서 계속되고 있다. 라지브 간디 암살은 스리랑카의 타미르인 게릴라의 짓으로 추측되고 있는데, 그의 모친, 즉 네루의 딸인 인디라 간디 전 수상은 시크 교도에 의해 암살되었다.

인도는 원래 힌두교의 나라였지만, 16세기에 시작된 무굴제국 시대에 이슬람교로의 개종도 진척되어 영국령 시대에는 명확하게 2대 세력이 되었다. 영국의 통치에 이용되는 형태로 차츰 양자의 대립은 격화되었다. 영국령 인도가 1947년에 독립할 당시, 이슬람교도가 다수파인 파키스탄과 힌두 교도가 다수파인 인도 두 나라로 분리되어 독립하지 않을 수 없었던 것도 이슬람교도와 힌두 교도의 대립 때문이었다. 이 때문에 네루 수상 이래 역대 정권은 정치와 종교의 분리를 대원칙으로 삼았으며, 이것이 이슬람교의 공존과 인도의 통일을 겨우 유지해 주었다. 그러나 계속되는 경제 부진이 힌두 지상주의와 카스트 제도를 유지하려는 분위기를 낳아 진퇴양난의 대립 시대를 맞이하게 된다.

힌두교도 측에서 중심이 된 것은 1925년에 창설된 우익 단체 '국민 자조 봉사단'을 조직한 인도 인민당이다. 국민회의파의 기본 원칙인 '정치와 종교의 분리'에 정면으로 도전하여 힌두교를 국교로 정하고 카스트 제도를 유지할 것을 호소하여 '대학을 나와도 직업이 없는' 상·중의 카스트 층의 대폭적인 지지를 얻었다. 1990년 8월 당시의 V. P. 신 수상이 제정한 하층 카스트의 취직 우대책도, 이것을 '역차별'이라고 분개한 상·중 카스트

층의 반발을 초래하였다. 나아가 잇따라 발생하는 다른 종교의 과격파의 발흥, 힌두 교도에 대한 테러가 힌두 교도의 위기감을 선동하여 힌두 지상주의의 대두에 박차를 가하게 되었다. 과격파는 과격파를 낳고, 여기에서 필연적으로 다종교·다민족 복합 국가인 인도의 문제를 초래하는 악순환이 일어나고 있는 것이다.

(3) 이슬람교와 그리스도교의 분쟁

① 레바논에서 궁지에 몰린 그리스도계 마론파와 이슬람교

레바논을 남북으로 달리는 레바논 산맥과 안티레바논 산맥, 이 두 개의 산맥 가운데 해발 2.500m에 달하는 산들이 줄줄이 늘어서 있는 레바논 산맥은 옛부터 페니키아 망명자들의 '성역'이 되어왔다. 바깥 세계와의 왕래를 가로막는 험준한 산봉우리들이 정치적 이단·종교적 이단으로서 박해받는 사람들에게 그럴 듯한 은신처를 제공해 주고 있기 때문이다. 그리고 이 산들을 거점으로 하여 독자적인 문화를 꽃피우고 레바논 유수의 정치·종교 집단이 된 것은 마론파 그리스도교다.

레바논에 그리스도교가 전래된 것은 1세기경이다. 로마제국이 시리아 지역을 기반으로 세력을 뻗쳤는데, 시리아 북부에 있는 성 마론 수도원을 거점으로 한 일반 신도들은 5세기경 독자적으로 주교를 선출하는 등 분파의 움직임을 보이다가 7세기에는 레바논 산맥의 오지로 이주하였다.

정통파인 그리스 정교나 때마침 중동 전역으로 원정을 시작한 이슬람 군단의 습격으로부터 몸을 지키기 위해서는 이 길밖에는 선택의 여지가 없었기 때문이다. 여기에서 그들은 독특한 그리스도론을 가지고 교의를 만들고 성 마론과 연관하여 마론파 그리스도교를 수립하였다. 십자군의 팔레스타인 원정 때에는 그들의 '뱃길 안내인'으로 일하기도 하고, 오스만

투르크 제국의 지배 하에서는 레바논 산맥의 깊은 골짜기에서 저항 운동의 중심이 되기도 했다. 아시아·아프리카·유럽을 잇는 십자로에 위치한 레바논에는 20개가 넘는 종교·종파가 난립하지만 어느 시대에나 그들은 이 복잡한 무대에서 주역을 담당해 왔다.

2006년 레바논의 전체 인구는 387만이었다. 그 가운데 230만이 이슬람교도이고, 그리스도교 각 파의 합계는 146만이며, 기타 팔레스타인 난민 등이 25만이다. 프랑스는 제1차 대전 이후부터 신탁통치를 하고 있던 시리아와 레바논을 1940년대에 독립시킬 때, 레바논에서 그리스도교도가 다수파가 될 수 있도록 경계선을 그었는데, 지금은 이슬람교도의 증가로 그 인구 비례가 완전히 역전되고 말았다.

이렇게 인구 비례가 역전되자 이슬람교도 측이 국정 참가권의 확대를 호소한 것이 1975년 이래 지금도 계속되고 있는 레바논 내전의 발단이었다. 이 내전에서 마론파는 차츰 시리아·미국·이스라엘과 '동맹자'로 변하면서 이슬람교도에게 철저하게 항거해 왔다. 원수같이 생각하는 팔레스타인 해방기구 게릴라를 베이루트에서 내쫓기 위하여, 1982년의 레바논 전쟁에서는 이스라엘군을 측면에서 지원하기까지 했다.

그러나 1989년 이슬람교도 내각의 호스 정권과 그리스도교도 내각의 아운 정권이 나란히 탄생하는 이상 사태가 벌어지면서, 마론 내부의 풍향은 분명하게 변하기 시작했다고 할 수 있다. 시리아와 손을 잡고 정치 개혁을 단행하여 이슬람교도와 공존하려는 세력과 이에 정면으로 반대하는 아운파의 '내분'이 동베이루트 이북에서 계속 발생하여 마론파의 전체적인 통합이 전혀 불가능한 상태가 되고 말았다.

1990년 8월, 이라크군이 쿠웨이트를 침공하자 레바논은 시리아와 함께 이라크를 비난했다. 그러나 시리아나 이슬람교도와 대항하기 위해 이라크에서 무기를 공급받고 있다고도 전해지는 마론파는 '내분'을 되풀이 하고 있을 뿐이다. 오히려 이 침공으로 국제 여론의 관심이 집중되고 있는 사이에 이슬람교도 측의 마론파 포위체제는 더욱 강해졌다. 같은 해 10월 13일, 아운 장군이 '항복'한 것도 그 결과다.

이제 현재의 마론파는 '독자적인 길'을 걸어서는 살 수 없게 되었다. 레바논 국내의 3만의 병력을 풀어놓은 압도적인 시리아의 병력 앞에서 이슬람교도의 국정 참여권 확대를 인정하고 공존을 꾀할 수밖에는 달리 방법이 없기 때문일 것이다.

② 예루살렘 분쟁

이스라엘의 중앙, 바다와 사막을 가르는 시온산의 봉우리에 위치한 실을 만드는 가는 삼나무와 올리브 노목이 산재해 있는 구릉 위에 있는 도시 예루살렘은 3대 종교, 즉 유대교와 그리스도교·이슬람교의 성지다. 저녁 무렵 동 예루살렘(예루살렘의 구시가지)을 바라다보는 교외의 올리브 산 중턱에 서면, 오른쪽으로는 은색으로 빛나는 알 아크사 이슬람 사원이 그리고 왼쪽으로는 금빛 바위의 돔(오마르 이슬람 사원)이 아직 저물지 않은 시내를 내려다 보고 있다. 노을 속에 우뚝 서 있는 성벽, '하늘과 땅의 중간에 있는 거리'라고도 하는 예루살렘이 하루 가운데 한 번 아름다운 때다.

그러나 이러한 광경과는 반대로 예루살렘만큼 엄청나게 사람의 피를 흘리게 한 거리도 또한 없을 것이다. 예루살렘을 둘러싸고 지금도 계속되고 있는 유대와 이슬람의 대립은 인간의 정신과 종교와 관련되어 있는 만큼 더할 수 없이 비타협적이다.

이스라엘 정부의 통계에 의하면, 1988년 예루살렘의 전체 인구는 49만 3,500명이다. 이 가운데 30만(35만이라는 설도 있다)이 유대인이다. 이슬람교도는 12만 3,600명, 그리스도교도는 1만 4,400명으로, 그 가운데 유태인은 82%다. 1980년 7월, 이스라엘 정부는 1967년의 제3차 중동 전쟁으로 점령한 동 예루살렘을 병합했는데, 그 결과 반경 수 킬로미터 이내에 이들 3대종교의 교회·모스크·성지 등이 26개소나 밀집되는 사태가 발생했다. 통곡의 벽, 성분묘교회, 알 아크사 이슬람 사원, 바위의 돔 그리고 에티오피아 교회·콥트 교회 등 소수 종파의 것까지 합하면 문자 그대로 '성지의 박물관' 같은 모습을 보이고 있다.

그 가운데 최대의 비극은 알 아크사 이슬람 사원과 바위의 돔이 있는 구역, 즉 '신전의 언덕' 서쪽 벽에 있는 지점이다. 하람 아샤리프는 예언자 마호메트가 승천한 곳으로서 이슬람교도가 신성불가침으로 정한 장소이며, 이 통곡의 벽을 둘러싸고 유대와 이슬람 양 교도는 과거부터 사사건건 대립해 왔다. 1990년 10월 8일에는 하람 아샤리프에 '시나고그'를 건설하려는 유태 원리주의자와 팔레스타인이 충돌하였고, 경찰의 발포로 팔레스타인인 21명이 사망하는 사건도 일어났다.

역사적으로도 예루살렘 지역은 유혈의 연속이었다. 유대·그리스도교를 극복하는 종교로서 등장한 이슬람교를 신봉하는 이슬람 군단은 638년에 예루살렘을 점령했다. 그리고 뒤이어 1099년에는 십자군에 의해 점령되어 다수의 주민들이 학살당하였다. 그로부터 약 100년 후인 1187년, 아랍의 영웅 살라딘이 이곳을 다시 탈환하여 예루살렘을 그리스도교도와 유대교도에게도 개방된 도시로 만들어 간신히 이 거리도 안정을 되찾는 듯했다. 그러나 19세기 이래 제국주의 열강이 팔레스타인을 둘러싼 암투와 시오니즘의 대두에 의해 예루살렘은 한층 복잡한 문제를 안고 말았다. 1948년 이스라엘 건설, 네 차례에 걸친 중동 전쟁, 팔레스타인인에 의한 독립 국가 건설의 움직임이 그것이다.

이스라엘은 1980년 '예루살렘 영구 수도법'으로 '예루살렘이 다시는 분할되지 않는 이스라엘의 항구적인 수도'라고 규정하고, '동 예루살렘을 수도로 하는 팔레스타인 독립국가'를 주장하는 팔레스타인 해방기구

(PLO)와 정면으로 맞섰다. 그 이유는 첫째, 유대인에 의해 예루살렘이 수도로 정해진 것이다. 둘째, 예루살렘은 유대인에게 유일무이한 성지라는 것, 물론 이슬람교도에게도 성지이지만, 그들에게는 메카·메디나에 뒤이은 세 번째 성지에 불과하다는 것이 그 근거였다. 우익연합인 리쿠드는 물론 여당인 노동당까지 이 '예루살렘은 두 번 다시 분할되지 않는다'라는 점에서는 전적으로 같은 입장이었다.

예루살렘은 보통 때는 정적에 잠겨 있는 거리다. 영원히 계속되는 시간의 흐름 속을 조용히 표류하는 것처럼 보인다. 거리를 냉혹하게 두 개로 갈라놓은 철조망, 지뢰더미, 암약하는 저격병…… 1967년 이전을 상기시키는 것은 이제는 아무것도 남아 있지 않다. 그러나 그 배후에서는 불타는 원한이 언제 어디서 솟구쳐 나올지 지금도 싸늘한 긴장이 맴돌고 있다.

③ 끊임없는 유고의 종교 분쟁 -민족주의 부활

세르비아의 민족주의자가 쏜 한 발의 총탄이 오스트리아의 황태자를 사망에 이르게 했다. 이로 인해 제1차 세계대전의 계기가 되었던 사라예보, 이 발칸 반도의 고도를 수도로 하고 있는 보스니아 헤르체코비나에서는 지금 세르비아인과 크로아티아인, 게다가 무슬림인까지 합세하여 격렬한 전투를 전개하고 있다. 거기에는 이미 항독 빨치산 영웅 고 티토 대통령이 이끌었던 '영광의 유고'의 모습은 없다.

㉠ 무슬림 민족

학살과 항쟁, 그 배후에 복잡하게 얽혀 있는 종교와 민족, 일찍이 '유럽의 화약고'라고 불렸던 발칸 반도의 일각에서 지금도 집요하게 내전이 계속되고 있는 것이다. 이 내전에서 눈길을 끈 것은 스스로를 '무슬림 민족'이라고 주장하는 이슬람 교도의 존재다. 단순한 이슬람 교도가 아니라 '무슬림인'이라는 민족성을 소리 높이 외치는 사람들은 세계에 널리 퍼져 있는 광대한 이슬람권에서도 이들밖에는 없다.

보스니아 헤르체코비나의 전체 인구는 436만, 이 가운데 43.7%가 무슬림인이다. 그밖에 세르비아인이 31.4%, 크로아티아인이 18%로 이루어져 있다.

구 유고를 구성하고 있던 6개 공화국 가운데 세르비아와 크로아티아 등 5개 공화국은 그런대로 다수파인 민족의 이름으로 그 나라의 이름이 되었다. 그러나 보스니아 헤르체코비나만은 예외적으로 그것이 단순히 지역명에 불과한 것이 아니다. 여기에 '무슬림인'이 탄생한 이유가 있다.

유고슬라비아(남슬라브인의 나라)라는 이름에서 알 수 있듯이, 구 유고 공화국의 명칭이 된 민족은 모두 같은 남 슬라브인이다. 그런데 현재의 지역에 정착하는 과정에서 남부 지방이 가톨릭권으로 그리고 동부 지방이 정교권으로 들어가 이윽고 오스트리아, 헝가리 제국과 오스만 튀르크 제국으로 각각 흡수된다. 그리고 그 정확한 경계에 자리 잡고 있는 것이 오늘날의 보스니아다. 이 지역에는 중세 때부터 정교도와 가톨릭 그리고 이 양자가 이단시한 보고미르 교도가 살고 있었다. 15세기에 이르러 이 지역이 오스만 튀르크 제국의 지배에 들어가면서 보고미르 교도는 실리적인 이유에서 많은 사람들이 이슬람교로 개종하였는데, 이들이 보스니아 이슬람교도의 기원이라고 한다.

이들 가운데서 '우리는 세르비아인도 크로아티아인도 아니다. 우리들은 그들과는 전혀 다른 별개의 존재다'라고 주장하는 '민족으로서의 이슬람', 즉 '무슬림인'이라는 개념이 생겨난 것은 1960년대 중반이 되면서부터였다. 그것은 고 티토 대통령의 자유화정책에 부합하는 것이었다. 1967년에 고 티토 대통령은 보스니아 헤르체코비나에서의 이슬람교의 민족적 특성을 승인하였고, 1968년에는 보스니아 헤르체코비나 당 중앙위원회에서 무슬림인은 독자적인 민족이라는 주장이 제기되었으며, 1969년의 보스니아 헤르체코비나 당대회에서는 마침내 같은 취지의 결의가 이루어진다. 그 때까지는 민족으로서가 아니라 종교상의 '이슬람 교도'로서 혹은 '유고슬라비아인'으로서 자신을 표명할 수밖에 없었기 때문에 이것은 커다란 변화였다고 말 할 수 있다.

그러나 왜 '세르비아인 이슬람교도'나 '크로아티아인 이슬람교도'가 아니라 '무슬림인' 이어야 하는가, 종교를 전면에 내세우고 '차이'를 강조할 수밖에 없다는 것은 거꾸로 말하면 종교 이외에는 달리 차이가 없다는 말도 된다. 흔히 세르비아인·크로아티아인·무슬림인이라고 말하지만, 여기서 중요한 것은 '정교도' '가톨릭' '이슬람교도'다. 실제로 그들은 겉으로 보기에도 거의 차이가 없으며, 언어만 하더라도 지방 간의 방언 차이밖에 없다고 한다. 그런 것이 각기 다른 종교를 받아들이고 다른 역사를 거쳐옴으로써 각기 다른 '민족'이 되어 버렸던 것이다. 흔히 유고의 민족 분쟁이라고 말하는데, 거기에는 오히려 종교 분쟁적인 측면이 있다.

ⓒ 이슬람 민족주의

마땅히 보스니아의 '이슬람 민족주의'라고 불러야 할 이 운동은 이슬람 원리주의의 원점이라고 하는 1979년의 이란 혁명에 앞서서 일어났다. 다른 이슬람 세계와의 직접적인 관계 속에서 일어난 것이 아니라 유고의 특수성 속에서 일어났다고 할 수 있다. 그러나 주목해야 할 것은 내전에 휩싸인 후부터 다른 이슬람 국가들의 지원이 현저하게 눈에 띈다는 것이다. 이슬람 전사들이 의용병으로 참전하기도 하고 이란이나 사우디아라비아 등에서는 무기를 공급해주고 있다고도 한다.

세르비아인에 의한 '정화'에 의해 무슬림인 측은 거점을 점점 빼앗기고 있다. 잔학 행위도 전해지고 있으며, 내전은 점점 더 치열해지고 있을 뿐이다. 이제 앞으로 어떠한 형태로 내전이 종결되더라도 서로에 대한 원한은 없어지지 않을 것이다.

1922년 4월, 보스니아 세르비아계가 자치 공화국을 선언함으로써 발단된 보스니아 내전은 보스니아 이슬람교 정부. 세르비아공화국 그리고 크로아티아공화국 등 내전 당사자들이 1995년 11월, 미국 데이턴에서 평화협정을 가조인함으로써 3년 7개월 만에 불안한 평화의 길로 접어들었다. 체결되었다 깨져버린 앞서의 두 차례 평화협정과 달리 이번 평화협정은 미국의 적극적 개입으로 인해 어느 때보다 이행 가능성이 높아 보인다.

그러나 인종 청소를 자행하고 유엔 평화유지군 병사들을 인질삼아 인간방패전략을 썼던 전범혐의자들의 처리가 아직 숙제로 남아 있고, 무엇보다도 세르비아인, 이슬람교도, 크로아티아인 등 민간인들 간의 뿌리 깊은 적대감이 팽배해 있어 발칸반도는 여전히 언제 다시 전쟁이 터질지 모르는 화약고로 남아 있다.

④ 동방정교도의 세르비아 공화국과 이슬람교 코소보 자치주의 분쟁과 현황

㉠ 분쟁의 원인

1992년 보스니아-헤르체고비나에 이어서 세르비아와 몬테네그로가 하나가 되어 만든 유고슬라비아 연방공화국이 독립했다. 세르비아인이 주체가 된 새로운 유고다. 하지만 실은 독립국 유고도 다른 종교와 민족이 동거하는 모자이크 나라다. 보스니아-헤르체고비나와 접한 중앙부가 세르비아 정교 세르비아인으로 이루어진 세르비아 공화국이고 수도 베오그라드도 여기에 있다. 북쪽의 일부는 가톨릭계 주민이 주체인 보이보디나 자치주이며 남서의 구석은 알바니아와 마케도니아가 접하고 있는 코소보 자치주다. 코소보는 이슬람교 알바니아계 주민이 주체가 된 위험한 구성으로 되

어 있으며 더구나 합병된 몬테니그로는 2001년 총선거에서 독립파가 승리하면서 갑자기 파란이 일어나게 되었다.

코소보 자치주에서 분쟁이 표면화된 때가 1989년이다. 코소보의 수도 프리슈티나에는 12세기 세르비아 왕국이 건국되었을 때부터 세르비아 정교의 성좌(星座)가 있다. 마침 유고 대통령에 취임한 세르비아 민족주의의 독재자 밀로셰비치가 이것을 돌려달라고 요구한 데서 분쟁이 시작되었다. 그에 대해 코소보에 대한 선주권을 주장하는 알바니아계 주민은 극렬하게 반대, 1990년 주 의회에서 독립을 선언하고 다음해 1991년에는 주민투표로 독립국 코소보공화국 수립을 선언하며 대항했다.

1980년대에 결성된 반 세르비아 무장조직 '코소보 해방군'(KAL)이 서서히 무대에 나서기 시작한 것도 이 무렵이다. 그리고 1997년 말에는 세르비아 경찰대, 치안부대와 격렬한 총격전을 전개하고 코소보 분쟁의 주역으로 나섰다. 이후 사태는 엉망진창이 되고 국제연합 안보리는 쌍방에게 즉시 정전과 대화를 요구하고 평화안도 제시했지만 밀로셰비치는 이를 모두 거부했다. 1999년 3월, 북대서양 조약기구(NATO)군은 드디어 베오그라드를 공습했고 100만 명에 이르는 난민을 내면서 세르비아측은 항복했다.

이 분쟁에서의 패배로 밀로셰비치는 다음해 2000년 9월 대통령선거에서 코슈투니차에게 대통령 자리를 빼앗기고 퇴진하지만 최대의 패인은 그가 코소보 분쟁에서 실정한 데 있다기보다 국내의 강권 독재, 자유와 언론 탄압에 항의하는 학생 레지스탕스 조직 '오토폴'을 중심으로 하는 시민의 항거에 있었다는 사실은 뜻밖에 알려지지 않았다. NATO의 폭격 이전에 그는 이미 죽은 몸이나 마찬가지였다. 그러나 이것으로 코소보 분쟁까지 해결된 것은 아니다. 독립을 노리는 세력은 이웃 나라 마케도니아까지 끌어들이기 시작했다.

ⓛ 남겨진 문제점

유고슬라비아 연방공화국의 세르비아 공화국은 독재자 밀로셰비치의 퇴진으로 민주화되었다. 하지만 그렇다고 해서 다음 대통령 코슈투니차가 코소보 자치주의 독립을 인정하는 방향으로 움직이는 것은 아니다. 항쟁을 재연시킬 마음은 전혀 없지만 코소보는 세르비아의 일부임을 새삼 천명하고 있는 등 사태는 전혀 진전되지 않고 있다. 그에 대해 코소보 전주민의 90%를 차지하는 이슬람교 알바니아계 주민은 일단 독립의 불이 붙은 만큼 이미 되돌아갈 수 없는 곳까지 왔다는 각오다.

2001년 1월에는 국제치안유지부대(KFOR)의 감시에도 불구하고 코소보 자치주 북부의 도시 코소보스카 미트로비차에서 세르비아계 주민과 충돌하였다. 1년 동안의 사망자를 추산하면 약 2천명이 넘는다. 대립 항쟁은 여전히 계속되고 있는 것이다. 만약 밀로셰비치 시대라면 즉시 분쟁이 재연되겠지만 국제연합과 유럽의 지원을 받고 있는 현 코슈투니차 정권은 강경 수단으로 나설 수가 없으므로 방관하고 있다. 그래서 코소보 분쟁은 이미 코소보 독립 투쟁으로 바뀌었다고 할 수 있으며 유고슬라비아 연방공화국의 중대한 내정 문제로 변할 위험성을 갖고 있다.

코소보 자치주의 남서쪽으로는 알바니아가 남동쪽에는 마케도니아가 있다. 마케도니아에도 알바니아계 주민이 25%나 있으며 이슬람교 세력 역시 결코 적지 않다. 소위 알바니아계 '동포의 원조'를 계산에 넣고 코소보의 알바니아계 무장 조직이 결행한 도발이 2001년 3월의 마케도니아 북부에 대한 폭격이다. 이에 따라 NATO군은 유고군 침입을 막기 위해 설정한 코소보의 안전지대를 무장 조직이 악용하고 있다는 판단으로 안전지대를 축소하는 움직임으로 나서고 있으며, 무장 조직은 마케도니아를 침공하여 세계 여론의 주목을 받음으로써 코소보 독립을 국제사회에 호소하고 있다. 즉, 코소보 분쟁 종결로 잊혀지는 자신들의 주장을 재차 세계무대에 되살려보겠다는 것이다.

그러면 알바니아계 무장 조직의 침공에 대해 마케도니아 정부는 어떻게 대응하고 있는가? 결코 용인하지 않는다. 정규군을 파견하여 무력으로 대응하고 있다. 마음만 먹으면 진압할 수도 있다. 하지만 실제 진압까지는 이르지 않고 있다. 정권을 쥔 자의 약점 때문이다. 국민의 3분의 1을 점하는 이슬람교도(알바니아계 23%, 터키인 5%, 기타)를 모두 적으로 돌리게 되면 다음 선거에서의 승리가 불안해지기 때문이다. 그래서 마케도니아의 고민이 계속되고 있다.

⑤ 키프로스 공화국과 터키 공화국

㉠ 키프로스의 역사적 이해

지중해의 동쪽 끝, 터키의 남쪽 바다 위에 떠 있는 작은 섬이 바로 키프로스다. 일반인에게는 별로 알려지지 않은 이 섬이 무려 기원전 3000년 경에 도시 국가로 세워졌으며, 기원전 13세기에는 해상무역의 거점으로 번영하여 에게해와 지중해 그리고 대서양까지, 동쪽으로는 페르시아(현 이란)와 실론(현 스리랑카)까지를 활동 범위로 삼았다는 페키니아인의 섬 키프로스(사이프러스)다.

또, 이 섬은 유명한 아프로디테(비너스)가 거품 속에서 탄생했다는 아름다운 해안선으로 알려져 있어 오늘날에도 많은 관광객을 모으고 있으며, 페키니아인이 고안한 페니키아 문자는 지금의 알파벳의 조상이다.

신대륙이 서구인의 눈에 띄기 전까지 세계는 곧 지중해요, 지중해가 세계의 중심이었다. 그래서 키프로스는 크기는 작아도 세계적 요충으로 불리는 데 충분한 섬이었다.

그러니 강대국들은 항상 침을 삼켜왔다. 그리스의 압박을 받고 로마제국이 병합되고, 6세기에는 비잔틴제국의 일부가 되었으며 16세기에는 오스만 제국의 지배 하에 들어갔다. 이 시점에서 그리스 정교도의 그리스계 주민과 이슬람교도(수니파)의 터키계 주민과의 혼재가 시작된다.

그러다가 19세기 말에는 영국의 손에 넘어갔으며, 20세기에 들어와 1차 세계대전과 2차 세계대전의 두 가지 큰 파도를 영국령 키프로스로서 용케 헤쳐 나갈 수 있었다. 팔레스타인을 향하던 유대난민 수송선 엑소더스호가 영국에게 강제적으로 끌려와 대기했던 섬도 이 키프로스로, 팔레스타인(현 이스라엘)까지는 엎어지면 코 닿을 거리다.

그 동안 키프로스는 그리스계 주민과 터키계 주민의 혼거상태가 계속되었다. 다수파는 그리스계이며 터키계는 소수파로서 모국 터키와 가까운 섬의 북쪽에 모여 살았다. 혼거라기보다는 분거에 가까운 상태였다. 서로 화합하지 못했던 것은 과거 오랫동안 깊이 대립한 역사 때문이었다.

ⓒ 터키와 그리스의 역사적 관계 속의 키프로스

터키와 그리스는 옛날부터 견원지간으로 사이가 매우 좋지 못한데, 그 역사가 무려 14세기까지 올라간다. 서서히 비잔틴제국(동방정교회·그리스정교)의 판도를 침입해 온 오스만제국은 1362년, 제국의 아드리아노플을 점령하고 소도 콘스탄티노플을 포위해, 그 후 30년간에 이르는 격렬한 공방전 끝에 1453년 드디어 함락시킨다. 비잔틴제국 1천 년의 종언이었다.

이에 따라 로마 교황청의 라틴어 전례에 맞선 그리스어 전례의 동방정교회 최고의 자리를 겸하고 있던 콘스탄티노플의 그리스정교회는 신흥 이슬람교에 의해 이 땅에서 쫓겨났으며, 성고 콘스탄티노플도 이스탄불로 개칭되어 이슬람교도 터키인이 사는 땅이 되었다.

콘스탄티노플 함락 이후 에게 해도 현 그리스 땅도 오스만 제국령이 된다. 그리스 역사상 로마제국과 비잔틴제국에 이어서 또 다시 오스만제국의 지배를 받게 된 것이다. 유일하게 고루를 지킨 것은 그리스정교의 성지 아토스 산 정도였다.

이후 그리스정교의 그리스인에게는 침략 종교 이스람교의 터키인은 불구대천의 원수가 되었으며, 그리스는 20세기에 들어서 1차 발칸전쟁(1912년)에서도 불가리아·세르비아·몬테네그로와 동맹(발칸동맹)하여 터키와 대치하였다. 1차대전 중에도 연합군 측에 서서 독일·오스트리아 등과 동맹을 맺은 터키의 적국이 되었다. 그리고 그 관계는 21세기인 오늘날까지 계속되고 있으며, 쌍방의 불신감은 쉽게 해소되지 않고 있다.

이러한 상황이 상징적으로 표면화된 곳이 키프로스다. 여기에는 그리스계 주민과 터키계 주민이 함께 살고 있으며, 쌍방에 본국의 감정이 짙게 반영되어 있다. 그 인구 비율은 그리스계 약 77% 터키계 약 18%로 그리스계가 압도적으로 우세하다.

그러면 지리적으로는 어떤가? 바로 북쪽이 터키여서, 그리스에 비하면 터키계에 훨씬 유리하다. 하지만 실은 터키의 고민이 여기에 있다. 첫째, 키프로스는 18세기 이후 영국의 영유였기 때문에 터키나 그리스 모두 이 섬에 대하여 강한 영향력을 미치기 어려웠다는 점이다.

둘째, 분명히 지리적으로는 터키에 가까운 것처럼 보여도 그리스로 연결되는 에게 해 즉 다도해의 섬 대부분이 그리스 영유라는 점으로 영해권 문제로도 그리스와 터키는 자주 대립하고 있다. 그리스는 지리적으로는 먼 것처럼 보여도 영해 상으로는 사실 키프로스에 가까운 위치에 있다.

이렇게 되면 주민 수가 압도적으로 많은 그리스계가 지배적이 되는 것은 당연하며, 그것이 정치운동으로 구체화된 때가 영국 통치 하인 1930년대였다. 그리스계 주민 사이에 그리스 복귀운동(에노시스 운동)이 일어나고 2차 세계대전 후에는 반영 독립운동으로 확대되고 있다.

ⓒ 키프로스의 독립과 내전의 원인

키프로스는 1878년에 영국령이 되고 1차 세계대전으로 터키가 패한 후에는 본격적으로 영국의 통치 하에 놓여 2차 세계대전을 맞는다. 그러다가 1930년대 다수를 차지하는 그리스계 주민 사이에 그리스 복귀를 노린 에노시스운동이 일어난다. 2차 세계대전이 종료되자 운동의 창 끝은 통치국 영국으로 향하여 반영운동화 되고 키프로스 독립운동으로 변모 확대된다.

독립 자체는 소수파의 터키계 주민도 바라는 바였지만 본래 운동의 모체가 다수파 그리스계 주민이었다는 점에 문제가 있었다. 그리스계 주체로 독립이 되면 터키계는 당연히 소외된다. 그 불만이 폭발한 것이 1960년대였다. 당초부터 에노시스운동에 반대 입장을 취하던 터키계 주민은, 그리스계 주민의 키프로스 공화국이 1960년 8월에 독립을 쟁취하고 1963년, 그리스정교 대사교 출신의 마카리오스 대통령이 터키계 주민의 권리 제한을 노린 헌법 개정을 의회에 제출하기에 이르자 일제히 무력 봉기했다. 이에 따라 키프로스는 내전 상태에 돌입, 섬을 이분하여 격렬한 전투를 벌였으며 1964년에는 국제연합군이 파견되었다.

그리고 1974년, 그리스 군부 지도에 의한 에노시스 쿠테타로 마카리오스 대통령이 정권에서 쫓겨나자, 터키 본국은 터키계 주민의 안전 확보를 명목으로 군대를 출동시켜 섬의 북부를 점령하고 1975년에는 키프로스 터키연합 주를 선언했다. 이에 따라 키프로스 섬은 터키계와 그리스계가 남북으로 분단되고, 주민 간의 대이동이 시작되었다. 터키 지배 하의 북부에 '북키프로스-터키 공화국'이 수립된 때가 1983년이다. 키프로스 섬은 사실상 두개의 국가가 동거하는 섬이 되었다.

사실상 두개의 분단 국가가 출현했지만 후발의 북키프로스-터키 공화국을 인정하는 나라는 터키 외에는 없다. 키프로스 공화국은 물론 국제연합도 게다가 EU조차도 인정하지 않고 있으며, 농산물의 유럽 수출도 정지되어 있다.

북키프로스-터키 공화국의 영토는 섬 전체의 37% 전후로 주민은 약 20만 명이며, 일부의 그리스계 주민을 제외하고 대부분이 터키계 주민이다. 그에 반해 섬 전체의 63%이상을 차지하는 키프로스공화국은 인구가 약 65만 명이다. 관광과 비과세지역 등으로 수입을 올리고 있다.

이 두 나라 사이를 나누고 있는 것은 그린 라인이라는 완충지대의 벽인데 옛날 베를린 장벽처럼 이 작은 섬은 동서로 길게 뻗은 벽에 의해 남북으로 분단되어 있다. 그래서 분쟁도 자주 발생하고 사망자도 나와서 국제연합 평화유지군이 항상 주둔하고 있다.

베를린의 경우는 같은 민족이었기에 그래도 희망이 있었지만 키프로스 섬의 벽은 이종교, 이민족을 나누고 있는 만큼 쉽게 해결의 길이 보이지 않으며, 국제연합의 조정 노력도 이미 30년에 이르고 있다. 해결의 실마리는 터키와 그리스 양국이 쥐고 있을 뿐이다.

이제는 터키의 내정 문제로 키프로스 분쟁은 출구가 보이지 않는 전쟁이다. 옛날에 서로 정복했던 동방정교회 소속 그리스정교의 그리스계 주민과 이슬람교의 터키계 주민이라는 이종교·이민족끼리의 대립인 만큼 타협점을 찾기가 매우 어려운 상황이다.

⑥ 터키와 아르메니아

현재의 터키 공화국은 그 전신이 강대한 오스만 제국이었던 만큼 역사를 과거로 거슬러 올라가면 지워버리고 싶은 오점이 여러 가지 나온다. 아르메니아인 문제도 그 중 하나다. 아르메니아는 기원전 2세기에 왕국으로 성립되었지만 기원후 3세기에는 페르시아에게 지배당하고 이후 아랍과 비잔틴 제국, 셀주크 제국, 몽골, 이집트 등 강대국의 지배를 받은 괴로운 역사를 밟아온 나라다. 그래서 이주민이 많았고 프랑스의 가수 샤를르 아즈나 부르와 미국의 작가 윌리엄 살로양 등은 아르메니아 이주민의 자손이다.

한편 아르메니아는 301년에는 콘스탄티누스 대제의 로마 제국보다 일찍, 세계에서 가장 먼저 그리스도교를 국교화한 나라이기도 하다. 바로 그리스도교의 인성·신성 가운데 신성을 가장 중요시하는 단성론과 아르메니아 정교인데, 로마 교회로부터는 이단으로 배제되었지만 아르메니아인에게는 최대 의지처가 되고 있다.

아르메니아인이 이웃 나라 오스만 제국에 의해 민족 학살을 당한 때가 1차 세계대전 중인 1915년으로 사망자는 아르메니아 측의 주장으로는 150만 명, 터키 측의 주장으로 30만~50만 명에 이른다. 어느 쪽이 맞든 대학살이었음은 의심의 여지가 없다. 이 대학살은 아르메니아인의 마음에도 깊은 상처로 남아 있다.

이에 따라 세계의 아르메니아 난민은 더욱 증가하고 여기에 그들의 자손도 추가하면 현재 프랑스에 45만 명, 미국에 70만 명 등 전 세계적으로 총 650여 만 명에 달해 아르메니아의 국내 인구인 380만 명의 배가 넘는다. 예루살렘에 있는 아르미니아인 지구도 그 가운데 하나다.

21세기에 들어선 2001년 3월 아르메니아계 주민이 많이 살고 있는 프랑스는 터키를 직접 지명하지 않았지만, 그 당시의 대학살을 증오해야 할 민족 학살이라고 한 시라크 대통령 성명은 정식 법률로 공포됐다.

당연히 터키 정부는 강력하게 반발했다. 사상자 수는 확실히 30만~50만 명을 헤아리지만 당시는 제정 러시아와 전쟁 상태였으며, 아르메니아인의 이주를 추진하는 과정에서 불가항력적으로 일어난 비극에 불과하다는 것이 터키의 주장이다.

1991년 소련에서 독립하고 간절히 꿈꾸던 모국 아르메니아를 되돌려 받은 아르메니아인은, 이스라엘을 건국한 유대인이 그러했듯이 앞으로는 적극적으로 아르메니아 공인(公認) 활동을 전개하겠다고 한다. 이에 대한 해결이 EU 참여를 위한 선결 문제라서 터키의 대응이 더욱 주목을 끌고 있다.

⑦ 인도네시아와 동티모르

인도네시아는 한 마디로는 도저히 표현할 수 없는 나라다. 무려 1만 3,000여 개의 섬으로 구성된 세계 최대의 전형적인 다도 국가이며, 민족적으로도 자와·수단·발리 등등의 여러 민족에다가 화교까지 섞여 있고, 종교적으로도 옛날부터 힌두교 왕국과 불교 왕국 등이 난립하였던 역사를 갖고 있기 때문이다.

인도네시아가 본격적으로 외국 세력의 지배에 들어간 것은 16세기로 동진해 온 이슬람 세력에 완전히 정복되던 때였다. 하지만 때마침 대 항해 시대가 열려 가톨릭의 포르투갈이 진출했다. 그러나 이슬람 세력을 완전히 몰아낼 여유도 없이 뒤에 진출해온 네덜란드에게 인도네시아는 2차 세계대전 전까지 식민지가 된다.(대전 중에는 일본이 일시 점령한다) 네덜란드는 신교의 나라이기 때문에 종교 탄압과 개종을 강하게 압박하지 않았으므로 이슬람 신앙은 그대로 남아있게 된다.

따라서 현재의 인도네시아는 이슬람교도가 약 90%, 인구로 보자면 약 1억 8,000만 명의 신도를 갖고 있는 세계 최대의 이슬람국이다. 2차 세계대전 중에 일본군에게 점령된 인도네시아는 독립을 위한 민족주의 운동을 활발하게 전개했고, 종주국 네덜란드의 국력이 쇠약해진 덕분에 대전이 끝난 후 1949년 드디어 완전 독립을 달성한다. 그 영웅이 초대 대통령 스카르노다.

이후 스카르노는 독자적인 노선으로 인도네시아의 경제·군사적 기반을 쌓아가지만, 1965년 독재에 반기를 든 공산세력의 쿠테타 미수사건으로 퇴진, 쿠데타를 진압한 군에게 실권이 넘어갔다. 1967년에 군사령관 수하르토가 대통령 대행에 취임하면서 이후 32년간이라는 장기간에 걸친 '수하르토 독재시대'가 이어졌다는 것은 지금도 기억에 새롭다.

그러나 독재자 수하르토도 부정 축재 의혹과 정권 사물화로 1998년 5월에는 퇴진을 강요당했으며, 하비비 대통령으로 교체, 이어서 인도네시아 이슬람계 최고 성직자인 와히드 대통령으로 바뀌었으며, 다시 고 스카르노의 후광을 입은 메가와티 여사에게 정권이 이양되어 현재에 이르고 있다.

그동안 이슬람교는 인도네시아 국민에게 가장 중요한 종교로 남아있다. 하지만 국내에서 단 한 곳 16세기에 포르투갈에서 전해진 가톨릭 신앙을 그대로 일관되게 지니고 있는 곳이 있다. 바로 동쪽 끝 티모르 섬의 서쪽 일부와 동쪽의 절반을 차지하는 동티모르다. 이곳만은 이슬람교 천지인 인도네시아 속에서 가톨릭이라는 이교의 고립을 지키고 있다.

동티모르의 인구는 약 90만 명으로 그 가운데 가톨릭교도가 90%를 차지하고, 정확하게는 인도네시아에 속하지 않는다. 서티모르는 인도네시아의 일부이지만 동티모르는 포르투갈의 식민지였기 때문에 현재도 아직 귀속이 결정되지 않았다. 즉 공중에 떠 있는 상태다.

그렇게 된 원인은 1974년 포르투갈에서 일어난 좌파에 의한 반독재 정권 쿠데타의 성공에 있다. 새 정권은 20세기의 세계적 추세에 맞춰 식민지 해방과 독립인가라는 방침을 내걸었다. 그것을 믿고 동티모르도 독립을 향해 활동을 시작했으며, 다음해 1975년 좌익의 '동티모르 독립혁명전선'(프레틸린)이 주체가 되어 독립을 선언했다.

하지만 여기서 미처 예측하지 못했던 오산이 생겼다. 같은 가톨릭 신자라도 섬 주민 간에 '완전 독립파'와 인도네시아 '합병파' 두 파가 있었고, 그 합병파를 구실로 인도네시아가 군사적으로 개입하여 완전 독립파를 탄압하기 시작한 것이다. 그리고 전쟁과 기아로 15만 명이 넘는 사상사를 기록한 채 1976년 7월, 인도네시아는 일방적으로 합병을 선언했다.

그러나 이 병합은 국제연합이 인정하지 않은 상태다. 국제연합은 어디까지나 포르투갈이 갖고 있던 정권을 인정하면서 독립파를 음으로 양으로 지원하고, 독립파도 산악 게릴라전을 전개하면서 여기에 응하여 상황은 혼미 속에 빠져 있다.

그런 중에 1996년, 노벨상 위원회는 프레틸린의 대변인인 라모스 호르테와 동티모르 가톨릭교회의 카를로스 벨로 주교 두 사람에게 노벨 평화상을 수여, 인도네시아 정부에게 그야말로 그리스도교국다운 압력을 가했다.

그리고 1996년 5월, 강경파인 수하르토 대통령이 퇴진하자 후임의 하비비 대통령은 다음해 1999년 8월에 동티모르의 민의를 묻는 주민투표를 실시했다. 투표율 99%에 무려 80%가 독립을 지지하는 결과가 나오자 독립을 용인하는 쪽으로 크게 기울지 않을 수 없었다.

그러나 인도네시아군과 병합파의 민병은 이 사실을 인정하지 않고, 전투는 더욱 격화되었고 여성들의 수난도 수반되어 UN이 개입하였다. 한국의 평화유지군은 1999년 9월 29일부터 건설과 의료 부분에 참여하고 있다. 동티모르의 장래는 과연 어떻게 될 것인가?

(4) 이슬람교와 이슬람교의 분쟁

① 이라크의 종파 분열 : 걸프 전쟁을 통해

이라크의 수도 바그다드는 인구 384만을 헤아리고 중동 굴지의 대도시 중심을 티그리스 강이 도도히 굽이치며 남북으로 흐르고 있다. 수메르·아카드·바빌론의 고대 메소포타미아 문명, 압바스 왕조의 사라센 문명을 길러낸 도도한 흐름이다. 낭랑하게 아잔(adhán)이 울려 퍼지는 시내의 풍경은 걸프 전쟁이 지나간 지금도 변함이 없다. 다른 아랍국들의 마을과 마찬

가지로 아주 한가롭다

다국적군의 공습으로 전기·전화 회선은 모두 잘려나가 완전히 복구하려면 15년이나 걸린다고 한다. 시내의 티그리스 강에 걸려 있는 일곱 개의 다리 가운데 가장 유명한 쥼프리아교를 포함하여 세 개의 다리는 완전히 파괴되었다. 그러나 시민들로 북적대는 시내의 사하히르(철물 중심), 압바스(의류 중심), 쇼지아(식품 중심) 등의 스크(시장)에서 패전 후의 혼란에도 아랑곳하지 않고 건강하게 살아가고 있는 바그다드 일반 서민들의 생활상을 엿볼 수 있다.

그러나 걸프 전쟁 직후부터 이라크 북부와 남부에서 격화되고 있는 쿠르드족과 이슬람교 시아파를 중심으로 한 반정부 세력의 움직임에 대해서는 이라크 정부 관계자의 입은 무겁다. "쿠르드족도 시아파도 모두 같은 이라크 시민, 외부 세력의 부추김에 의해서 일어난 일일뿐, 아무런 문제도 없다."

이라크의 전체 인구는 1.878만이며, 이 가운데 90%가 이슬람교도다. 다수파는 시아파로 50%이며, 수니파는 아랍 수니파가 25%, 쿠르드족 수니파가 20%로 쌍방을 합쳐도 시아파에는 미치지 못한다. 나머지는 그리스도교(4%) 등 여러 종교로 이루어져 있다. 아랍 수니파는 수도 바그다드를 중심으로 널리 퍼져 있으며, 쿠르드족 수니파는 크루디스탄이라 불리는 북부에, 시아파는 남부 일대에 대다수가 거주하고 있다. 이라크는 종교적으로는 시아파와 수니파로 나뉘어 있으며, 민족적으로는 쿠르드족(16%)과 아랍인(79%)으로 크게 나누어진다. '통일·자유·사회주의'를 기치로 내건 바스당과 군부가 1968년 7월 쿠데타로 이라크의 실권을 장악한 이래, 당시의 바쿠르 대통령과 후계자인 후세인 대통령은 이 '모자이크 국가'를 유지하기 위하여 처음에는 '탈종교주의'로 임했다. 북부에서는 쿠르드족이 이미 독립 투쟁을 개시하고 있었지만, 쿠르드족 게릴라를 지원하고 있던 이란의 팔레비 국왕(고인)과 1975년에 아루제 협정을 체결하여 쿠르드족의 독립 투쟁을 분쇄했다.

그러나 1979년의 이란 혁명은 이라크를 둘러싸고 있던 환경을 크게 변화시켰다. 시아파 혁명의 '수출'을 꿈꾸는 최고지도자 이미 고인이 된 호메이니가 이끄는 이란을 극도로 경계한 후세인 정권은 1980년 9월 이란에 선제공격을 가했으며, 이로써 8년간에 걸친 이란과 이라크의 전쟁이 발발했다. 혁명 이란의 대두를 두려워한 미국 등 서방 측 국가들과 사우디아라비아 등 걸프 지역 국가들은 모두들 이라크에 군사적·재정적 지원을 제공하였으며, 이를 통해 이라크는 마침내 강력한 군사 국가가 되었다. 국내에서 다수파인 시아파를 걸머진 후세인 정권은 이라크를 하나로 통합하기 위해서 '이라크 민족주의'를 부르짖었다. '탈종교주의'에서 '이라크 민족주의'로 크게 방향을 바꾼 후세인 정권은 1990년 8월 이후 다시 주장을 크게 전환하게 되었다. 이라크군의 쿠웨이트 점령·병합이 그 계기였다. 쿠웨이트 점령에 반대하는 미국 등 서방측에 내항하기 위하여 후세인 대통령은 '이교도의 군대에 대한 성전'을 외치며 세계를 떠들썩하게 한 걸프 전쟁에 돌입했다. 이 시점에서 '이슬람'으로 회귀한 듯이 보였던 후세인 대통령에게 최초로 타격을 가한 것이 걸프 전쟁 종결 직후에 벌어진 시아파의 폭동이었다.

그 후 쿠르드족도 시아파도 각자의 거점에서 후세인 정권에 대한 반정부 투쟁을 계속하였다. 미국 등을 중심으로 북부와 남부에 '비행금지구역'이 설정되고 서방 측도 이러한 반정부 세력의 지원에 힘껏 노력하고 있다. 그러나 정부군과의 군사력 차이가 너무 크고 또한 쿠르드족과 시아파가 서로 보조가 맞는 것도 아니다.

비록 후세인 대통령이 제거되었으나 이라크의 내분과 연합군에 대한 테러가 지속적으로 이루어지고 있어 미국 병사의 사망자가 2007년에 4천 명이 넘어 제2의 베트남전의 양상이 되어가지 않을까 미국시민들은 우려하고 있다. 미국과 영국이 주축이 된 이라크의 민주화 및 평화는 실제로 요원하기만 하다.

② 민족 이슬람전선과 수단 인민해방군

북아프리카 동북부의 수단에서 본격적인 내전이 발발한 시기는 1983년이다. 남부와 북부 사이에 벌어진 이 전쟁의 원인은 종교와 석유에 있다. 수단은 16세기에 아랍 세력이 침입한 이래 지금까지 이슬람교 국가로 남아 있다. 다만 그것은 이슬람교도가 인구의 80%를 점하고 있는 북부 주민에 관한 이야기이고, 남부는 영국의 그리스도교 프로테스탄트가 널리 주민에게 정착되었다.

따라서 북부와 남부는 항상 대립해 왔으며 부유한 북부가 남부를 압박했다. 그러한 가운데 가란 대좌가 이끄는 '수단 인민해방군'(SPLA)이 1960년대에 만들어지며 이것이 남부 그리스도교도를 대표하는 주역이 된다. 이에 대해 북부는 1956년에 수단 공화국으로 독립하여 1965년에 누메이리 정권이, 1989년부터는 바시르 정권이 들어서는데, 문제는 그 그늘의 주역이라고도 할 수 있는 '민족 이슬람 전선'(NIF)이다. 토라비가 이끄는 이 정당은 실은 엄격한 이슬람 국가의 실현을 꿈꾸는 급진적 이슬람 원리주의 조직이기 때문이다.

NIF의 실권 장악으로 북부 이슬람 세력과 남부 그리스도교 세력의 전쟁은 갑자기 격화되고 게다가 NIF와 SPLA 쌍방에서 몇 개의 무장집단이 생겨나 내전은 더욱 복잡하게 전개되었다. 1989년부터 10년간의 사상자만도 약 200만 명이고 난민이 350만 명을 넘는 처참한 전쟁이 되었다. 이란이 NIF를 지원하면서 이슬람 세력에게 유리한 상황이 전개되고, SPLA는 열세인데다가 2개 파로 분열되어(1991) 더욱 약해지고 말았다. 그동안에 추진된 그리스도교도에 대한 이슬람법 강제와 민족 정화차원의 린치, 처형 등은 지금도 깊은 상처를 남기고 있다. 그러나 2001년 2월 사태는 생각지 않은 방향으로 급변한다. 1999년 말 원리주의 세력이 실권을 장악하고 있는 데 불만을 품고 있던 바시를 대통령이 그 지도자 토라비의 세력에 탄압을 개시하고, 그에 반발한 토라비가 2001년 남부의 적대세력 SPLA의 기란 대좌와 '민주화 공투'의 합의 각서를 교환했다는 이유로 갑자기 체포되었다. 바시르식 원리주의 세력의 일소책이자 남북 협조노선 확립책이다. 물론 남부의 석유와 유럽 및 주변국가와의 개선이 목적이겠으나 그것은 어디까지나 겉으로 보이기 위한 얼굴이고 뒷모습은 어떻게 변화했는지 아직 분명치 않다.

누가, 왜 종교를 살생의 도구로 만들었는가? 아니면 종교의 속성이 그러한 것인가? 인류사의 질문일 것이다. 종교는 과연 정치적 세력으로 등장하여 인류의 평화를 논할 수 있는가? 이에 대한 제도적 종교, 특히 서구 종교사는 전쟁사였기에 회의감이 앞선다.

다만 제 종교의 선각자들이 설파한 평화사상만이 우리들의 희망을 밝혀주고 있다. 21세기 희망의 불꽃을 점화시키는 역할이 기대된다.

3. 종교적 평화를 향하여

위대한 평화사상을 제창한 종교의 교조들이 지금 지구를 방문한다면 그분들이 세운 종교의 역사적인 행태를 보고 대경실색할 수 밖에 없을 것이다. 그분들은 분명히 선의의 경쟁을 통한 인류 구원과 종교들이 연대하여 세계평화를 실현하도록 강력히 촉구할 것 같다.

따라서 종교가 그 기능을 다하고 인류평화를 실현하기 위해서는 모든 종교가 앞으로 나아갈 길을 찾지 않을 수 없게 되었다. 종교배타주의를 넘어 종교포괄주의로, 종교포괄주의를 넘어 종교다원주의로, 종교다원주의의 자기중심성을 넘어 종교생태주의로, 종교생태주의의 생명 중심성을 넘어 생명의 근원인 종교사랑주의 곧 종교평화주의 시대를 열어가지 않으면 안 되게 되었다.

1) 종교배타주의에서 종교평화주의로[18]

① 종교배타주의

광의적인 측면에서 타종교 배타주의는 자기 종교만이 진리를 독점하고 있다는 편견과 독선을 가지고 타종교에 대해 제국주의적 태도를 갖는다. 예를 들면 제2차 바티칸공의회 이전의 가톨릭교회와 개신교 근본주의자들, 정통주의, 루터교의 경건주의자들, 이슬람교 원리주의자들 그리고 각 종교의 열광주의자들이 그러하다.

그러한 타종교 배타주의자들은 ① 자기 종교만이 유일한 참 종교이고 타종교는 거짓 종교다. ② 인류의 구원자는 자기 종교의 교조뿐이며, 타종교의 교조는 악마이므로 그를 신봉하면 지옥에 간다. ③ 자기 종교의 경전만이 유일한 진리이며 구원에 이르는 길로 생각한다. 그러므로 타종교 배

---

18) 이재석, 『종교연합운동사』(서울 : 선학사, 2004), pp.692-701 참조.

타주의자들은 종교 간의 연대를 거부하고 타종교인들을 개인적으로 개종시키기 위해 노력한다. 이와 같은 타종교 배타주의자들은 오늘의 세계적 다종교 상황 속에서도 여전히 기염을 토하며 교파 간 또는 종교 간의 갈등과 분쟁을 일으키고 있다. 따라서 오늘날 지구적 다종교 상황은 타종교 배타주의자들의 각성을 촉구하고 있다.

② 종교포괄주의

타종교를 관용하는 종교포괄주의는 관용과 보편성이라는 미명 아래 타종교를 흡수하고 용해시키려는 숨은 제국주의다. 이러한 사상은 세계종교들이 소수 민족이나 문화와 원시종교 또는 소종파에 대해 취해 왔던 태도였다.

종교포괄주의는 ① 종교배타주의보다 좀 더 종교문화의 진보적인 입장에서 타종교에도 진리가 있음을 인정하고 ② 타종교의 영적·윤리적 가치를 포용하며 ③ 타종교와의 대화를 용인하고 권장하며 타종교가 지닌 숭고한 윤리와 체험 등에 관심을 표명한다. 그러나 종교포괄주의자들은 구태의연한 제국주의적인 태도를 가지고 종교 간의 대화를 자기 종교의 포교의 장으로 여긴다. 따라서 타종교인들을 개인적으로 개종하려고 하지는 않지만, 다른 종교를 개종시키려는 의도가 내재되어 있다.

포괄주의의 대표적인 입장을 견지하고 있는 종교와 종교 연합단체는 제2차 바티칸공의회 이후의 가톨릭교회와 세계교회협의회 또는 유대교와 이슬람교 등 유일신교들의 타종교에 대한 태도다.

③ 종교다원주의

종교다원주의는 여러 종교가 갖고 있는 특수성과 개체성을 인정하고, 종교의 다원성과 다양성을 강조한다. 종교다원주의는 세계 종교들이 궁극

적 실재이신 신에 이르는 다양한 길들이며, 영적 구원체험의 다양한 유형
이라고 본다. 그러므로 종교포괄주의자들이 갖고 있는 타종교의 특수성을
겸허하게 수용한다.

또 종교다원주의자들은 종교다원주의가 코페르니쿠스적인 혁명적 사
고라고 생각하고 세계의 여러 종교는 신이라는 하나의 태양을 중심으로
돌며 태양의 빛을 반사하는 행성들에 비유한다. 그들의 학문적 진지성과
신앙적 성실성은 종교계와 종교인의 포교태도에 신선한 충격으로 작용한
다. 그들은 세계가 급변함을 알리고 지금은 역사적인 대전환시대이며 곧,
정치, 경제, 철학, 문화 전반에 걸쳐 다원주의를 지향하고 있다고 알린다.
그러므로 ① 다원주의 시대는 화해와 공존, 조화와 평화의 시대라고 한다.
이런 성숙된 사회를 지향하는 오늘날 독선적·배타적 보수주의나 근본주
의가 설 자리는 점점 좁아지게 될 것이 분명하다 ② 종교다원주의자들은
종교 간의 만남에서 개종을 기대하지 않고 상호 풍요와 상호 성숙, 상호 변
혁을 강력히 주장한다.

종교다원주의에는 공통 중심적 다원주의(신중심적 다원주의)와 자기중
심적 다원주의(교조 중심적 다원주의)가 있다. 전자는 모든 종교가 공통기
반이 있거나 있을지 모른다는 다원주의다. 종교는 공통 기반에서 서로 다
른 경험을 갖는 것이라고 한다. 후자는 모든 종교가 그들의 차이에도 불구
하고 인간이 인간답게 사는 길이라고 본다. 이러한 입장에서는 모든 종교
가 "하나의 산 정상을 오르는 많은 길들"이라고 주장한다. 따라서 종교들
은 기본적으로 얼마나 인류 구원 혹은 영적 해방의 목표를 증진시키는가
가 문제라고 강조한다.

종교다원주의자들은 자기의 정체성을 잃어버리지 않고 종교 간에 더 가
까워지고 피차 성숙되어 가기를 바라지만, 그들은 미래의 어느 날 하나이
며 동일한 세계 종교가 탄생할 것을 기대하지는 않는다. 그러므로 종교다

원주의자들은 타종교를 "이웃 종교"라고 표현함으로써 자기 종교의 중심성을 드러낸다.

④ 종교다원주의를 넘어 종교생태주의로

종교생태주의란 생태적 방법을 종교에 도입한 것으로서 종교생태학이라고 말할 수 있다. 모든 종교들이 생명운동의 양태에 따르는 종교가 될 것을 주장한다. 종교는 생명을 중심개념으로 하고 있는 까닭에, 그 생명의 운동양태에 따라 기능해야 한다는 것이다. 곧 생명의 존엄성과 상호의존성, 통합성에 따라 종교의 개별성을 넘어 조화와 통합성을 실현해야 한다고 본다.

종교생태주의는 종교다원주의의 '중심주의'를 넘어서 생태 중심이기 때문에, 생명의 보편성과 공존성에 따라 종교 간의 대화와 일치에 새로운 장을 마련하게 된다. 따라서 자기중심적, 인간 중심적, 특정종교 중심적이 아니라 생명 중심, 자연 중신, 우주 중심적일 수 밖에 없다. 이는 종교적 세계관에 대한 근본적인 혁명이다.

종교생태학은 페스탈로찌와 헤겔에 의하여 사유되었다. 페스탈로찌는 "어머니가 아이의 생명을 살리기 위해 먹이고 자신을 내어주는 행위는, 자연이 모든 생명을 먹이고 살리기 위해서 자신을 내어주는 생태적 사건의 일부분이다. 그리고 이 생태적 사건을 통해서 신의 개념이 형성된다"는 것이다. 하나님이야말로 '모든 생명을 위해 자신을 내어주는 자연 속에 계시는 하나님'이며, '자기 희생의 사랑'이다.

페스탈로찌는 종교생태학은 물론 나아가 종교생태학적 교육학의 기초를 정립하였으나, 종교생태학을 체계적으로 전개한 것은 헤겔이었다. 헤겔은 어머니와 아이의 관계에 대해 아이는 '살려는 존재'이고 어머니는 '그 아이를 살리기 위해서 자신을 내어주는 존재'라고 보았다. 즉, 아이는

'자기를 위한 존재'이고, 어머니는 '타자를 위한 존재'다. 그와 같이 신은 자신을 희생함으로써 만물이 '자기를 위한 존재'가 될 수 있게 하였다. 따라서 모든 종교는 '타자를 위한 존재'로 자기를 내어주는 행위를 통하여 자기를 위한 존재가 될 수 있다는 것이다.

자연 속의 모든 생명은 '자기를 위한 존재'다. 그런데 이 생명이 가능하려면 자연물들이 '타자를 위한 존재'로 자기를 내어주어야 한다. 물이 없다면 생명이 있을 수 있겠는가. '자기 내어줌'에 신의 본질이 있다. 그런데 인간만이 자기를 위한 존재로서 타자를 착취해 왔다는 것이다. 따라서 헤겔의 종교생태학은 피조물 전체가 타자를 위한 존재와 자기를 위한 존재의 섬김의 생태논리 속에 포괄된다.

더욱이 내가 살아있다는 것은 다른 생명들의 자기 내어줌을 통해서라는 생태윤리를 깨닫고, 종교가 자기 내어줌을 통하여 화해와 협력과 일치를 실현해야 한다는 것이 종교생태주의라고 할 수 있다. 그러므로 종단 이기주의를 극복하고 종교 간의 조화와 평화를 이루는 길은, 개체와 전체의 생명원리로서 우주가 하나의 유기체임을 실현해 나가는 데 있다. 종교생태주의는 종교들의 미완성이 생태학적 완성의 지평을 향하여 나아갈 수 있도록, 종교다원주의를 변화시켜 나갈 수 있기를 기대한다.

한편, 종교생태주의는 인간 생존의 길이요, 평화의 길이다. 생존한다는 것은 자연의 일부로서 생명을 유지하는 현상을 뜻한다. 인간은 자연의 일부다. 생물학적으로 보면 인간은 먹이연쇄의 생물 상호간의 관계에 있어서도 독자적인 존재가 아니라 최종 포식자인 까닭에, 지구상의 동·식물이 존재하지 않으면 생존할 수가 없다. 우주는 단순한 물질이거나 전환 가능한 에너지가 아니다. 우주에는 인간과 마찬가지로 생명이 있으며, 신적 역동성이 분배되어 있다. 우주에는 신의 영(神靈)이 있다. 영성은 인간의 이성이나 지성 너머의 영역에 존재하는 신비로 감싸져 있는 것이다. 동양의 유기체적 인식론과 신비적 자연주의의 사상이 서구지성인들로부터 재평가되고 있다.

종교생태주의는 '생명중심주의'라고 할 수 있다. 모든 생명은 하나로 엮어진 하나의 체계이자 한 생명이다. 그럼에도 불구하고 지금까지의 윤리적 체계와 그 가치 기준은 인간중심주의이고, 또 현재 생존하고 있는 인간 위주였다. 생태계의 구조, 천연자원의 고갈, 환경오염과 의학적·유전적인 결함 등의 지식은 우리로 하여금 기존 윤리의 공간적·시간적 테두리를 넓히도록 이끈다.

지금까지 우리는 윤리의 절대적인 기준으로 '사람의 양심'을 말해 왔다. 개인과 개인의 관계에 있어서나 개인과 어떤 집단과의 관계에 있어서는 양심이 그 규범이다.

그런데 현대사회는 인간의 사회적 관계가 복잡해지고 그 행동의 지평이 넓어졌다. 따라서 집단과 집단 또는 집단과 개인의 관계가 윤리의 주제가 된다. 양심의 소리만으로는 미흡하게 되고, 제2의 윤리적 규범으로서의 '사회정의'를 필요로 한다. 집단은 집단 고유의 생리가 생겨서 개인을 부당하게 희생시키는 경우가 있다. 그래서 제도나 구조의 개혁이나 그 인간화를 말하게 된다.

또한, 인류는 지금 세계적 기술사회라는 미증유의 새로운 환경에 들어가고 있다. 지구촌적이며 기술 중심적인 생활양식 등이 현대문명의 특징으로 드러난다. 인류의 외적 환경이 황폐화되는 동시에 그 내적 감정이나 직관이 고갈되고 말았다. 이제는 사회제도의 인간화 못지않게 인간성의 회복, 인간의 자연화가 절실하게 요망된다. 이것을 생태학적 윤리 또는 생명윤리라고 말하는 제3의 윤리규범이라고 할 수 있다. 종교다원주의가 자아중심, 자기종교중심, 인간중심이었다면 종교생태주의는 종교 이후의 시대로서 이는 생명중심시대, 우주중심시대를 의미한다. 따라서 종교들도 생명 양태에 따라 자기를 내어줌으로써 종교간의 조화와 협력과 일치를 실현해야 한다.

앞으로 인류는 핵무기, 생화학무기의 압력, 인구폭발의 압력, 생태학적 종말위기, 과학기술의 발전, 생명과학의 전망 등 이 모든 압력들이 종합적으로 역사(役事)하여 발작적인 순간을 맞이하고야 말 것 같다. 새 사람으로 변화하지 않으면 멸절의 운명 밖에 기다리는 것이 없다고 느껴진다. 그러나 타개할 수 있는 비젼을 갖고 대담하게 미래상을 선취한다면, 지금의 위기와 혼란을 극복하고 치유하는 힘과 방향이 주어질 것이라고 보인다.

⑤ 종교생태주의를 넘어 종교평화주의로

종교생태주의는 자아중심, 인간중심의 종교다원주의를 넘어 생명중심, 우주중심으로 중심성을 바꿔 생명의 양태에 따른 자아와 자기 종단을 내어줌으로써 종교 간의 조화와 일치를 실현하려는 사상이다.

그러나 종교생태주의도 한계를 내포하고 있다. 비록 중심성은 극복될 수 있을지 몰라도 생명과 우주가 존재의 근원일 수는 없기 때문이다. 분명히 생명과 우주는 결과이지 원인은 아니다. 따라서 생명과 우주의 근원인 신의 사랑 중심으로 나가지 않을 수 없다.

우주는 하나의 우주의식을 갖고 있다. 지구를 덮고 있는 생물권이 하나의 삶의 그물이고 한 생태계의 구조를 가졌고 하나의 항상 상태를 유지하려는 균형이라면, 그것은 하나의 거대한 몸이다. 이러한 몸이 통체적으로 지니게 되는 그 중심점이 지구의식이라고 하겠다. 물질이 진화해 가다가 어느 복잡화의 단계에 이르면 거기에서 통체적, 본심적 현상으로 생명이 출현하고 생명이 진화해 가다가, 어느 임계점(臨界点)에 이르면 역시 같은 현상을 나타내어 정신이 출현한다. 이렇게 해서 지구의 부막(簿膜)인 생물권은 이제 그 통체적 중심으로서의 지구의식을 갖게 된다.

정신권이란 개념은 샤르뎅(Teilhard de chardin 1881 - 1955)의 비전이다. 그는 지구의 피막(皮膜)인 생물권 위에 다시 정신권이라는 또 하나의 부막이 형성된다고 주장했다. 그것이 바로 지구의식이다. 정신권이라는 것은 인간과 기술로 엮어지는 생물권을 덮는 사고와 심정의 부막이다. 인간 모두가 내적 마음의 공통영역을 형성하고 외적으로는 기술과학으로 연결되는 하나의 새로운 거대한 유기체(몸)를 이루게 된다. 이것이 '우주적 하나님'이다.

이제 종교는 종교다원주의시대를 넘어 생명중심·우주중심시대로, 여기에서 생명의 근원이며 우주의 궁극적 실재인 하나님 중심시대로 나아가지 않을 수 없게 되었다. 하나님 중심시대는 하나님주의시대요, 사랑이신 하나님을 중심하고 인간과 우주가 유기적 창조질서를 회복하여 신(神)·인(人)·우주(宇宙)의 통전성(統全性)이 실현된 세계다.

평화는 단지 전쟁과 폭력이 없는 상태를 말하는 소극적인 평화와 인권의 보장, 사회정의의 실현, 경제발전 등이 충족된 상태로서의 적극적인 평화 그리고 궁극적인 평화가 있다. 궁극적인 평화는 하나님과 인간 그리고 우주와의 친교 안에서의 삶인 우주적 평화를 의미한다. 하나님은 더 이상 인간만의 하나님이 아니시다. 우주의 하나님이시다. 인간은 본질적으로 개체인 동시에 연체(聯體)다.

유네스코헌장의 전문에 "전쟁은 사람의 마음 가운데서 시작하는 것이므로, 평화에의 성벽은 사람의 마음 속에 구축되어야 한다."고 선언하고 있다.

교황 요한 23세는 그의 회칙, 「지상의 평화」에서, "평화의 기초는 진리이며, 그 기준은 정의이고, 동기는 사랑이며, 분위기는 자유"라고 했다. 그리고 네 가지 국면에서 ① 인간 상호간의 조화로운 평화, ② 개인과 국가 간의 평화, ③ 국가와 국가 간의 평화, ④ 초국가적 조직과 개인 간의 평화를 설정하였다.

세계평화초종교초국가연합 문선명 총재는 하나님주의가 평화를 회복하는 첩경임을 아래와 같이 역설하였다.

> "인간들이 하나님을 잃어버렸기 때문에 평화를 잃어버렸다. 그리고 하나님을 제쳐놓고 인간끼리 평화를 찾으려고 한 것이 평화를 이루지 못한 근본적인 잘못이다. 하나님은 사랑과 평화의 하나님이시다. 하나님은 인간을 하나님의 형상대로 창조하셨다. 인간 한 사람 한 사람이 하나님을 모시고 사는 집으로 완성되었다면, 어찌 인간끼리의 투쟁과 살육이 가능하겠는가? 서로 사랑하고 화목하게 사는 세계가 되었을 것이다. 이 세계는 하나님을 닮은 세계요, 하나님의 이상과 본질을 위해 사는 세계다. 따라서 평화세계는 개개인이 하나님의 성전으로 완성함으로써 싹트게 된다. 이와 같이 완성한 남자와 여자가 하나님의 축복을 받고 남편과 아내로 맺어질 때 이상적인 한 가정이 출발하게 된다. 이 이상가정이 이상적 사회, 국가, 세계의 기초가 되는 것이다. 완성한 가정은 평화의 가정이요, 천국의 기초가 된다. 이 가정의 원동력은 참사랑인데, 나보다 하나님을 그리고 대상을 생명과 같이 사랑하고 순수하고 아름다운 희생적 사랑을 하는 것, 이것이 참사랑이다. 이 참사랑은 하나님의 사랑이요 '위하여 사는' 참사랑주의는 곧 하나님주의다"

2) 종교평화주의의 의미

종교평화주의란 인간의 개인생활이나 집단생활 또는 국제사회 생활에서 요청되는 평화를 종교적으로 정립하려는 사상이다. 종교평화주의는 종교적 평화사상으로서 인간성 회복 내지 인간해방을 통한 마음의 평화를 얻은 개인이 사회개혁과 진보의 주체가 되어, 가정과 사회, 국가, 세계가 공존·공영하는 세계를 실현하려고 한다. 그렇게 하기 위해서는 갈등과 분쟁이 일어나는 근본적인 원인을 찾아 화해와 조화와 통일을 이루는 종교적 평화가 필요하다.

종교평화주의는 모든 종교로 하여금 자신의 쇄신을 거쳐 조화에 그리고 자아비판을 거쳐서 관용에 도달시키고자 한다. 인류의 항구적인 평화는 이기주의적 인생관을 이타주의적 인생관으로 변화시키는 근본적인 가치관의 변혁 없이는 불가능하다. 즉, 인간의 이념적 혁명인 의식전환이 없이는 불가능하다.

참된 평화를 이루기 위해서는 분쟁과 전쟁을 일으켜 온 세계에서 투쟁 이외의 방법으로 해결하는 새로운 대안을 찾아야 한다. 그러기 위해서는 새로운 가치관이 정립되어야만 한다. 진정한 평화 달성을 위해서는 비정치적인 방법이 필요한데, 그것은 종교적인 것일 수밖에 없다. 종교평화주의는 세계평화를 이루기 위해 종교가 나가야 할 방향을 제시하고, 체계적인 이론을 정립해야만 한다.

종교평화주의는 종교적 평화의 원리를 체세화하고 종교적 평화이념을 정립하여 모든 사람을 평화의 주체로 만들어야 한다. 평화는 사랑의 결과이기 때문에, 인간을 사랑의 주체로 만들어야 한다. 도덕적·인격적 인간으로 근본적인 정신혁명을 일으켜야 한다는 것이다.

결국 인간개조, 중생구제는 종교의 본업이다. 착한 마음, 관용의 정신, 사랑의 인간을 만들어야 하는 것이다. 인간의 본질적인 사랑과 선은 하나님으로부터 기원한다. 하나님은 사랑과 선 자체이시며, 사랑과 선은 모든 존재의 이상이며 평화와 행복의 근원이다. 그러므로 종교평화주의는 신본주의적 평화사상으로서 하나님주의로 정의될 수 있다. 하나님이 평화의 핵이며 중심인 까닭에, 먼저 신과 신의 뜻을 알아야만 한다. 하나님은 사랑이신 까닭에 하나님주의는 참사랑주의이며, 천주주의가19) 된다.

---

19) 문선명 총재의 사상. 천주(天宙)란 무형실체세계와 유형실체세계 전체를 의미한다.

그러므로 종교평화주의는 종교 간의 조화와 일치를 이루는 사상이요, 인류의 화해와 조화와 일치를 이루기 위한 사상이다. 인류의 미래에 관심을 갖는 종교평화주의는 인류의 미래를 이끌어가야 할 기수이며, 자신의 믿음과 사랑을 실천하는 사상이다.

첫째, 종교평화주의는 종교적 평화사상이다.

종교평화주의는 궁극적 실재인 신을 중심하여 삶의 의미를 밝히고 인간 생활의 문제를 해결함으로써 궁극적인 평화를 실현하고자 한다. 모든 갈등과 분쟁의 원인과 평화의 원리를 궁극적 실재를 중심으로 해결하는 것을 의미한다. 이것은 정치적, 군사적, 환경적 평화와 대립되는 개념으로 신의 창조질서 회복을 통한 신의 의지를 실현하려는 것이다.

신의 속성의 핵심은 지, 정, 의의 터전이 되는 심정이다. 심정은 사랑을 통하여 기쁘고자 하는 정적인 충동이다. 사랑은 기쁨을 위한 수단이 아니라, 단지 무조건적인 충동일 뿐이다. 그 사랑의 필연적인 결과가 기쁨과 행복이다. 그리하여 사랑의 충동은 사랑하고 싶어서 견딜 수 없는 욕망 즉 사랑의 대상을 갖고 싶어서 견딜 수 없는 욕망을 뜻한다. 따라서 종교평화주의는 종교의 특성인 사랑과 자비, 희생과 봉사의 삶이 모든 갈등과 분쟁 해결의 원리가 되는 평화사상이다.

둘째, 종교평화주의는 영성적 평화를 추구한다.

지금까지의 평화를 추구해 온 외적, 물리적 평화가 아니라, 내적, 정신적, 마음적, 영성적 평화를 지향한다. 종교는 초월자의 경험으로부터 시작된다. 존재세계는 제1원인이 되는 궁극적 실재의 자기 내어 줌이며, 신은 모든 존재의 본질로서 세계 안에 존재한다. 그리하여 인류의 영성은 역사의 발전을 가져왔다. 이는 새로운 진보와 성숙을 나타내고 있다.

존재하는 모든 것의 궁극적인 기초 요소인 원자는 현미경으로도 보이지 않는 운동과 에너지가 모여 있는 장소이며, 영속적인 운동으로 표현되는 활기찬 관계들이다. 원자는 마치 살아있는 작은 유기체로 보인다. 원자는 스스로를 분자, 세포, 식물, 동물, 인간 등 더 복잡한 유기체를 조직한다. 따라서 책상도, 의자도, 지구도, 우주도 부단히 활동하고 있는 활기찬 관계들이다.

현대과학의 개념에서는 물질 대신 에너지를 기본적인 실체로 본다. 이것은 놀라운 개혁이다. 세상은 물질처럼 보이고 느껴질 수도 있지만 실제로는 에너지다. 우주는 인간의 몸과 그다지 다르지 않다. 다양한 지체들로 구성되어 있지만 완전한 통일성과 상호의존성, 통합성을 갖고 있다. 이제 우주도 하나의 유기체로 인식되기 시작했다. 원자에서 우주에 이르기까지 이 모든 공간은 보다 견고한 구성요소들 사이의 역동적인 관계들과 상호 작용으로 가득찬 활동이 이루어지는 에너지 영역임을 알 수 있다. 따라서 모든 것은 살아있다.

우주는 쉬지 않고 움직이는 근본적인 에너지가 놀라운 창조력을 갖고 사물들을 밀어내는 드라마를 연출한다. 그것에는 규칙성과 아울러 자발성 그리고 예측불가능성이 있다. 여기에는 신의 지혜와 능력과 많은 결과들을 본다. 조화, 인간의 세포활동의 정밀함, 원자 내에 있는 힘들의 규칙성, 자력과 화학작용과 생명의 시작과 끝 등 모든 것을 결속해 주는 말할 수 없이 큰 우주를 본다.

신은 모든 것 안에 존재하며 생명의 활기를 불어 넣는다. 우리가 바라보아야 할 곳은 위나 밖이 아니라 아래 낮은 곳과 마음의 깊은 곳이다. 우리는 깊음에 접할 때 신을 만난다. 깊음은 우리를 둘러싸고 있는 모든 것의 깊음과 자아의 깊음이다. 또한 우리가 유지하는 관계들의 깊음을 의미한다.

자연을 지극히 작은 요소로 쪼개어 보아도 하나님을 찾을 수는 없다. 신은 사물의 체계의 일부가 아니라 그것의 근원에 있는 신비다. 에너지의 중심, 활력, 창조력 그리고 모든 것의 중심에는 사랑이 있다. 하나님은 사랑의 근원이 된다.

세상은 하나의 과정이며, 하나님은 항상 세상을 창조하고 존재하고, 그 안에 활력을 불어넣는다. 하나님은 우주의 중심으로 그 안에 거주하시면서 우주의 생명과 완전한 실현을 향한 상승운동 안에서 신적 자아를 표현한다. 광대무변한 우주는 하나의 유기체로서 조화와 통합성을 형성하고 있다. 이 우주의식과 우주심은 영으로 존재하는 궁극적 실재다. 궁극적 실재인 영은 생명의 근원이며, 존재세계의 사랑과 상호의존성과 통합성의 본질이다. 따라서 종교평화주의는 사랑의 평화사상이요, 조화와 통일의 평화사상이요, 생명의 역동적인 평화사상이다.

셋째, 종교평화주의는 종교적 인간 개조와 사회개혁의 이념이 된다.

종교는 인간이 회심을 통하여 새로운 인간으로 거듭나게 하고 개조된 인간이 사회개혁의 주체가 되어 사회를 재구성함으로써 평화의 세계를 실현하려고 한다. 따라서 평화의 주체는 인간 개인이고 평화세계의 기본단위는 가정이 된다. 참사람이 되어 참사랑의 가정을 이룸으로써 평화는 개인에게서 시작하여, 가정, 사회, 국가, 세계로 확대되고 인간 본성인 진, 선, 미의 가치를 추구하며 자유와 사랑, 정의, 평화의 세계를 실현하려고 한다.

종교는 인간의 영성을 계발, 성장, 완성시킴으로써 평화의 주체가 되도록 한다. 그러므로 영성은 종교보다 중요하다. 영성은 종교의 뿌리이기 때문이다. 이런 교의나 종교 기관들은 영적인 삶을 양성하기 위하여 존재한다. 일반적으로 종교는 영성 양성의 모체이며, 영적 자원의 틀이 된다. 영성은 신비와의 관계이며, 개인적인 변화를 통해 삶의 의미를 찾는다. 따라서 온전한 영성은 삶의 방향성을 설정해 준다. 삶의 표준이 될 가치관, 방향감각, 소망의 기초 등을 제공해 준다.

내가 신을 향해 마음의 문을 열면 신은 거기에 계신다. 신인합일을 향한 갈망은 나에게 사랑과 평화, 기쁨을 체험하게 한다. 영성은 개인의 인격적인 성장과 성취를 위한 이상, 세상을 위한 이상을 가지고 있다. 영성은 그것을 상기시켜주고 격려해 주며, 힘을 준다. 만일 윤리적인 것에 관심을 가지고도 실천하지 않는 영성은 의심스러운 영성이다.

종교인은 세상을 신이 통치하는 곳으로 변화시켜야 할 사명이 있다. 신의 통치는 정의, 사랑, 평화, 자유 위에 세워진다. 그래서 종교인의 사명은 스스로 인격의 변화를 먼저 이루어 세상의 변화를 이끌어야 한다.

넷째, 종교평화주의는 항구적인 평화 시대를 열어가기 위한 사상이다.

종교평화주의는 이를 교육하고 실천함으로써 항구적인 평화의 세계를 추구한다. 교육 없이 인간 개조와 사회개혁은 불가능하다. 뿐만 아니라 아무리 배우고 깨닫고 또 그것을 강조하고 교육한다 하더라도 자기 자신이 실천하지 않는다면 그것은 하나의 낭만이며 이상에 불과하다. 아직까지 종교가 지향하는 사랑과 평화의 세계가 이루어지지 않고 있는 까닭은 진리가 없거나 위대한 가르침이 없으시가 아니라 그것을 실천하는 사람이 소수였기 때문이었다. 그러므로 종교평화주의는 하나의 체계를 세우는 것으로 끝나서는 안 된다. 그것을 교육하고 또 자기 자신부터 실천해야만 한다. 그런 의미에서 종교평화주의는 궁극적인 평화 곧, 신인우주의 우주적 평화를 추구하는데 그치지 않고 교육하고 실천하는 것 까지를 포괄해야만 한다.

 **2부**

평화문화 구축을 위한 노력

제2부
평화문화 구축을 위한 노력

1. 근대의 평화사상[1]

그리스도교 교파 간의 다양한 전쟁과 타종교 간의 전쟁은 고귀한 인명을 살상하고 가정을 파탄으로 몰아넣어 사회적으로 큰 동요가 많았다. 그러한 참상을 바라본 근대의 지식인들은 지상의 평화가 도래하기를 염원하면서 그들의 평화사상을 글로 남겼다.

특히 칸트 이선의 서양의 평화사상가인 단테, 에라스무스, 그로티우스, 홉스, 로크, 생-피에르, 루소, 벤담 등의 평화사상의 핵심을 제시하고, 그들의 논의들이 칸트의 공화제 평화사상으로 용해되는 과정을 살펴보고자 한다.

1) 단테의 세계제국론

단테(Alighieri Dantr, 1265 - 1321)의 세계제국론은 근대사 이래 각종 세계정부 사상의 효시이자 평화에 대한 국제적 접근의 원형이라고 할 수 있다. 중세 이후 하나의 독립된 사상으로서 세계정부를 논의한 것은 단테가 처음이다. 그의 세계제국론의 뿌리는 그리스도교와 로마제국이다. 그

---

1) 최상용, 「근대 서양의 평화사상」, 하영선 편, 『21세기 평화학』(도서출판 풀빛, 2002), pp.13-40 참조.

리스도교는 보편적 인간 조직의 사상이 바탕에 있기 때문에 개개 국민 간의 장벽을 깨는데 기여했다. 그리고 로마제국은 북방의 침입자인 게르만족에게도 그 문화와 함께 세계제국의 관념을 전수함으로써 로마의 유산을 계승하도록 했다.

단테는 인간이 자기완성을 위해서는 평화가 무엇보다도 필요하다고 보면서 그가 추구했던 목표는 세계제국에서 유일 황제의 지배를 통하여 평화를 실현하는 것이었다. 그의 평화론은 여러 국가가 하나의 대제국으로 통일되어 공평무사한 황제에 의해 통치될 때만이 가능하다고 보았기 때문이다.

인간은 영혼의 행복과 신체적 행복이라는 두 개의 목적을 가진다고 단테는 말했다. 그는 이 목표를 천상의 낙원과 지상의 낙원이라고 표현했다. 전자에 대해 배려하는 것이 교황이고, 후자에 대한 배려를 하는 것이 황제다. 천상의 낙원은 은총과 신앙에 의해 달성되고, 지상낙원은 인간 고유의 이성에 의해 달성된다. 그리고 이 두 가지 목적을 실현하는 관리자인 교황과 황제는 다 같이 직접 신으로부터 임명되었으며, 어느 한 쪽이 다른 한 쪽에 종속되어 있는 것이 아니다.

교황과 황제는 한 사람의 아버지로부터 나온 형제와 같은 관계로서, 교황이 해야 할 일은 영혼의 구제이며, 황제가 할 일은 지상의 평화를 구현하는 일이다. 국가가 지상의 평화를 실현해야 한다는 단테의 주장은 아우구스티누스가 그의 지상국가의 평화에 부여한 의미와 질적으로 차이가 없으며, 평화를 국가의 중대 임무로 본 토마스 아퀴나스의 관점을 계승한 것이라고 보여 진다.

2) 에라스무스의 평화사상

에라스무스(Desiderius Erasmus, 1466~1536)는 르네상스 인문주의의 대표적 사상가 가운데 한 사람이다. 그가 추구했던 궁극의 목표는 전쟁 속에 있는 신·구 그리스도교의 화해와 그를 통한 세계의 평화였다. 르네상스와 종교개혁이라는 거대한 변혁기의 와중에서 에라스무스는 정통과 이단의 전쟁 상태 속에서 신·구 그리스도교의 어느 한쪽에 가담하기를 거부하고 분열된 그리스도교인의 마음을 그리스도를 통하여 사랑과 평화의 세계를 실현하고자 노력했다.

그는 그리스도교 국가의 군주가 자행하는 전쟁의 원인을 철저히 분석하고, 전쟁이 국민생활에 미치는 참화를 지적하며 평화의 유지야말로 군주와 인민의 번영을 위한 기본 조건이라고 역설했다. 이처럼 에라스무스는 교회사와 근대 서양 정치사상사에서 평화문제를 생각하는데 선구적인 역할을 했다.

에라스무스에게 있어서 전쟁이란 좁은 의미의 전쟁, 즉 무장 집단에 의한 투쟁 행위만이 아니라 넓은 의미의 전쟁, 즉 인간이 영위하는 사회생활의 여러 측면에서 생기는 불화 일반을 가리켰다. 예컨대 '전쟁이란 세상에 만연해 있는 불화의 총칭'이며, 평화는 '인간 상호간의 우애'라고 정의했다. 그렇지만 그는 국가간의 전쟁을 가장 큰 문제의 핵심이며, 이를 일으키는 당사자가 바로 군주였기 때문에 군주야말로 모든 전쟁의 원천이요 온상이라고 보았다.

에라스무스는 그리스도를 철저한 '평화의 군주'로 파악하고 그리스도 가르침의 핵심을 '산상수훈'에 나타난 적에 대한 사랑과 비폭력의 윤리에서 찾았다. 그는 아우구스티누스와 토마스 아퀴나스로 이어지는 그리스도교의 평화사상을 근대에 접목시켰다. 특히, 에라스무스가 고대의 키케로에서 중세의 그리스도교 평화사상에 이르기까지 면면히 이어져온 정당한 전쟁론(正戰論)을 거부하고 있다는 것이 주목된다.

에라스무스의 평화사상이 압축되어 있는 '평화의 호소'에는 정당한 전쟁이란 말이 전혀 등장하지 않는다. 또 '그리스도교 군주 교육'에서 에라스무스는 설령 정당화될 수 있는 전쟁이라도 전쟁은 다수에게 해악을 가져온다고 강조하였다.

한편, 에라스무스는 군비와 전쟁의 비경제성을 강조함으로써 전쟁과 평화의 문제를 종교적, 윤리적, 법적 측면에서 뿐만 아니라 경제와 복지라는 인간의 공리적인 측면에서 파악했다. 그는 무기의 구입, 진영의 설치, 용병 등 전쟁 비용, 더욱이 전쟁에 의한 도시의 파괴, 농촌의 황폐화, 통상의 단절 등에서 생기는 경제적 손실을 상기시키면서 평화는 전쟁에 드는 비용의 10분의 1에 해당한다고 말했다.

에라스무스가 주장한 평화사상의 특징은 다음과 같이 요약된다.

① 에라스무스는 정단한 전쟁(正戰) 관념을 부정하고, 불가피한 자위적 방어전쟁은 받아들였다. 그러나 그러한 자위전쟁도 결코 정전은 아니고 죄악이며, 도덕적으로 정당화될 행위는 아니다.

② 에라스무스는 경제적 득실이라는 공리적 관점에서 전쟁을 부정했다. 특히 경제적 이득이란 점에서는 부정한 평화라도 정당한 전쟁보다 낫다고 보았으며, 국가 간의 통상이 평화에 기여한다고 본 발상은 칸트의 영구평화론을 거쳐 현대의 경제적 상호의존에 의한 평화론으로 이어진다.

③ 에라스무스는 평화를 위한 유효한 체제로서 혼합정체를 제기했다.[2]

---

2) 에라스무스는 아리스토텔레스의 혼합정체에서 칸트의 공화정에 이르는 가교의 역할을 했다. 그의 이러한 사고는 혼합정체를 중용의 제도화로 파악한 아리스토텔레스의 사상에

④ 에라스무스는 근대에 들어와서 최초로 등장한 평화사상가였다. 마키아벨리가 전쟁을 군주의 통치술의 하나로 보고 평화는 어디까지나 힘에 의한 평화라고 주장했던 반면, 에라스무스는 통치술 이전에 통치이념을 제시한 것이다. 또한, 동시대에 살았던 루터가 전쟁을 당연시했던 것과 달리 에라스무스는 인간에 내재하는 자연적 본성이나 그리스도교의 복음 윤리에서 평화의 원리를 찾으려 했다.

3) 그로티우스의 평화론

그로티우스(Hugo Grotius, 1583 - 1645)는 에라스무스의 계보를 이으면서 평화론을 전개했다. 그가 살던 시대는 약탈과 살육이 자행되던 30년 전쟁의 시기였다. 신·구 그리스도교 간의 피비린내 나는 싸움에 대한 그로티우스의 혐오감이 바로 그가 '전쟁과 평화의 법'이라는 대작을 쓰게 된 직접적인 동기였다.

이 책에서 그로티우스가 추구한 궁극 목표는 종교전쟁의 비참함을 극복하고 국가 간의 전쟁을 합리적인 규범에 따라 규제했다. 그의 일차적 논의는 전쟁에 관한 것이며, 에라스무스에서 볼 수 있는 평화에 대한 적극적인 호소는 보이지 않는다. 그러나 그로티우스는 당시 전쟁의 비참함이 극한에 달했던 종교 전쟁에 종지부를 찍고, 신·구 그리스도교의 화해로 평화를 달성하려고 했던 것이다.

그로티우스에 의하면 전쟁은 권리의 침해가 있어도 그 구제를 법정에 호소할 수 있는 길이 막혔을 때 일어난다. 전쟁이 발생하는 원인은 소송이 일어나는 것처럼 무수히 많다. 그래서 사법적 해결이 실패했을 때 전쟁이

뿌리를 두고 있다. 그리고 군주제가 대내적으로 폭정에 빠질 위험이 있고 대외적으로 전쟁을 일으키기 쉬운 체제로 본 것은 루소와 칸트의 평화사상으로 이어지는 중요한 계기라고 볼 수 있다.

일어난다. 즉 전쟁은 다른 수단을 통한 소송의 연장이라는 성격도 있다. 그로티우스의 의도는『전쟁과 평화의 법』에서 국가 간의 무력항쟁에서도 그것을 규제하는 법이 존재한다는 것을 증명하는 것이며, 야수화한 전쟁을 인간화시켜 법으로 전쟁을 억제하는 것이다.

그로티우스는 인간이 자연법에 따르면 평화를 유지할 수 있다고 말한다. 자연법은 평화의 길을 가르쳐주는 규범인 동시에 전쟁을 정당화하는 규범이기도 하다. 그는 전쟁을 정당화하는 원인으로서 무엇보다 권리침해를 들었다. 권리침해는 부정이며, 이 부정한 권리 침해를 방어하기 위한 전쟁은 자연법상 허용된다. 전쟁을 억제하기 위하여 목적과 수단에 관한 사려를 권하고 상호간의 목적 및 수단의 실효성에 대한 비교 고찰이 전쟁의 억지에 도움이 된다고 그로티우스는 주장했다. 그리고 그는 개인이 생명을 유지하기 위하여 자유를 방기하고 노예가 될 수 있는 것처럼 국민도 그 자유를 방기하고 노예의 평화를 감수하는 것이 전멸보다는 났다. 왜냐하면 생명은 자유에 우선하는 가치이기 때문이라고 한다.

이처럼 목적과 수단에 관련된 전쟁억지론을 전제로 할 경우 그로티우스가 승인한 정전(正戰)은 두 가지에 한정된다. 하나는 노예의 평화가 견디기 힘든 경우이고, 다른 하나는 상대방도 정당한 원인이 있고 무력에서 상대에게 우월했을 경우다. 이처럼 그로티우스는 생명의 가치, 무력의 우열 그리고 전쟁이 국민에게 끼치는 손해 등 공리적 관점에서 전쟁을 억제할 것을 권고했다.

한편, 그로티우스는 에라스무스보다는 현실의 무게를 인정하면서도 그의 사상 속에는 마키아벨리에서 시작하는 국가 이성의 관념과 그에 따른 전쟁관에 대한 비판이 내재하고 있다. 그로티우스가 기대한 대로 인간이 자연법을 준수하고 있는 한 평화로운 생활을 영위할 수 있다. 그러나 현실적으로 개인과 국가 간에는 권리의 침해가 무수히 많다. 그로티우스의 최대의 결함은 인간이 왜 자연법을 준수하지 않고 권리를 침해하는가에 대한 논증의 부족이다. 여기서 그로티우스는 권리의 침해는 무수히 많고 그렇기 때문에 전쟁은 그치지 않는다고 하는 엄연한 역사적 사실 앞에 속수무책이 되고 만다.

결국 자연 상태에서의 인간의 조건을 규명하고 새로운 정치공동체의 건설로 평화로운 질서를 창출하려는 구상은 홉스, 로크, 루소 등으로 이어졌다.

4) 홉스의 평화정치사상

홉스(Thomas Hobbes, 1588 - 1679)의 평화정치사상은 공포와 전쟁과 같은 폭력상황을 회피하고 견고한 정치 질서로서의 평화를 추구하는 데 목적을 두고 있다. 그에게 폭력은 자연 상태이든 정치 상태이든 간에 인간이 피할 수 없는 엄청난 현실로 등장한다. 홉스의 정치사상의 출발점은 자연 상태 즉, 무정부적인 폭력에 대한 정치적 강제력이다. 그리고 정치적 국가 존립 근거는 한결같이 폭력이 동원되었다. 자연 폭력을 극복하고 평화를 추구하기 위해서는 물리적 강제력을 가진 체계로서의 국가가 절대로 필요하다고 보았다.

따라서 홉스의 제도화된 폭력장치(리바이어던)의 독점자이자 주권자는 중세 교황의 대체물이라고 해도 과언이 아니다. 홉스는 자연 폭력을 정치적 강제력의 체계를 통해서 절대주권을 주장했으나, 그 절대주권의 존립 목적은 어디까지나 인간의 자연권의 철저한 실현이라는 점에서 그의 혁명적 사상이 중세를 뛰어넘어 근대적 혁명사상을 띠고 있다.

홉스가 '리바이어던' (제도화된 폭력)에서 묘사한 인간은 중세 천년 동안 당연시되었던 신의 피조물로서의 인간이 아니라 바로 그 신의 질곡으로부터 해방된 인간이다. 그는 "인간은 태어날 때부터 평등하다. 자연은 인간을 여러 가지 능력에서 평등하게 만들었다"고 주장했다.

홉스의 자연 상태는 인간의 자연적 평등이라는 조건을 전제로 한다. 그는 인간의 지력의 차이에 근거한 자연적 지배 복종의 질서를 부정했다. 그에게 있어서 인간의 적나라한 자연 상태는 끝없는 행복의 추구이며 행복은 욕구의 지속적인 과정 즉, 계속적인 성공을 추구하는 힘의 경쟁상태일 뿐이라고 한다. 힘의 평등은 공포의 평등이며, 이 공포의 상호성이 인간 간의 전쟁을 불가피하게 한다. 그리하여 인간의 자연 상태는 그 당연한 귀결로서 폭력과 기만이 난무하는 만인의 만인에 대한 전쟁상태가 되고 만다는 것이다.

홉스에게 평화는 다름 아닌 전쟁 상태의 부재이며, 보다 근원적으로는 인간의 자연적 생명의 안정이 보장되는 상태다. 욕구한다는 것은 삶의 의지의 표현이고, 참다운 삶은 평화롭게 사는 것이다. 따라서 홉스의 평화는 초월적인 선에 대한 적극적인 추구가 아니라, 자기의 생명의 안전을 지향함으로써 전쟁이라는 최대의 악을 피하기 위한 최소한의 조건이다.

홉스가 주장한 평화는 튼튼한 국민국가의 틀 속에서의 평화, 즉 국가 수준의 평화다. 그에게 전쟁은 내전이었고, 내전의 강박관념이 그로 하여금 평화적 정치질서의 중요성을 강조하도록 했다. 그에게는 평화의 조건으로서 정치체제의 민주화라는 발상은 거의 없고 국제평화에 대한 문제의식의 결여도 그의 평화사상에 대한 한계를 보여주고 있다.

5) 로크의 자연법

로크(John Locke, 1632 - 1704)의 전쟁과 평화에 대한 관점은 그의 자연 상태와 자연법사상에서 실마리를 찾을 수 있다. 로크는 무질서로서의 자연 상태가 전쟁으로 이어지고, 규제원리로서 자연법의 역할은 평화를 기대할 수 있다고 보았다.

자연법은 약자를 보호하는 의무를 규정하고 있으며, 정당한 전쟁을 수행할 경우에도 폭력의 사용은 공격자의 처벌과 보상의 획득을 위한 목적에 한정해야 한다. 정당한 전쟁의 목적은 공격자를 항복시키는 것이지, 모든 시민을 전멸시키는 것이 아니기 때문이다. 국제관계에서도 원칙적으로는 자연법이 준수되어야 한다. 그러나 세계의 현실은 무질서와 전쟁으로 가득 차 있어 "정의의 약한 손으로 제어할 수 없는 큰 강도"가 많다. 그래서 무법의 공격자가 자연법을 준수하는 쪽을 악용하는 사례도 적지 않다. 심지어 정당하게 공격자를 응징하는 전쟁에 참여하도록 호소하기도 전에 다른 공격자로부터 공격을 당하는 사례도 있다. 확고한 실정법에 호소할 수 없는 국제관계의 현실에서 전쟁은 최후의 해결책일 수 있기 때문이다.

원칙적으로 전쟁은 방어나 침략자의 처벌 그리고 정확한 보상을 위해서만 정당하다. 그러나 실제로 개별 정부는 제각기 자연법의 판정자요, 집행자이기 때문에 그 정부의 권력 남용을 궁극적으로 판정하는 법정이 없다. 그래서 그는 국가 간의 자연 상태는 현실의 전쟁과 불안한 평화간의 끝없는 동요의 연속이라고 보았다.

로크는 개인의 자기 보존 욕구에 대한 국가의 부자연스러운 제한을 반대하면서도 국가가 외적에 대항하는 것은 정치 사회의 속성으로 보았다. 그래서 국내 질서를 위한 법의 제정권과 외침으로부터 국가를 방위하기 위해 무력을 사용할 수 있는 권한이 국가에게 부여된 것이다. 그리고 개인은 정치사회 내에서 국내법과 경찰에 의해 보호받지만, 개별 국가는 국제관계를 규제할 유효한 법정이 없기 때문에 대외 안보에 일차적 관심을 갖지 않을 수 없다. 특히, 로크의 외교정책에 대한 중시는 그가 왕의 일차적 역할을 전쟁에서의 수장으로 본데서도 알 수 있다.

외교정책의 우위를 인정한 로크의 사상은 국내의 정치질서를 우선시한

플라톤, 아리스토텔레스 등 고전 정치철학자의 관점과 대조를 이룬다. 그들에 의하면 좋은 통치자는 인간 본성의 충분한 개발과 국내 평화의 요구에 상응한 법과 제도를 정비하는 것이며 가장 평화로운 삶이란 자족적이고 명상적인 삶이었다. 그렇기 때문에 그들에게 외교정책은 이차적인 중요성을 지닐 뿐이다. 이에 반해 로크에게 있어서 평화는 계약에 의한 정치권력의 형성을 통하여 안으로는 인간의 자연적 욕구를 제도화하고, 밖으로는 외침으로부터 정치 사회를 방어함으로써 사회 구성원이 자기의 생명, 자유, 재산을 안전하게 보존하는 상태다.

결국, 로크는 원초적 자연 상태를 두 가지 요인, 즉 현실적 무정부와 잠재적 평화가 공존하는 상태로 파악하여 전자를 극복하고 후자를 극대화하기 위한 계약에 의한 정치사회의 성립을 주장했다. 그러나 개별정치사회는 자연 상태의 무정부적 속성을 극복함과 동시에 주권국가 간의 새로운 무정부상태로 이행하고 말았다. 왜냐하면 계약에 의한 정치사회의 성립으로 평화의 국내적 조건은 충족되나, 그 국제적 조건은 여전히 불안정한 상태로 남아 있을 수 밖에 없기 때문이다.

또 로크는 개별국가의 지배자는 자연 상태에 있기 때문에 세계정부는 과거에도 없었고, 지금도 없고, 미래에도 없을 것으로 보았다. 동의에 의한 세계정부 창출 이외의 유일한 대안은 정복에 의한 세계정부인데, 로크는 정복을 정당한 수단으로 보지 않았다. 로크는 전자는 불가능하고, 후자는 부당하다고 보았다. 불가능한 것은 인위적 능력의 범위를 넘고, 부당한 것은 작위적으로 막아야 한다.

로크에게 있어 평화는 정치적인 작위의 산물이며, 국내정치에서의 평화는 계약에 의한 정치 사회를 통해서 가능하다. 국제사회에서의 평화는 국내정치사회에서와 같은 공통의 권력의 부재, 즉 무정부적 속성을 직시하게 한다. 그때그때의 특정한 상황에 대해서 정치적 사려로 접근해 가는 길이 현실적이다.

6) 생-피에르의 동맹론

사상가 생-피에르(Saint-Pierre, 1658 - 1743)는 홉스나 로크와 동시대의 인물이다. 홉스와 로크가 사회계약을 통해 새로운 국가 건설로 평화로운 정치질서를 구상했지만 그는 평화의 실현을 어디까지나 군주의 이성에 호소했다. 그가 구상한 유럽의 평화는 유럽의 모든 국가가 분쟁의 해결에 무력을 사용하지 않고 중재에 의해 분쟁을 평화적으로 해결하는 것을 약속하고, 동맹을 체결하는 것을 골격으로 삼는다.

생-피에르에 의하면 전쟁은 인간이 가진 이기심의 대립이나 충돌에서 시작하여, 그것을 평화적으로 해결할 유효한 방법이 없어 무력에 호소할 수밖에 없는 상태다. 삶의 과정에서 필연적으로 생기는 이해 대립의 자체를 없앨 수는 없다. 그러나 이기심 그 자체가 전쟁의 직접적 원인이 아니며, 같은 이기심이 인간으로 하여금 평화를 추구하게끔 할 수도 있다는 것이다.

이기심을 잘못된 방향으로 가지 않게 하기 위해서 그는 종교와 도덕 그리고 당위에 호소하는 대신, 인간의 이기심 자체를 인정하고 공리적으로 문제를 해결하려고 했다. 군주도 인간인 이상, 이기심의 존재 바깥에 있는 것이 아니라 지향하는 바는 다른 인간과 마찬가지로 자신의 고유한 행복을 증대하는 것이라고 보았다.

따라서 생-피에르는 우선 전쟁의 불이익과 평화의 이익을 군주에게 증명해야 하는 것은 군주의 잘못된 행동인 전쟁을 방지하기 위해서 필요하다. 그리하여 군주가 스스로 만인에게 유익한 평화를 지향하게끔 하는 것이 중요하다고 생-피에르는 주장한다.

그는 군주나 개개인이 모두 이기심이라는 동일한 동기에서 움직인다고 보면서, 종국에는 군주의 이성에 기대했을 뿐 전쟁의 본질이나 군주제의 본질에 대한 깊은 통찰이 보이지 않는다. 그는 준거집단으로서 가족에 역점을 두고 있으나, 민족이나 계급 간의 갈등에 대해 깨우침은 언급하지 않았다. 그럼에도 불구하고 생-피에르가 근대 평화사상에서 차지하는 위상은 그의 평화론에 일관되게 흐르는 공리적 관점에 있다. 그는 전쟁의 불이익과 평화의 이익을 국민은 물론 군주가 자각함으로써 전쟁을 막아야 하며, 또 막을 수 있다고 보았다. 공리적 관점은 근대 평화사상의 핵심이며, 민주평화사상은 에라스무스로부터 이어지고 있다.

또한 생-피에르의 평화론은 근대적 의미의 정치구상으로서 선구적 역할을 했다. 그의 뒤를 이어 유럽 각지에서는 많은 무명의 평화주의자가 배출되었고, 그의 주장이 넓은 계층에까지 침투되었다. 더욱이 그의 평화사상은 루소의 해석과 비판을 거쳐 벤담과 칸트로 계승되었다.

7) 루소의 국가연합사상

오늘날 루소(Jean Jacques Rousseau, 1712 - 1778)는 생-피에르와 칸트의 가교 역할을 함으로써 근대 평화사상의 형성에 획기적인 공헌을 했다고 평가된다. 루소의 최우선 순위의 과제는 국제기구의 제안이 아니라, 국가주권의 내용 즉 국내 정치체제의 근본원리를 규명하는 것이다. 그의 평화사상도 사회계약설로 불리는 그의 국가이론, 권력이론, 주권이론과 따로 떼어서 생각할 수 없다. 국제정치가 국내정치의 연장이며 국내체제의 변혁 및 민주화가 평화를 실현하는 핵심으로 보았기 때문이다.

루소는 국내체제와 국제정치의 밀접한 연계를 전쟁의 방지, 평화의 달성이라는 관점에서 파악한 최초의 정치 사상가였다. 그의 자연 상태는 홉스나 로크처럼 극복해야 할 상태가 아니라, 근본적으로 평화로운 상태로서 나쁜 사회상태 즉, 현실의 문명 상태에 대한 비판개념이다. 특히, 만인에 대한 만인의 투쟁으로 묘사한 홉스의 자연 상태와는 그 근본 발상이 다르다. 루소에게 개인의 자연 상태는 평화 상태이지만, 국가의 자연 상태는 홉스의 자연 상태와 같은 전쟁 상태다. 전쟁은 개인 간의 관계가 아니라, 국가 간의 관계에 고유한 것이라고 봄으로써, 개인 간의 자연 상태와 국가 간의 자연 상태의 질적인 차이를 루소는 설명했다. 개인의 능력은 유한하지만 국가의 능력에는 한계가 없기 때문에, 결국 국가 간의 투쟁 즉 전쟁을 야기(惹起)시킨다고 보았다.

국가의 자연 상태를 극복하기 위하여 제기한 것이 바로 루소의 국가연합사상이다. 그는 생-피에르가 군주들의 이성에 호소하여 영구평화계획을 수립하려고 한 데 대해서, 국가연합의 성립에 의해 평화가 보장되고 개별 국가를 넘어선 중재자에 의한 분쟁 처리가 가능하다고 보았다. 그러나 그는 국가주권의 침해 없이 국가연합의 권리를 어떻게 행사할 수 있을까 하는 문제만 제기했을 뿐, 그 해답은 내놓지 않았다.

루소가 국가연합을 제기하면서도 동맹이나 연방 국가를 채용하지 않은 것도 주권의 제한이나 침해를 막으려는데 그 근본적인 원인이 있었던 것으로 보인다. 그래서 그는 결합이 느슨한 동맹과 결합이 견고한 연방국가 간의 혼합형을 채용한 것으로 생각된다. 그가 생각한 것은 국가연합이야말로 국제기구와 그 구성원의 주권의 조화를 가장 효과적으로 달성할 수 있는 방법이다. 개별 국가는 국가연합회의의 법의 지배에 복종함으로써 참다운 권리를 확보한다. 그것은 사회계약에서 법에 복종하는 것이 개인의 자유를 제한하지 않은 것과 마찬가지다. 루소는 국가를 구성원으로 하고 그 국가의 의지를 특수의지로 하는 세계사회를 꿈꾸고 있었으나, 국가연합 자체의 일반 의지에 대해서는 명백한 언급이 없다.

전쟁은 반드시 압정을 가져오며, 전쟁의 피해는 송두리째 국민에게 돌아오기 때문에, 국민의 평화에 대한 요구가 군주보다 훨씬 강하다고 루소는 보았다. 그는 생-피에르처럼 군주에게 큰 기대를 하지 않고, "국민이 전쟁을 하는 것은 군주보다 훨씬 드물다"고 하면서 국민에게 희망을 걸었다. 따라서 전쟁을 회피하고 평화를 추구하기 위해서는 국민에게 주권이 주어져야 하며, 국민이 주권을 가지기 위해서는 구체제의 변혁이 필요하다.

루소는 소국에서 이상적인 정치의 모델을 찾으려고 했으며, "국가연합은 소국이 대국의 폭력을 물리치고 국가 간의 평화를 유지하기 위하여 이용할 수 있는 수단"이라고 했다. 그는 소국 연합의 선례로 페르시아 대왕에게 저항한 그리스의 여러 도시 그룹과 오스트리아 왕가에 저항한 스위스와 폴란드의 연합을 들었다. 결국 그는 국제평화사상의 기본 틀을 국가연합에 두면서도 그 국가연합의 구성에 앞서 평화를 위한 전제조건으로서 국내 체제의 민주적 변혁의 정당성을 이론화하는데 전력을 기울였다. 그리하여 그가 내린 결론은, 참다운 의미의 국제평화기구를 구성해야 할 국가의 정치체제는 국민주권을 바탕으로 하지 않으면 안 된다는 것이다. 평화의 조건으로서의 국민주권의 정치체제는 생-피에르의 평화사상에 대한 비판과 함께 칸트의 영구평화론으로 이어지는 루소 평화사상의 핵심 개념이다.

8) 벤담의 영구 평화 계획

벤담(Jeremy Bentham, 1748 - 1832)은 로크의 자연법과 계약설을 거부했으나, 그의 정치적 자유주의와 개인주의의 이념은 계승했다.

벤담의 '보편적 영구 평화 계획'은 생-피에르의 '영구 평화사상'과 마찬가지로 평화에 대한 이론적·철학적 고찰이 아니라 현실의 정책적 제안이었다. 벤담은 평화의 목표 가치를 자명한 것으로 파악하고, 평화 가치의 천착보다는 전쟁의 방지와 평화의 조건에 대한 규명 그리고 그 실천을 위한 정책을 제안했다.

전쟁은 반도덕적이며 행복을 추구하고 불행을 회피하려는 공리의 원리에 반하는 '최대 규모의 해악'이며 '모든 악의 복합'이라고 벤담은 주장했다. 그러나 벤담의 '영구 평화 계획'은 현실 정치에는 큰 영향을 끼치지 못한 것 같다. 제국주의 전쟁은 벤담의 평화구상을 비웃기라도 하듯이 오히려 정반대의 방향으로 달리고 있기 때문이다.

그가 외쳤던 식민지의 독립, 민족자결, 권력정치에 대한 비판과 여론의 중시 등이 현실의 과제로 등장한 것은 그의 사후 1세기가 지나서였다. 벤담의 평화사상에서 다음과 같은 몇 가지 보편성을 발견할 수 있다.

① 벤담은 식민지 정책을 전쟁의 원인으로 보고 평화의 조건으로 식민지의 방기를 주장함으로써 반식민주의를 평화사상의 기반으로 한 최초의 사상가였다.

② 벤담은 평화의 조건으로 국제조직의 필요성을 인정하지 않고, 평화의 국내 정치적 기초로서 사회 여론의 역할을 중시함으로써 권력정치에 대한 새로운 비판의 지평을 열었다. 벤담은 당시까지만 해도 당연시되었던 세력 균형 원칙의 한계를 깊이 통찰하고 있었으며, 전쟁의 원인을 권력정치에 있다고 본 사상가다. 이와 관련하여 카(E.H. Carr)는 벤담을 19세기 국제정치론의 선각자이며 제재(制裁)로서의 여론의 역할을 강조한 사상가로 평했다.

③ 벤담은 민주주의와 자유주의에 대해 확신했다. 그는 18세기의 자연법사상에 대신하여 공리주의로 19세기의 자유주의를 이론적으로 옹호했다. 왈츠(K. Waltz)는 벤담이 여론을 중시한 것을 가리켜 "민주주의 국가는 본래 평화적이라는 신념"의 선구적 발상이라고 높

이 평가했다. 반면, 벤담은 분명히 평화에 대한 열정과 민주주의에
대한 신념을 공유하고 있었으나, 이 양자의 관계에서 평화의 조건
으로서의 민주주의 또는 공화정에 대한 확고한 문제의식은 결여하
고 있었다. 그는 그의 만년의 대작인 '헌법전'에서 국민주권에 바탕
을 둔 대의민주제를 주장함으로써 당시의 지배계층에 기대했던 평
화의 실현을 제도적으로 뒷받침하는 것이 필요하다고 생각했다. 예
컨대 벤담은 '헌법전'에서 전쟁을 특정 정부 형태와의 관련에서 파
악함으로써 결과적으로 대의제 하의 평화 실현을 주장했다.

9) 칸트의 영구 평화론

칸트(Immanuel Kant, 1724 - 1804)의 '영구 평화론'은 현대 평화 연구
의 한 분야인 철학적·규범적 평화 연구에서 가장 체계적인 저술이며 불후
의 고전으로 알려졌다. 그의 사상은 단테, 에라스무스, 루소, 벤담으로 이
어지는 근대 평화사상의 연장선 위에 있다. '영구평화론' 속에는 연맹과
세계평화법이 제창되고 있다. 칸트는 결코 속류 내셔널리스트가 아니면서
도 그의 평화론의 정치적 거점을 근대 국민국가에 두었다. 그는 인간성에
대한 깊은 통찰과 국제사회의 무정부적 현실을 직시하면서 어디까지나 국
민국가의 정치체제에서 평화의 돌파구를 마련했던 것이다.

칸트는 '영구 평화론'에서 평화의 조건을 예비조항, 확정조항, 추가조항
으로 나누어 설명했다. 그리고 추가조항에는 비밀조항이 포함되어 있고,
부록에서는 영구 평화의 관점에서 정치와 도덕의 관계를 설명했다. 그는
영구 평화를 실현하는데 저해 요인이 되는 6개의 항목을 예비조항으로 들
고 있다.

① 장래의 전쟁에 대비한 자료를 비밀로 유보한 채 평화조약을 맺어서

는 안 된다. 즉 전의를 숨긴 무장 휴전은 기만이며, 결코 평화라고 말할 수 없다.

② 어떠한 독립국가도 상속, 교환, 매수 또는 증여에 의해 다른 나라를 취득해서는 안 된다. 즉 도덕적 인격으로서의 국가를 물건처럼 취급해서는 안 된다.

③ 상비군은 폐지되어야 한다. 상비군을 유지하는데 드는 비용 때문에 평화가 오히려 단기간의 전쟁보다 더 큰 짐이 되고, 이 부담에서 탈피하기 위해서 상비군 그 자체가 공격 전쟁의 원인이 되는 악순환을 피할 수 없다.

④ 국가의 대외적 분쟁과 관련하여 어떠한 국채도 발행해서는 안 된다. 금력(金力)의 축적은 타국을 예방 전쟁에 몰아넣는 위험성이 있기 때문에 전쟁 수행의 원인이 될 수 있는 국채 발행을 금지해야 한다.

⑤ 어떠한 국가도 타국의 헌법 체제 및 정권에 대해 폭력으로 간섭해서는 안 된다.

⑥ 어떤 나라도 다른 나라와의 전쟁 중에 장래의 평화시의 상호 신뢰를 불가능하게 하는 적대 행위, 이를테면 암살자와 독살자의 고용, 항복 조항의 파기, 적국에서의 반역의 선동 등을 결코 해서는 안 된다.

칸트에 의하면 테러리즘은 비열하고 흉악한 수단이며, 최대의 평화 파괴행위다. 적에 대한 최소한의 신뢰마저 없다면 평화조약도 체결할 수 없고, 신뢰의 소지가 없는 적대 행위는 결국 섬멸 전쟁이 될 수 밖에 없다는 것이다.

위의 6개 예비조항이 영구 평화를 위해 최소한 필요한 금지 조항으로 "해서는 안 된다."는 형식의 진술인데 비하여 3개의 확정 조항은 그것이 충분히 보장된다면 영구 평화가 가능하다는 격률(格律)로서 '해야 한다'

는 형식의 진술을 취했다.

제1 확정조항 : 모든 국가에서 시민적 체제는 공화적이어야 한다.

칸트는 영구 평화의 조건으로 공화제를 명백히 주장하였다. 그는 공화제를 채택한 나라 사이에서만이 영구 평화의 전망이 열릴 것이라고 보았다. 왜냐하면 공화제 하에서는 전쟁에 대한 인민의 협조를 얻기 어렵기 때문이다. 국민이 협조하지 않을 전쟁의 어려움을 전제한다면, 국민의 의사가 잘 반영되는 국내 체제일수록 전쟁의 가능성이 줄어든다는 것이다. 이렇게 볼 때 칸트의 공화제 발상은 근본적으로 루소의 계승이라고 할 수 있다.

제2 확정조항 : 국제법은 자유로운 제국가의 연맹에 토대를 두어야 한다.

칸트는 불가능한 최선으로서의 세계국가보다 그것에 접근하는 과도적 상태, 가능한 최선의 상태로서의 연맹을 제안했다. 칸트에 의하면 세계국가는 실현성이 없을 뿐만 아니라, 개별 국가의 의지와 인간의 자유이념에 반한다고 보았다. 그가 자유 국민의 자발적 통합으로서의 연맹을 내놓은 이유가 바로 여기에 있다. 이 경우 연맹은 몇 개의 국가 간의 조직일 수도 있고, 이웃나라들 간의 연방조직일 수도 있다.

제3 확정조항 : 세계시민법은 보편적인 우호의 제조건에 한정해야 한다.

칸트에 의하면 평화의 보증은 법적 상태의 수립에 의해서만 이루어 질 수 있다. 그러한 법적 상태는 국내법, 국제법, 세계시민법의 순서로 배치되어 있다. 그러므로 영구 평화는 이들 세 가지 분야에서 인류 전체를 포괄하는 법적 상태가 실현됨으로써만이 가능한 것이다. 그에게 있어 세계시민법은 이른바 '목적의 왕국'을 세계의 역사 속에 구현하려는 이상으로서 공법의 최후 단계다. 이렇게 볼 때 칸트가 평화를 위한 최후의 확정조항으로 세계시민법을 제기한 것은 마치 플라톤이 형이상학적 이데아론, 철인(哲人) 국가론에서 법률 국가론으로 이행하는 사고의 행적과 유사하다.

칸트의 '영구 평화론'을 관류하는 철학적 기초를 규명해 보면, 칸트는 계몽적 이성에 대한 신뢰와 도덕적 확신을 바탕에 깔면서도 권력정치의 현실을 직시하고 있었다. 그는 이러한 인간성의 양면, 역사적 경험의 양면을 인간의 예정 조화적 운명과 섭리 즉, 자연의 메카니즘으로 받아들였다.

칸트에게 정치는 자연의 메카니즘을 인간의 통치를 위해서 이용하는 기술이다. 그는 정치와 도덕의 관계에서 전자에 대한 후자의 우위를 주장했다. 그는 도덕을 정치가의 이익에 합치시키려는 실천가를 정치적 도덕가라고 하고, 국가적 전략의 원리를 도덕과 합치할 수 있도록 하는 정치가를 도덕적 정치가라고 불렀다. 그가 즐겨 쓰던 도덕적 정치가란 자기의 양심에 따라 행동할 때 그 의무와 책임을 다하는 것을 의미한다. 여기에서 윤리적 이상주의와 정치적 리얼리즘을 결합하는 발상이 나온다.

또 칸트는 영구 평화를 향하는 인류의 노력을 도덕적 의무인 동시에 이성적인 필연으로 보았다. 칸트의 '영구 평화론'은 자연이라는 이름의 섭리의 확신에 바탕을 둔 상대적 낙관주의의 산물이라고 할 수 있다. 그는 이 자연이라는 틀 속에서 영구 평화를 인간이 끊임없이 접근해야 할 정치적 최고선(最高善)으로 보았다.

그 후 서양이 중심이 되어 전개되어 온 평화연구는 대체로 다음과 같은 세 가지 수준의 접근방법으로 나뉘어 진다.

첫째, 인간적, 개인적 접근 방법이다. 전쟁의 원인을 인간성에 내재해 있다고 보고 인간의 공격성, 전쟁 본능을 순화함으로써 내면적 마음의 평화는 물론 국가 간의 전쟁을 막는 데도 이바지할 수 있다고 보는 관점이다.

둘째, 국가 수준의 접근이다. 이는 전쟁과 평화의 행동주체나 논의의 거점을 개별 국가에 두고 국내의 정치개혁 또는 민주화를 통하여 전쟁을 막고 평화에 접근하려는 발상이다.

셋째, 국가 간의 교섭이나 기구를 통한 국제적 수준의 접근이다. 이는 어떤 형태로든 개별 국가의 주권을 제한하여 연맹이나 세계정부를 설립함으로써 평화에 접근하려는 시도다. 그 외 생태적 접근이나 세계화에 따른 지구 수준의 다양한 접근이 가능하지만, 현실적으로 평화에 대한 논의는 정치단위로서의 국가로부터 자유로울 수 없다.

1970년대 이래로 미국 학계를 중심으로 제기되어 온 민주평화론의 핵심은 국가적 수준의 평화 연구를 발전시켜 정치체제의 민주화와 평화의 관련을 경험적으로 설명하려는 학문적 성과다. "민주주의 국가 간에는 전쟁을 하지 않는다"는 명제를 남겼다. 이 명제는 칸트의 공화제 평화론에서 찾는다.

2. 평화문화와 그 운동의 발전

2차 세계대전 후 미·소 양국 진영은 핵무기를 개발하여 인류 전체를 전멸시킬 수 있는 엄청난 파괴력을 지니고 있었다. 인류사는 약 반세기 동안에 걸친 양국 간의 대치 상태를 냉전이라고 한다. 냉전은 전면적인 전쟁이 아니었다는 의미에서 열전과 구별되었지만, 핵전쟁의 공포와 상호 적대감으로부터 벗어나지 못했다는 뜻에서 평화도 아니었다. 그래서 냉전은 1947년에 레이몽 아롱이 표현한 것처럼 '불가능한 평화와 불가능해 보이는 전쟁'의 공존상태였다. 냉전 또는 차가운 평화라고 불리던 이 시대에도 전쟁으로부터 위험을 벗어나고자 하는 "평화학의 현황과 전망"[3]은 많은 사람들에게 관심의 대상이 되었다.

평화학의 발전은 전쟁에 대한 반성과 비판의식을 높이기 위한 목적을 가지고 출범했던 유네스코(UNESCO)의 적극적인 뒷받침으로 이루어졌다. 1946년 11월에 발효된 유네스코 헌장에 "전쟁들이 인간의 마음들에서

---

3) 김명섭, 「평화학의 현황과 전망」, 하영선 편, 『21세기 평화학』(도서출판 풀빛, 서울 2002), pp.127-151 참조.

시작되므로, 인간들의 마음 속에 평화에 대한 방어가 구축되어야 한다”고 선언되었고, 평화는 정부들의 정치 · 경제적 타협들만으로 이루어질 수 없으며, 인류의 지적 · 도덕적 연대에 기초해야 하고 조직의 목적은 “교육, 과학, 문화를 통해 국가들 간의 협력을 증진시킴으로써 평화와 안보에 기여하는데 있다”고 규정하였다. 1960년대에 들어서면서 평화학이 세계적인 활동무대로 연결되는 성과를 가져왔다.

1990년 냉전은 끝났고, 인류는 새로운 천년을 맞이했다. 그러나 ‘가능해 보이는 평화와 불가능한 전쟁’이라고 명명할 수 있는 시대는 아직 도래하지 않았다. 한국전쟁과 더불어 형성된 냉전질서가 무너진 이후 걸프전쟁과 함께 시작된 탈냉전 국제질서의 모습은 기아, 환경오염, 종교갈등, 인종갈등, 핵확산 위협, 신종 전염병의 창궐 등으로 점철되었다. 이러한 상황은 새로운 차원에서 평화학에 접근하게 만들었다.

21세기의 평화학은 세계 평화학의 새로운 흐름을 정확히 포착하는 한편, 지역의 특성에 부합되는 평화에로의 발진을 모색할 필요가 있다. 평화학의 새로운 흐름은 평화운동 진영의 새로운 변화와 밀접한 관련을 맺고있다. 새로운 차원의 노동운동, 반부패운동, 소수자 인권운동, 환경운동, 소수문화 보호운동, 고기 안 먹기 운동, 금연운동, 총기소지억제운동, 슬로푸드운동, 유전자변형식품 반대운동, 마약 반대운동 등은 모두 변화된 세계질서 속에서 새롭게 등장하고 있는 평화운동들이다.

그러한 평화운동과 더불어 21세기의 평화학은 ① 영성적 측면의 평화 ② 문화적 측면의 평화 ③ 환경적 측면의 평화 ④ 몸의 평화 ⑤ 테크놀로지 측면의 평화(이공계 연구와 평화학의 접맥) ⑥ 전쟁 시설 및 전쟁 유산의 평화적 활용 ⑦ 여행을 통한 평화 ⑧ 여성과 평화 등을 앞으로 발전시킬 연구 과제를 안고 있다.

3. 평화문화의 실현

1) 우리 시대에 넘겨진 과제

오늘날의 인류는 여전히 수많은 무력 분쟁, 비합법적인 군사력의 사용, 다양한 형태의 폭력에 직면하고 있다. 유네스코 헌장에 명시된 주요한 목적인 인간의 마음에 평화의 방어벽을 구축하는 것은 그 어느 때보다도 타당하다. 실제로 정부간 정치·경제적인 합의에만 기초한 평화는 세계인들의 일치되고 지속적이고 진정한 지지를 확보할 수 있는 평화가 아니다. 따라서 평화가 실패하지 않기 위해서는 인류의 지적이고 도덕적인 연대성 위에 건설되지 않으면 안 된다.

많은 지역들이 증가되는 긴장, 분쟁, 폭력에 의해 고통 받고 있는 세계에서 평화를 실제적인 현실로 만드는 것은 매우 중요하다. 종족민족주의, 이민족혐오주의, 소수그룹에 대한 인종차별주의, 종교적 과격주의 그리고 인권의 침해 등은 점증하고 있는 수많은 지역분쟁의 원인이다. 중오심에 의해 생겨난 이민족, 난민, 망명 요청자, 외국인 노동자들에게 행해지는 폭력은 대내적 안보와 국가의 근간에 대한 심각한 위협이다. 또한 테러리즘과 마약거래 뿐만 아니라 사회적 배제, 빈곤, 도시 붕괴, 집단적 이주, 환경 파괴 그리고 세계적으로 퍼지는 새로운 질병들은 바로 대내외적 평화에 직접적인 위협이 된다.

불신, 의심, 불관용, 중오심 그리고 다른 사람들과 건설적으로 상호 작용할 수 없는 무능력에서 오는 현재의 폭력의 문화는 비폭력, 관용, 상호이해와 연대 그리고 평화적으로 분쟁들을 해결할 수 있는 능력에 의해 대체되지 않으면 안 된다. 세계는 그러한 새로운 문화와 개인, 집단, 민족들을 위한 공통의 가치체계와 새로운 행동양식을 필요로 하고 있다. 그러한 것들 없이 대내외적 평화의 주요한 문제점들은 해결될 수 없기 때문이다.

냉전과 동서 사이의 이념적 대결의 종식은 유엔체제와 전체 세계공동체가 평화의 문화를 향해 나아갈 수 있는 새로운 가능성을 열어주었다. 지구적 차원의 핵전쟁의 위협이 상당한 정도로 제거되었을 뿐만 아니라 국제정치에서 군사력의 요인이 갖는 역할도 감소하고 있다. 그 결과적 현상은 대내외적으로 군비해체와 비무장화로 가는 길과 적대적 이미지, 불신, 의심을 제거할 수 있는 가능성을 열어주고 있다.

더욱이 인권의 개념에 관한 첨예한 의견대립과 무의미한 논쟁은 모든 인권의 진작과 보호가 평화와 발전의 중요한 요인일 뿐만 아니라 유엔의 최우선 목표이고 국제사회의 주요한 관심사라는 인식에 의해 대체되고 있다.

민주주의로의 이행과정은 평화의 문화건설에 기여하는 또 다른 요인이다. 역사적 체험에 의해 검증된 것처럼 민주주의는 서로 전쟁을 하지 않을 뿐만 아니라, 법의 지배, 주민 참여, 투명성, 책임성과 같은 지배 체제의 특성들을 통하여 폭력에 의지할 수 있는 가능성을 현저하게 감소시킨다. 이러한 새로운 국제정치적 분위기 속에서 유네스코는 평화의 문화를 진작시키기 위한 일련의 활동에 착수했다. 이러한 방향으로 노력할 것에 대한 최초의 요청은 1989년 7월, 코트디부아르의 야무수크로(Yamoussoukro)에서 개최된 인간의 마음평화는 "평화의 문화"[4]를 발전시킴으로서 유네스코 국제회의에서 공식화되었고 새로운 평화의 비전을 구축해야 한다는 것이 제시되었다.

1992년 제140차 회의에서 유네스코 집행위원회는 평화문화를 진작시킬 수 있는 행동 계획들을 마련할 것을 결정했다. 또한 1993년 4월 28일, 엘살바도르의 산살바도르에서 개최된 교육과 문화를 위한 포럼 개회 연설에서 유네스코 사무총장 마요(Federico Mayor)는 평화 문화의 기조를 선포

---

4) 야누즈 시모니데스, 키쇼르 싱, 「평화의 문화 구축을 위한 시론」, 『21세기 평화학』, 하영선 편, (도서출판 풀빛, 2002), pp.293-316 참조.

했다.

- 공식적이고 비공식적인 교육과정과 모든 일상적인 활동에서 평화의
  문화를 위한 훈련과 실천을 진작시킨다.
- 정당하고 평화롭게 조정된 분쟁의 해결책으로서 민주주의를 건설하
  고 강화시킨다.
- 모든 국민들의 참여 하에 사회구성원들의 사회적 능력과 인간으로서
  의 잠재력을 중시하는 인간 개발을 위해 노력한다.
- 대내외적인 수준에서 다른 사람들과 상호 차이점에 대한 존중을 인정
  케 하는 수단으로서 문화적 접촉, 교환, 창의성에 중점을 둔다.
- 무력충돌과 전쟁의 사회·경제적인 원인들을 제거하기 위해 국제협력
  을 강화하고, 전 인류를 위해 더 나은 세계의 건설을 가능케 한다.

1995년 총회 제28차 회의에는 '평화의 문화를 향하여'라는 초학제 간
프로젝트가 채택되었다. 이 프로젝트는 다음의 네 가지 부분들을 포함하
고 있다.

- 평화, 인권, 민주주의, 국제적 상호이해와 관용을 위한 교육
- 인권과 민주주의의 진작과 차별에 대한 투쟁
- 문화적 다원주의와 문화간의 대화
- 분쟁의 방지와 분쟁 해결 이후 평화 건설

이 프로젝트는 회원국들, 유엔의 제도와 기구들, 지역 및 정부간 기구들,
비정부기구들과 지식인 공동체들과의 향상된 협력을 필요로 할 것이다. 유
네스코 평화와 분쟁 문제 시리즈의 하나인『폭력의 문화에서 평화의 문화

로』(From a culture Violence and Culture of Peace)라고 하는 책은 지식인 공동체와의 그러한 노력의 한 예다. 그 주요 목적은 유명한 평화연구자들, 철학자들 그리고 법학자들로 하여금 평화의 문화개념에 관한 자신들의 견해들과 평화의 문화 진작(振作)에 긴요한 동반자들과 네트워크를 통해서 평화의 문화를 건설하기 위한 수단과 방법들을 제시하게 하는 데 있다.

2) 평화문화의 건설을 위한 요소들

평화의 문화에 대한 인식은 다양한 유네스코 문서들에 의해서 정의되었다. 1976년에 발표된「문화적 삶에 일반인들의 참여에 관한 권고」에서 유네스코는 "문화는 엘리트들이 만들어내는 작업과 지식의 축적일 뿐만 아니라 동시에 지식의 습득, 생활방식에 대한 요구 및 소통의 필요성을 의미한다"고 하였다. 또한 1982년의 '문화 정책에 관한 세계회의'는 문화라는 개념은 인간의 삶에 대한 사고방식과 조직화 방식으로 이해되어야 한다는 사실을 강조하고 있다. 따라서 문화는 특정의 가치들에 관한 지식을 의미할 뿐만 아니라 그러한 가치들을 믿고 일상생활에서 그것들은 기꺼이 지키고 따르는 것을 의미한다. 평화의 문화는 평화롭고 비폭력적인 행동의 패턴과 방식을 창조하는 것으로 이해되어야 할 것이다.

갈퉁(Johan Galtung)에 의해 평화의 문화에 관한 윤리적·사회문화적·법적 차원의 문제들의 고찰에서 평화 유전자를 향상시키고, 전쟁 유전자를 순치시킬 필요성이 강조되었다. 그는 "평화의 문화의 타당성의 여부에 대한 판단은 그것이 분쟁에서 인간 행위에 어떠한 영향을 주느냐에 있다"고 주장했다.

보울딩(Elise Boulding)은 비침략성과 비경쟁성에 높은 가치를 부여하는 현대 사회들을 선택하여 평화성의 행태주의적 역동성을 분석했다. 그녀는 일상적인 생활에서 평화적 행위의 문화적 측면, 즉 평화와 비폭력에 기여할 수 있는 동료의식, 가족생활, 축하와 의식, 무역과 교환 등에 중점을 두었다.

그러나 인간은 평화를 추구할 수 있는가? 인간은 전쟁을 비롯한 모든 악의 근원이라는 견해를 강조하는 사상가들은 아우구스티누스(st. Augustine), 홉스(Thomas Hobbs), 루터(Martin Luther), 스피노자(Benedict Spinoza), 맬더스(Thomans Malthus), 프로이드(Sigmund Freud) 등 이다.

심리학자, 생물학자, 교육학자, 사회학자들에 의해 행해진 최근의 연구는 완화될 수 없고 불가항력적인 인간의 전쟁 욕구에 대한 명제가 사실이 아니라는 것을 확인시켜주고 있다. 이러한 입장은 유네스코에 의해 1986년에 조직된 유명한 과학자 그룹의 모임에서 발표된「폭력에 관한 세빌 선언」(Seville Statement on Violence)에서 채택되었다. 이 모임의 과학자들은 전쟁을 설명하고 심지어 전쟁을 정당화시키기 위해 자주 사용된 인간의 공격성에 기초한 생물학적인 비관주의를 비판했다.

제노베(Santiago Genoves)는 평화 문화의 인류학적·사회학적 차원들을 다루었다. 그의 분석에 의하면 폭력성이 인간의 진화적 유물의 일부도 아닐 뿐만 아니라 유전적인 것도 아니고 인간의 사회적·문화적 면에 그 뿌리를 두고 있다는 사실을 주장한다. 더욱이 인간으로 하여금 폭력적으로 대응하게 하는 정신 병리학적인 측면은 존재하지 않을 뿐만 아니라, 인간 본성의 평화적인 행위 패턴에 기초한 평화의 문화를 창조하는 것이 가능하다. 공격적 행위는 인간 본성으로부터 유래하는 것이 아니라, 교육과정의 결과 혹은 고통을 주는 외적 자극에 대한 반응이다. 개인들은 외적 환경에 적응할 준비가 되어 있고 정상적인 조건 하에서는 공격보다 협력을 선호한다. 또한 인간은 자기 통제, 사랑, 우정, 관용을 가질 수 있으며, 성장 과정에서 이러한 성격은 개발될 수 있다.

국제정치에서 문화적인 평화라는 말은 국가 간의 관계를 설명하기 위해 사용되고 있다. 또 다른 경우에 평화라는 용어는 특정 국가와 사회의 내적 조건, 그룹, 조직, 사회구조들 사이의 내적 조건 그리고 인간과 자연환경 사이의 내적 조건들과 연관되어 있다. 도덕적·윤리적 측면에서 평화라는 용어는 인간관계와 태도를 특징짓고, 흔히 '내적 평화'라고 하는 것처럼 개인의 마음의 상태를 결정하는 데 사용된다. 이처럼 평화라는 용어의 여러 가지 사용방식에 비추어 볼 때 이 용어는 다양한 의미를 갖고 있어 본질적으로 단일의 정의는 매우 어렵다. 국제법에서 평화는 전쟁의 반대를 의미하고, 전쟁은 흔히 무력 분쟁과 폭력에 의존하는 것으로 정의된다. 전쟁은 실질적인 상태, 즉 무력과 폭력의 행사를 통해서 분쟁을 해결하고 지배력을 실현하려는 시도다.

일반적으로 평화에 관한 두 가지 이해가 가능하다. 협의의 부정적인 의미의 해석은 평화를 단순히 전쟁의 부재로 이해한다. 긍정적 의미의 해석은 평화를 건설적이고 정의롭고 민주적으로 만드는 요소들과 보장책들에 의해 강화되는 전쟁의 부재로서 평화를 이해한다. 두 번째 의미에서 평화는 정태적인 상태가 아니라 대내외 공동체의 역동적으로 인식된 목적이 된다.

긍정적으로 평화의 기반이 되어야 할 핵심적이고 필수불가결한 가치들은 무엇인가? 「세계인권선언」 서문의 첫 문장이 말하고 있는 것처럼 "인류 모든 구성원들의 본질적인 존엄성과 동등하고 양도할 수 없는 권리들의 인정은 세계에서 자유, 정의, 평화의 기초다." 야무수크로 선언은 평화의 문화를 '생명, 자유, 정의, 연대, 관용, 인권, 남녀평등에 대한 존경의 보편적인 가치들'에 기초하여야 함을 제안했다. 여기에 우리가 민주주의, 발전, 부담의 공유, 책임감, 비폭력, 분쟁의 평화적 해결을 덧붙인다면, 그 조목들은 거의 완벽하다고 볼 수 있을 것이다. 하지만 그러한 개념에 대한 해석학적 논쟁은 끊이지 않고 있다.

평화문화는 불가피하게 적대적 이미지, 의심, 위협을 조장하는 사회들의 군비경쟁과 군사화의 시기에는 건설될 수 없었다. 따라서 무장해제와 비군사화는 평화의 문화를 위한 필수불가결한 조건들이다. 긍정적인 평화는 전쟁의 부재를 의미할 뿐만 아니라 전쟁의 수단들과 제도들의 부재를 의미한다. 이러한 의미에서 수터(Keith Suter)는 평화의 문화는 냉전 기간 중 만들어지고 과학자들, 미디어, 노동조합에 의해 유지된 군산복합체를 완전히 재조정할 것을 제안했다.

그러므로 평화문화는 인권과 민주주의의 문화와 밀접하게 연결되어 있다. 개인과 집단의 기본권과 본질적인 자유가 침해되고 차별과 배제가 분쟁을 유발할 때 평화는 유지될 수 없다. 따라서 잘 교육되고 민주주의적인 정신을 가진 책임감 있는 시민의 형성을 의미하는 인권의 보호와 민주주의 문화의 진작은 대내외적 평화의 건설을 위한 중요한 요소가 된다.

3) 평화문화를 위한 규범적 근거

평화의 문화 개념에 대한 분석은 평화의 문화는 규범적 근거와 보편적으로 인정된 도덕적·윤리적 원칙들이 없이는 실현될 수 없다는 것을 보여준다. 그러한 규범과 가치들은 국가, 집단, 개인들 사이에 걸친 모든 수준의 평화적 관계에 필수적이다. 이러한 규범적 근거와 공유된 가치들은 인류가 지켜야 한다.

국제관계에서 국제법은 침략행위와 무력사용을 불법화시켰다. 유엔헌장 제2조에 따르면 "국가들은 국제적 분쟁들을 국제평화와 안보가 위협을 받지 않도록 평화적 수단에 의해 해결"해야 할 의무가 있다. 유엔헌장은 집단안보체제에 대한 조항을 갖고 있다. 평화에 대한 위협과 침략행위가 발생할 경우 유엔 안전보장이사회는 필요한 조치를 취할 수 있는 권위를 부여받고 있다. 안보리는 최후의 수단으로서 국제평화와 안보를 회복하고 유지하기 위해서 군사력을 정당하게 사용할 수 있다.

그러나 오늘날의 분쟁들이 압도적으로 내전이거나 국가 내부의 것들이라는 사실이 이러한 새로운 도전들에 유엔의 구조가 적절하게 대응할 수 있도록 조정되어야 할 필요성을 보여주고 있다. 유엔 행위의 효용성은 전적으로 회원국들의 의지에 의해 결정되기 때문에 국가 주권의 제한을 받아들일 수 있느냐 하는 문제가 제기된다. 대내적 지배권의 개념, 국제법 우위의 수용, 대내적 문제에 대한 불개입 원칙의 새로운 재해석에 대한 진전된 논의가 내전과 인권의 심각한 위반이 발생할 경우 효과적인 유엔의 행동 가능성을 증가시키기 위해 필요하다.

다른 그룹들 사이의 평화적 관계를 진작시킬 수 있는 수많은 수단들이 존재한다. 1966년의 시민적·정치적 권리에 관한 국제협약 제20조는 전쟁 선동, 민족석·인송석·송교적 증오심의 선동 및 어떤 형태의 차별, 적대심, 폭력을 비난한다. 더욱이 1965년 모든 형태의 인종적 차별의 제거에 관한 국제협약에 합의한 사실에 따르면, 당사국들이 인종적 차별을 선동하거나 실제로 행하는 모든 것들을 제거하기 위해 즉각적이고 실질적인 조치들이 취해져야 한다. 또한 1978년 유엔총회에서 채택된 평화적 삶을 위한 사회적 준비 선언 또는 평화를 도모하기 위해 국가들의 의무와 책임을 규정짓고, 인종적 증오심, 민족적 혹은 다른 종류의 차별, 부정의 혹은 폭력과 전쟁의 선동을 막고 제거할 것을 국가들에게 요구하고 있다.

인간들 사이의 관계에 관해서 인권에 관한 국제법은 적절한 가치들, 규범들, 원칙들을 구체화해 두고 있다. 인권에 관한 세계회의가 선언했던 것처럼 국가들은 인종, 성별, 언어, 종교의 구분 없이 보편적으로 인정된 인권과 기본적 자유를 실현하고, 이것들에 대한 존경심을 개발하고 장려할 의무가 있다.

한 인권의 수단들은 조약 당사국들이 책임져야 할 감시 절차들을 제시하고 있다. 인권을 보호하고 인권의 침해 경우들을 조사할 수 있는 절차들은 지역적·세계적 차원에서 존재하고 있다. 또한 헌법과 행정재판소 감시 기구, 위원회 등의 형태로 국가적 차원에서도 그 절차들은 존재한다. 그러나 이러한 절차들은 완전히 만족할 만하다고 할 수 없다. 그것들의 효용성을 높여야 할 필요성이 명백하게 존재한다. 그리하여 비엔나 선언과 행동 강령은 다음과 같이 강조하고 있다.

> "모든 인권은 보편적이고, 불가분적이고, 상호의존적이고, 상호 연관되어 있다. 국제사회는 인권을 세계적 차원에서 공평하고 평등하게, 똑같은 원칙 위에서 그리고 똑같은 비중을 두고 다루어야만 한다. 민족적·종교적 특징들과 다양한 역사적·문화적·종교적 배경들의 중요성이 고려되지 않으면 안 되지만 국가들의 정치적·경제적·문화적 체제의 차이점에 상관없이 모든 인권과 기본적 자유들을 진작시키고 보호하는 것이 모든 국가들의 의무다."

또 평화문화는 민주주의와 법치의 우월성을 진작시키는 수단으로 이해되어야 한다. 적극적인 평화이론의 문맥에서 볼 때 우리는 사회적 발전, 발전에 대한 권리와 연대적 권리로서 평화에 대한 권리의 규범적 기초들에 초점을 맞추어야 한다. 그러므로 평화의 문화에 관한 규범적 준거 기준에 대한 더 많은 연구가 매우 중요하다. 법적 준거 기준은 각 개인의 양심에 뿌리를 두고 모든 수준의 인간관계를 고려해야 하는 소극적 및 적극적 의무를 제공할 수 있도록 포괄적이어야 한다. 또한 그것은 법적 다원주의의 정신에 입각하여 풀뿌리 조직들로부터 세계적 기구들에 이르기까지 가능한 모든 행위주체들을 포함해야 한다.

평화문화는 각자의 문화와 도덕적 가치들에 대한 존경심 뿐만 아니라 연대감과 부담의 공유라는 윤리적 차원과 원칙들을 포함한다. 이 점은 본질적인 것으로 이해되어야 한다. 규범적 기초들은 도덕적·윤리적인 원칙들에 의해 보완되고 강화되어야 한다. 따라서 지구적 윤리의 문제는 평화문화를 위한 규범적 근거들과 밀접하게 연관되어 있다.

독일 신학자 한스 큉(Hans Küng)에 의하면 지구적 윤리의 창출을 위한 최소한 의견일치의 형성은 종교에서도 그것이 갖고 있는 도덕적·정신적 가치들 덕분에 남녀들에게 최고의 양심의 규범을 제공할 수 있다고 한다. 그러한 지구적 윤리 강령은 다양한 평화적인 연대문화를 발견하여 지속적으로 연구 검토되어야 할 것이다.

4) 평화문화를 구축하기 위한 수단과 방법

① 평화와 인권에 대한 교육과 의무

평화, 인권, 민주주의적 원칙들에 대한 존경심의 기초를 구성하는 가치, 기술, 지식에 가장 광범위한 소개가 이루어질 수 있는 것은 교육을 통해서다. 교육은 의심, 무지, 편견, 적대적 이미지 등을 제거하고 동시에 평화, 관용, 비폭력, 개인, 그룹, 국가들 사이의 상호이해를 증진시킬 수 있는 중요한 수단이다. 교육을 통해 평화가 인류의 기본적 가치라는 신념을 강화시키고 비폭력적 정신을 만들어내야 할 뿐만 아니라 국내적·지역적·세계적 차원에서 평화와 관련된 문제들에 대한 책임감과 참여의식을 공유하도록 알려야 한다.

평화와 인권에 대한 교육을 발전시켜야 할 국가들의 의무는 국제법에 이미 잘 마련되어 있다. 그 최초의 수단인「세계인권선언」제26조 2항은 다음과 같이 명시되어 있다. "교육은 인격의 완전한 발전과 인권과 기본적 자유에 대한 존경심을 강화시키는 데 초점이 두어져야 한다. 교육은 모든 국가, 사회적, 종교적 그룹들 사이의 이해, 관용, 우정을 진작시키고 평화의 유지를 위한 유엔의 활동을 촉진시켜야 할 것이다."

평화와 인권을 위해 교육을 제공해야 할 의무는 1989년의 어린이 권리에 관한 협약의 제29조에 더욱 발전된 형태로 제시되고 있다. 이 협약은 상호이해, 평화, 관용, 성적 평등, 그리고 모든 사람, 인종적·종교적 집단들, 토착민들 사이의 우정의 정신에 입각한 자유로운 사회 속에서 책임 있는 삶을 위해 어린이들을 준비시킬 것을 요구하고 있다.

그러한 요구사항은 교육의 모든 수단에 의해 정부, 비정부기구들, 청년운동들이 평화, 정의, 자유, 상호존경과 이해의 갱신 속에서 젊은이들을 길러야 한다는 것이다.

② 유네스코의 교육적 역할

유네스코는 창립 이래로 평화와 인권을 위한 교육을 진작시키는 데 헌신해 왔다. 이러한 노력은 1974년의 인권과 기본적 자유에 관련된 국제적 이해, 협력, 평화와 인권을 위한 교육에 관한 권고문에 의해 그 특별한 역할이 행해지고 있다. 이 권고문은 회원국들에게 「세계인권선언」의 원칙들이 각 수준과 모든 형태에서 일상적 교육에서 적용됨으로써 각 어린이, 어른, 청년들의 인격을 개발시키는 데 핵심적 부분이 될 수 있도록 모든 조치들을 취할 것을 요구하고 있다. 회원국들은 역사와 지리에 관한 교과서들을 널리 교환하고 교과서와 다른 교재들에 관한 상호 연구와 수정을 위한 조치들을 취해야 한다. 이러한 조치들은 교과서들이 편견을 배제하고 정확하고도 균형이 잡힌 최신의 것이 되고 서로 다른 사람들 사이의 상호지식과 이해를 진작시킬 수 있도록 하기 위함이다.

1994년 10월, 교육에 관한 제44차 국제회의는 평화, 인권, 민주주의를 위한 교육의 목적들을 완전히 실현하고, 지속적인 발전과 평화의 문화에 기여할 수 있도록 하기 위해 교육체제에 관여하고 있는 사람들과 공동으로 노력해야 할 책임이 국가, 정부 간 및 비정부기구들 뿐만 아니라 사회의 모든 구성원들에게 있다는 것을 강조하는 선언문을 채택했다.

유네스코가 중장기 전략(1996-2001)으로 채택한 장기적 목표는 모든 집단의 사람들을 대상으로 하고 공식적 · 비공식적 수준의 모든 차원의 교육을 포함하는 평화, 인권, 민주주의를 위한 교육과 훈련의 포괄적인 체제다. 유네스코는 다른 민족 또는 취약한 그룹들에 대한 차별과 편견을 제거하기 위해 학교 교재의 수정에 관해서 회원국들에게 창의적인 접근방식을 도입하고 지원할 뿐만 아니라 교본, 교재, 교재 도구를 발전시키는 것을 도와야 한다. 그리고 유네스코는 발전된 교육 및 연구기관, 네트워크와 함께 협력과 파트너십을 강화할 필요가 있다.

1995년 12월, 유엔 **총회** 제50차 회의는「인권 교육을 위한 유네스코 10년 계획 : 평화의 문화」라는 결의안을 채택했다. 이 결의안은 '평화의 문화를 향하여'라는 유네스코 초학제간 계획, 특히 제 1항 "평화, 인권, 민주주의, 국제적 이해, 관용을 위한 교육"의 채택을 환영한다. 이 결의안은 그러한 교육이 실현될 수 있도록 모든 필요한 조치들을 취하도록 회원국, 지역기구, 비정부기구, 유네스코 사무총장에게 권고하고 있다.

③ 매스미디어의 역할

주지하고 있듯이 미디어는 교육과 함께 태도 판단력, 가치들을 형성하는데 압도적인 영향력을 행사하며 타인에 대한 이미지를 만들어내고 타인과의 관계를 결정한다. 미디어가 인간 행위에 미친 파괴적인 영향과 화해를 이끌고 긍정적인 영향을 끼치는 예들을 발견할 수 있다. 따라서 오직 평화를 진작시키는 데 미디어의 중요성은 국제기구들에 의해 널리 인정되고 있고, 국제기구들은 이 문제를 다루기 위한 수많은 규범적인 수단들을 채택했다. 그 수단들의 첫 번째가 평화의 대의명분에 방송을 사용하는 데 관한 국제협약인데, 이 협약은 1936년 국제연맹에 의해 이미 채택된 바 있다.

1978년 총회는 평화와 국제적 이해를 강화하고 인권을 증진시키며, 인종주의, 남아공의 인종차별정책, 전쟁의 선동을 막는 데 매스미디어가 기여해야 할 기본적인 원칙들에 관한 유네스코 선언을 채택했다. 이 선언은 평화와 국제적 이해의 강화는 정보의 자유로운 흐름과 광범위하게 더 균형 잡힌 전파를 요구한다고 지적하고 있다. 이 선언의 제2조는 매스미디어 공헌의 본질과 내용을 다음과 같이 정의하고 있다.

"편견과 무지에 의해 생겨난 침략전쟁, 인종주의, 남아공의 인종차별주의, 여타 인권의 침해 등에 대처하기 위해 모든 사람들의 목적, 열망, 문화, 필요 등에 관한 정보를 전달함으로써 매스미디어는 사람들 사이의 무지와 오해를 제거하고 특정 국가의 주민들을 다른 나라 사람들의 필요와 욕망에 관심을 갖도록 하고 인종, 성별, 언어, 종교, 민족의 차별 없이 모든 개인과 국민들의 권리와 존엄성에대한 존경을 확보하는 데 기여해야 한다."

이 선언문에 대한 분석은 정보의 자유에 대한 개념이 완전히 유지되고 있다는 결론에 도달하게 해 준다. 이 선언은 국가통제 혹은 사찰을 요구하지 않고 교육자와 언론인들의 전문가 조직의 의무감을 지적하고 있다. 유네스코는 분쟁을 촉발시키고 악화시키는 데 전쟁도발 선전과 증오심에 대한 선동의 역할을 잘 알고, 평화와 상호 이해의 가치들을 보호하는 데 미디어의 역할을 강조한다. 유네스코는 미디어를 분쟁에 의해 분열된 사회들을 재건설하는 데 중요한 수단이며, 사회적 유대감을 정립하고 화해 과정에 중요하다고 생각한다.

정보의 자유, 복수의 미디어의 존재, 독립성과 자유롭고 민주적인 취재 접근이 미디어 존재의 필요조건이고, 동시에 인간의 마음을 다듬고 평화와 우정을 전파하는 데 미디어의 긍정적인 역할의 중요한 보장책이다. 화면 위에 비치는 폭력의 어지러운 침범은 단순한 언론탄압과 국가통제에 의해 막아질 수 없다. 폭력의 메시지는 시청자들의 부정적인 반응과 거부에 의해서만 포기될 수 있을 뿐이다. 또 다른 해결책은 비폭력, 관용, 상호 이해의 긍정적인 가치들을 진작시키는 흥미로운 프로그램의 제작에서 발견될 수 있다. 이 점은 문학, 연극, 영화, 그래픽, 음악에 대한 중요한 도전이다. 인종주의와 외국인 혐오주의에 반대하는 연주회의 성공은 평화 문화의 진작을 위해 사용될 수 있는 예술적 잠재력의 좋은 하나의 예다.

④ 문화적 다원수의와 문화 간의 대화

세계에서 문화적 정체성의 위기, 차별정책, 민족적, 인종적, 종교적, 언어적 소수 민족과 이민자와 원주민의 문화적 권리의 침해 등이 분쟁의 주요한 요인이 되었다. 이러한 상황에서 문화적 다양성의 인정은 문제들의 해결과 관리에 있어서 가장 중요한 요인들의 하나가 된다. 어린이 권리에 관한 협정의 제29조 c항은 "어린이의 부모, 그들의 문화적 정체성, 언어, 가치 그리고 어린이가 거주하고 있거나 출신 국가의 민족적 가치, 자신들과는 다른 문명에 대한 존경심을 개발'해야 한다고 지적하고 있다. 이처럼 문화적 다양성과 다원주의의 인정에 대한 생각은 잘 발전되어 있다.

유네스코는 창립 당시부터 문화 간의 대화를 평화 건설 전략의 본질적인 요소로 발전시키기 위해 노력해 왔다. 세계의 우수한 문화들 사이의 교환을 장려하고 신생 독립국가들의 문화적 정체성을 확인시키는 것을 도와

줌으로써 유네스코는 생산적인 다양성에 대한 광범한 인식을 고양시키는 데 협조해 왔다. 유네스코의 노력 하에 진행된 국제문화협력은 인류공동의 유산의 개념을 발전시키고 많은 문화들을 서로 익숙하게 만들고 문화적 다양성과 상호작용을 진작시키는 데 기여했다. 이러한 유네스코의 노력은 편견과 차별을 제거하고 상호 이해와 신뢰를 증진시키는 최선의 방법으로 이해되어야 할 것이다.

5) 평화 문화의 동반자들

세계적 차원의 동반자는 평화의 문화를 실현하는데 긴요하다. 광범위한 협력의 중요성은 인간 마음의 평화에 관한 야무수크로(Yamoussoukro) 국제회의에 의해 강조되었다. 이 회의는 새로운 평화의 비전 구축을 돕기 위해 국가들, 정부 간 및 비정부기구들, 세계의 과학, 교육, 문화의 유력 인사들을 초청했다.

① 유엔

그동안 유엔은 평화를 회복하고 유지하기 위한 수많은 활동들을 수행해왔고 이러한 노력들은 현재도 강화된 형태로 진행되고 있다. 평화 유지와 평화 건설과 연관된 유엔기관들의 활동은 분쟁의 근본적인 원인들을 제거하기 위해 공조된 프로그램들과 함께 다기능적이 되었다.

상대방의 문화에 대한 상호 존경의 부재 뿐만 아니라 두드러지는 사회적 부정의와 분쟁 해결에 대한 민주적 접근 방식의 부재에서 생겨나는 분쟁의 원인들은 제거되어야 한다. 인권과 근본적 자유에 대한 존경심을 높이고, 더 넓은 번영을 위해 지속 가능한 경제적·사회적 발전을 도모하는데 국제사회가 최선의 노력을 필요로 한다. 전쟁의 문화로부터 평화의 문화로의 변화는 분쟁에 대한 새로운 접근이 요청되고 있기 때문이다. 평화의 문화에 대한 이러한 새로운 접근방식은 평화 연구의 패러다임의 변화를 의미하고 평화의 문화가 갖고 있는 딜레마들(문화 간 분쟁들, 다양성에 대한 몰이해, 분쟁의 인식의 변화 등)을 제시하고 있다. 사회경제적·문화적 · 인도주의적 문제점들을 해결하려는 지속적인 실천만이 평화를 안정된 기초 위에 건설할 수 있다는 점을 알게 한다.

② 정부 및 비정부기구

유엔과 그 특별기구들과 함께 정부 간 및 비정부기구들은 평화의 문화를 만들어내는 데 중요한 세계적 동반자로 인식되어야 한다. 그들의 역할은 공동체들과 국민들 사이의 평화적 관계에 도움이 되는 문화적 정체성과 다원주의에 대한 존경심을 진작시키는 것이다.

"대화, 상호 존중, 관용, 비폭력의 정신을 가질 수 있도록 개인들을 교육시키고 정보를 제공하고 힘을 부여하며, 회원국들의 정책에서 다원주의와 관용의 정신을 고양시키는 것"은 필수적이다.

유네스코 회원국, 유엔체제, 각국의 유네스코 지부, 정부 간 및 비정부기구들, 자치체들, 공적 · 개인적 삶을 가진 다른 주체들의 역할이 기대된다.

③ 국가

국가들은 국제법의 의무에 따라서 평화의 문화를 구축하는 데 핵심적 역할을 갖고 있다. 인권, 민주주의, 평화의 준수와 진작은 국가의 행동을 요구한다. 사회경제적·문화적 정책들의 시행은 평화의 문화를 위한 조건들을 창출하는 데 필요 불가결하다. 이것은 적절한 입법적 수단들과 정책기제들을 채택하고 비정부기구들과 시민사회의 다양한 구성원들이 평화의 문화를 위한 노력을 격려하는 것이 중요하다.

④ 지적 공동체

지적 공동체인 유네스코는 세계평화연구소(IPRA)를 포함하여 교육기관, 협회, 연구기관들과 협력하고 있다. 평화연구자, 법학자, 사회학자, 과학자들은 유용한 분석, 처방, 시각들을 제시해줄 수 있다.

회원국들은 과학자들이 국제평화, 협력과 이해, 세계 인류의 공공복지의 증진을 위해 사용할 수 있게 도와주도록 연구와 실험의 진전이 있도록 노력해야 한다.

⑤ 종교

종교들은 평화의 문화에 기여할 수 있는 커다란 잠재력을 갖고 있다. 종교는 평화문화에 중요한 기여를 할 수 있다. 위대한 종교적 가치들의 신성함과 비폭력의 지혜를 강화시켜서 폭력의 정신을 무력화시키는 데 크게 기여하기 때문이다. 종교 간 조화와 비폭력의 문화에 대한 간디의 공헌은 매우 중요하다. 간디에게 종교는 "우주에 대한 질서정연하고 도덕적 지배에 대한 신념"을 의미했다. 그의 삶이 보여주고 있는 것처럼 비폭력(ashima)의 힘은 폭력의 그것과 비교할 수 없을 정도로 우월하다.

킹(Martin Luther King) 목사는 인종 분리 교육정책과 인종차별의 악과 싸우기 위한 민권 운동에서 비폭력적 행동을 수용했다. 이러한 사실은 비폭력의 정신이 인간 본질의 가장 고귀하고 용기 있는 부분을 발현시킨다는 간디의 철학을 재확인시켜주고 있다.

이 점에서 1994년 12월 유네스코와 바르셀로나의 카탈루냐(Catalunya)의 유네스코 센터에 의해 조직된 회의에서 채택된 평화의 문화를 진작시키는 것은 종교의 역할을 기대하는 것이다. 이 회의에서 참석자들은 폭력으로 점철된 세계에서 평화의 메시지를 전파할 것을 한 목소리로 지적했다. 이 선언은 유명한 종교지도자들과의 대화가 유네스코의 윤리적 임무에 기여할 수 있는 커다란 잠재력을 갖고 있다는 사실을 입증했다. 이 선언을 지지하는 더욱 많은 사람들이 분쟁을 해결하고 변화시켜 비폭력, 관용, 대화, 상호이해, 정의에 기초한 평화문화 건설에 기여할 것을 약속했다. 종교와 평화의 문화에 관해서는 최초의 것인 이 선언은 평화문화를 건설하는 데 유명한 종교지도자들, 평화연구자들, 교육자들, 인권운동가들을 묶는 네트워크를 만드는 데 도움을 주었다.

세계평화문화의 실현은 모두가 함께 하는 우주적인 정신으로 참여할 때에 평화사상을 꽃피우고 실천의 열매를 맺게 될 것이다.

 3부

항구적 평화에 이르는 길

제3부
항구적 평화에 이르는 길

지난 인류 역사와 오늘날 세계 도처에서 야기되고 있는 종교 분쟁을 감안할 때 과연 그러한 종교가 세계평화에 기여할 수 있을 것인가? 종교가 지금까지 그래 왔던 것과 같이 앞으로도 절대성과 유일성을 내세우는 종교적 속성을 재해석하지 않고는 무엇이 달라질 것인가? 종교의 평화운동은 역시 무지개 색깔만 내세운 낭만적인 운동으로 끝날 것이 아닌가? 라는 의구심이 들기도 한다.

각 종교의 평화사상은 위대한 진리이며 훌륭한 가르침이지만 세상은 별로 변한 것이 없다. 그 까닭은 그 위대한 진리와 가르침을 실천하지 않기 때문이다. 그러므로 인간의 영성을 계발·성숙시켜 완성한 인간 곧, 평화인, 평화의 주체가 되는 것이 가장 근원적인 해결책이 아닐 수 없다. 따라서 인간의 영성 회복만이 인류평화 실현의 첩경이라고 말할 수 있다.

1. 영성계발

평화세계의 주체는 개인이며 그 세계의 기초 단위는 가정이고 그 가정을 확대한 것이 민족이요 국가요 세계이기 때문에 인류의 궁극적인 평화는 주체가 되는 한 사람 한 사람이 평화인이 되어야 한다. 평화인은 마음의 평화를 이룬 개인이 평화의 삶을 살 때에만 가능하다.

이러한 평화인이 되기 위해서는 인간의 뿌리되는 영성을 찾고 그 영성을 성장 성숙시켜 나가야만 한다. 우리는『사람의 길』에서 영성은 신의 성품이요 인간의 본성으로서 사랑과 자비, 기쁨과 평화, 행복 등임을 알게 되었다. 따라서 영성은 성장하고 완성할 때까지 물을 주고 돌봐야 할 씨앗과 같다. 아이가 태어나서 몸은 자라는데 정신적으로 성장하지 못하면 정신적으로 병든 아이가 될 수밖에 없듯이 신앙으로 거듭난 사람 곧 참 나를 찾은 자가 인격적인 성장과 완성 없이 완전한 인간이 될 수는 없다.

그러므로 영성계발이란 인간이 사랑과 덕의 완성을 향하여 나가는 노력을 의미한다. 결국 영성계발은 내적으로 신성이 이루어지고 외적으로 신의 사랑과 자비를 실천함으로써 이루어진다. 이와 같은 영성계발은 영성생활을 통해 이루어지는데 영성생활은 신을 발견하고 신의 의도와 감동을 받으며 살아가는 삶이다. 신의 현존과 능력을 더 강렬하게 체험할 목적으로 의도적이고 집중적인 노력을 기울임으로써 획기적이고 지속적인 삶의 변화를 이루어 내려는 영적 활동을 의미한다. 삶을 변화시키는 능력은 오직 영성계발을 통해서만 얻을 수 있다. 이와 같은 영성계발 없이는 일상생활에서 삶을 변화시키는 신의 능력을 결코 체험할 수가 없다.

신의 형상으로 창조된 인간(창1:27)이 타락함으로써 신의 형상을 상실하게 되었다. 신성 곧 영성을 상실하게 된 것이다. 따라서 신의 형상을 회복하지 않으면 안 되게 되어 있다. 신의 형상을 회복하기 위해서는 신과 신비스런 관계 속에 신을 알고 신을 닮아 나가는 신앙생활이 있게 된다. 거듭난 사람이라도 처음부터 온전하지는 못하다(고전5:48). 신의 온전하심에 이르기까지 상당한 기간 훈련이 필요하다. 믿음과 정화와 성화의 과정을 거치면서 신의 뜻에 맞는 사람, 신성을 이룬 사람이 되어야 한다. 신앙인은 영혼이 온전해질 때까지 영성을 의식화하고 그 영성을 생활화함으로써 영성을 계발하고 신을 닮아 나가야 한다.

결국 영성계발은 영성 형성을 통한 존재론적인 변화와 그를 기반으로 한 영성의 삶을 자신의 삶 속에서 실천하면서 신에게로 향해 나가는 영혼의 여정을 통해서 이루어 진다.

1) 지성시대에서 영성시대로

물질문명의 발달은 반사적으로 정신적 문명을 퇴보시켰으나 그 문명의 핵심인 영성이 세계적 현실문제 해결에 매우 큰 기대를 모으고 있다. 과학적 차원에서 연구의 대상으로 새롭게 각광 받는 영성은 종교적 측면에서 살펴보면 주객이 뒤 바뀐 상태이자 패러독스적인 입장이 되었다. 종교계에서의 영성시대의 도래는 신의 창조질서를 회복하는데 서광을 비추는 역할이 되고도 남음이 있다. 우리는 지금 영성이란 말이 매우 부각되는 시대를 살아가고 있음을 보아서도 알 수 있다. 그동안 종교계에서만 제한적으로 사용되어 오던 영성이란 말이 이제는 현대인의 문화영역 속에서도 상용어가 되어가고 있기 때문이다.

오늘날 우리들은 인간의 이성이나 지성 너머의 영역에 존재하는 신비로 감싸져 있는 세계를 문화의 소재로 삼아 새로운 문화의 흐름을 만들어내고 있다. 이것은 현대문명에서조차 사라지지 않는 종교성의 표출이다. 이러한 세계적 현상은 뚜렷한 시대 징조다. 인류사회는 농업사회에서 산업사회로 그리고 정보사회로 진행되어 왔고 현재의 정보사회에서 새롭게 영성사회로 도약하는 시점에 서 있다. 지성적 패러다임의 변화에서 과거의 종교적 영성이라는 구태에서 벗어나고 있다는 것도 알 수 있다.

지금까지 인류는 물질주의와 개발주의에 지나치게 치중함으로서 자기상실과 인간 소외라는 근원적인 문제를 낳고 말았다. 이제 인류는 물질문명시대에서 정신문명시대로 그리고 지성시대에서 영성시대로 도약하는 과정에서 위대한 영성시대의 관문을 통과하고 있다.

항구적인 세계평화를 실현하기 위해서는 영성이 무엇인지를 분명히 파악하여 영성개발을 해야 한다. 그것은 초월자와의 경험으로부터 오는 새로운 패러다임이며 우리들의 우주관의 변화를 의미하기 때문이다. 하나님은 우주 밖에 존재하고 우주는 저절로 잘 돌아가는 것처럼 보였다. 그러나 이제 우주에 대한 묘사는 바뀌었다. "우주는 작은 원소로부터 수많은 천체들에 이르기까지 자연의 법칙에 따라 움직이는 거대한 메카니즘이다."1)

원자는 소우주의 원소이자 대우주의 기초가 된다. 그러한 원자는 존재하는 모든 것의 궁극적인 기초요소로서 현미경으로도 볼 수 없는 무척 작은 물질의 단위이며 양자와 핵을 구성하는 중성자 그리고 전자로 이루어졌다. 원자는 운동과 에너지가 모여 있는 장소이며, 영속적인 운동으로 표현되는 활기찬 관계들이라고 인식된다. 원자는 마치 살아있는 작은 유기체처럼 스스로를 분자, 세포, 식물, 동물, 인간 등 더 복잡한 유기체를 조직하기 때문이다.

물질과 에너지는 원자 안에서 서로의 모습을 바꾸었다가, 되돌아왔다가 하면서 변화되고 있다. 소위 소립자라고 하는 것은 단단한 에너지 묶음이며, 에너지는 보다 넓게 확산된 물질을 가리킨다. 사실 현대 과학의 개념에서는 물질 대신에 에너지를 기본적인 실체로 보고 또한 실체를 유기체로 본다. 세상은 물질처럼 보이고 느껴질 수 있지만 실제로는 에너지다.

원자에서부터 유기체 안의 유기체, 그 안의 유기체 등 모든 것은 살아

---

1) 토마스 하트 지음, 최대형 옮김, 『현대인의 영성 탐구』(도서출판 은성, 2000) 1, 2, 3장 참조.

있다. 방대한 우주 전체가 유기체다. 우주는 인체의 구조와 그다지 다르지 않다. 몸은 다양한 지체들로 구성되어 있지만 완전한 통일성과 상호의존성을 가지고 있으며, 유기체 내의 모든 것은 다른 모든 것과 영향을 주고받는다. 원자 자체도 대부분 빈 공간이다. 궤도를 그리며 도는 입자의 원자들이 우주를 구성하고 있다. 이 원자에서 우주에 이르기까지 모든 빈 공간은 보다 견고한 구성 요소들 사이의 역동적인 관계들과 상호작용으로 가득찬 활동이 이루어지는 에너지 영역이다.

그 영역에는 모든 것은 살아 있어 진화하는 유기체의 우주관을 이룬다. 어떤 쉬지 않고 움직이는 에너지가 놀라운 창조력을 가지고 사물들을 밀어낸다. 그것에는 에너지의 율동을 통해 규칙성과 자발성과 예측불가능성이 존재하기 때문이다.

최근의 첨단과학은 물리학과 우주론, 생명과학과 의식에 대한 연구 덕분에 우주는 더 이상 냉혹한 기계가 아니라 유기적이고 고도로 긴밀하게 연결되어 있는 통합된 전일적(全一的)인 시스템이라는 사실을 인식하게 되었다.

영성을 추구하는 종교도 이러한 과학적 시스템과 무관하지 않다는 것을 깨달아야 할 것 같다.

2) 영성지능(SQ)시대의 과학적 탐구

과학적 탐구는 인간의 육신과 정신, 마음 뿐만 아니라 영성부분에도 활발히 진행되고 있다. 이에 오늘날 영성은 현재의 객관적인 상황(자기 자신과 환경)을 초월해서 새로운 의미와 가치를 찾는 차원으로 볼 수 있는 능력을 말한다. 이런 능력은 인간만이 갖는 고유한 것이며, 인간을 인간답게 하는 요소다. 그리고 이것을 지능지수(IQ, intelligence quotient), 감성지수(EQ, emotionality quotient)2)에 이어 제3의 지능인 영성지능(SQ, spirituality quotient)이라고 부른다.

영성지능(SQ)은 인간지능과 우리의 제반적인 행동과 삶을 광범위하고 풍부한 의미를 갖게 하는 능력이며, 어떤 행동이나 삶이 다른 것보다 의미 있다고 평가할 수 있게 하는 능력을 말한다. 따라서 SQ는 IQ와 EQ가 효과적으로 기능하는데 기본이 되고 통합적인 안목을 가지게 하는 제3의 눈이라고 한다. 많은 과학적 자료들은 인간지능에 IQ와 EQ 외에 제3의 지능(Q)이 있음을 시사하고 있다. 인간지능에 대한 통합적인 서술은 영성지능(SQ)에 의해 완전해질 수 있다는 것이다.

SQ란 우리가 의미와 가치의 문제를 다루고 해결할 때 사용하는 인간지능이며 우리의 행동과 삶을 광범위하고 풍부한 의미를 부여하는 지능이고 어떤 행동이나 경로가 다른 것보다 의미 있다고 평가할 수 있게 하는 지능을 말한다. 그러므로 SQ는 IQ와 EQ가 효과적이고 궁극적으로 기능하는데 기본이 된다. 신경학적으로 볼 때, 영성지능은 뇌의 중심에서부터 기능하며 뇌의 신경학적 통합을 하기 때문에 인간의 모든 지능을 통합한다.3) 영성지능을 통해서 지적이고 정서적이고 영적인 인간 본래의 모습을 갖추게 된다.

인간은 근본적인 또는 궁극적인 질문을 하는 영적인 존재다. 나는 왜 태어났는가? 내 인생의 궁극적인 의미는 무엇인가? 나는 지치거나 우울하거나 패배감을 경험하면서도 계속 살아야 하는가? 세상의 모든 일들이 나에

---

2) 1990년대에 EQ는 IQ만큼 중요하다는 것을 보여주는 신경학자와 심리학자들의 연구가 사람들을 이해시켜 나왔다. EQ로 인해 우리는 우리 자신과 다른 사람의 감정을 인식할 수 있으며 공감이나 측은지심. 동기 등을 경험하고, 고통이나 즐거움에 적절하게 반응하는 능력을 갖는다. 따라서 EQ는 IQ를 효과적으로 활용하기 위한 기본적인 필요조건이다. 느낌을 관장하는 뇌 부위에 손상을 입으면 그만큼 효과적인 사고가 어려워지기 때문이다.

3) 도나 조하, 『SQ』, 조혜영 역, (룩스 2001), p.19 참조.

게 무슨 가치가 있는가?

우리는 자신이 하는 일과 경험하는 것의 의미를 찾고자 하는 인간 특유의 갈망을 가지고 있다. 그것이 가족이든 공동체든 일생을 건 일이든 종교적인 체제이든, 아니면 우주 그 자체든 간에 자신의 삶을 더 크고 의미 있는 일로 보고 싶어 한다. 우리는 희망을 가져볼만 한 것, 지금 이 순간과 자신을 넘어설 수 있게 하는 어떤 것, 자기 자신과 자기 행동에 어떤 가치를 줄 수 있는 것에 대한 열망을 갖고 있다.

지적 지능과 정적 지능 혹은 그 둘의 결합만으로는 인간지능의 복잡성을 완전히 설명할 수 없을뿐더러 인간의 영혼과 상상력의 무한한 가능성을 설명하기도 어렵다. IQ나 EQ는 자기가 처한 상황을 인식하고 적절히 반응할 수 있다. 그러나 그 상황에 대한 본질적인 질문을 할 수 없다.

과학적 차원에서의 SQ는 인간을 창조적일 수 있게 하며 규칙을 바꾸고 상황을 개조할 수 있게 한다. 인간이 한계 자체를 인식하며 무제한을 향해 시작할 수가 있는 것은 SQ가 있기 때문이다. SQ가 있기 때문에 인간은 도덕적 윤리적 인식을 갖도록 해 준다. 또 우리는 선과 악의 문제로 씨름할 때, 실현되지 않은 가능성을 마음에 그릴 때, 즉 꿈꾸고 열망하고 진흙탕에서 자신을 일으켜 세울 때 영성지능을 활용한다.

3) 영성지능(SQ)의 과학적 증거

(1) 40Hz 범위의 신경진동

뉴욕대 의대 신경과학자 루돌프 릴리나스는 '뇌와 마음과 몸이 서로 어떤 식으로 관계하는가를 연구해 왔다. 진동들이 서로 의사소통하며 뇌 전체에 걸쳐 지각적, 지능적인 처리를 결합시킨다. 다시 말하면 흥분된 단일

신경원(뉴런) 활동을 더 크고 의미 있는 맥락에 위치시키는 것이다. 이것이 영성지능의 출발점이다.

인간은 본래부터 의미와 가치와 연결되어 있는 제3의 지능 곧 영성지능을 갖고 있다. 뇌 전체에 걸쳐있는 40Hz 신경진동은 영성지능의 신경적 토대이며[4] 경험을 한 곳으로 결합하고, 더 큰 의미(가치) 구조에 위치시킬 수 있는 방법을 제공한다. 최근에 통합적 사고에 나타나는 40Hz 신경진동의 범위와 역할에 대한 증거들이 많이 제시되고 있다.

릴리나스의 연구는 뇌에서 의식(마음)의 존재는 신경진동 40Hz 활동의 존재와 연고가 되어 있다는 것을 입증했다. 그는 의식 또는 마음은 감각 경험의 단순한 부산물이 아니라 뇌의 본질적인 상태라고 결론 내렸다. 그렇다면 마음은 어디에서 오는가? 우리가 아이디어를 만들어내고 의미를 간직할 수 있는 것은 무엇 때문인가? 뇌의 신경진동 40Hz는 어떻게 생기는가? 무엇이 그것을 일으키는가? 연구결과로 알려진 것은 뇌는 의식을 갖도록 설계되어 있으며, 초월적 차원을 갖도록 설계되었다는 것이다. 따라서 40Hz 신경진동은 영성지능의 신경적 토대라고 할 수 있다.

선형적, 순차적 신경경로가 합리적, 논리적 정보처리(IQ)를 할 수 있게 하고, 병렬적 신경망이 전의식적이고 무의식적인 연합적 정보처리 곧, 감성지능을 할 수 있게 하는 것과 같이, 뇌 전체에 걸친 40Hz 진동은 경험을 한데 결합하고 더 큰 의미 구조에 위치시킬(영성지능) 수 있는 방법을 제공한다.

마음도 뇌파의 진동에서 온다. 그러면 무엇이 진동을 일으키는가? 의식은 어디서 오는가? 신경을 구성하는 물질은 그 신경들이 응집해서 진동할 때 의식의 속성을 획득한다고 설명한다. 이와 무관하지 않게 신경과학자들이 중요하게 생각하는 것은 신경세포의 행동이다. 이 행동의 부수적인

---

4) 도나 저하, 『SQ』(룩스, 2001), p.117 참조.

효과로 나타나는 것이 의식이라고 보았다. 신경학자 페어와 릴리나스의 연구는 '의식이 뇌의 본질적인 속성'이라고 한다. 인간의 의식은 몇몇 신경세포의 단순한 연결이나 진동이상의 깊고 풍부한 현실과 접촉할 수 있게 하는 것 곧 의식 그 자체는 초월적인 과정이라는 것을 보여 준다.

영성지능의 속성인 강력한 초월성은 당연히 매우 기대가 될 만큼 흥미진진하다. 그것은 인간지능의 근본적인 측면이기 때문이다. 힌두교와 불교 사상가들이 항상 선언하고 있는 그대로 존재의 기초, 존재의 근본적인 법칙과 원칙에 접근할 수 있다는 것을 의미한다. 인간지능의 한 측면인 영성지능은 단순한 자아, 단순한 뇌, 무질서한 신경구성을 초월해서 대부분의 서양 사람들이 보통 '신'이라고 부르는 것의 표현이 된다.5)

(2) 뇌의 신 영역

'신 영역'은 우리의 더 큰 영성지능의 결정적인 요소이고, 최근의 신경학은 '신 영역'이 영적 체험을 하는데 없어서는 안 되는 생물학적 역할을 한다는 것이 확실해졌다. 신 영역은 확실히 우리의 영적인 체험에 기여하며, 정신적으로 확장시키는 경험을 하게 한다.

현대 신경과학에서 신 영역은 측두엽 신경망에 있는 격리된 모습이다. 언어중추, 리듬중추 등 뇌에 있는 다른 격리된 모듈과 마찬가지로 신 영역은 특별한 능력을 부여한다. 그러나 통합되었을 때만 그렇다. 영성지능은 40Hz 신경진동이라는 뇌 전체적인 현상을 통합하는데 있다.

이로부터 신 영역은 영성지능을 위한 필요조건일 수는 있어도 충분조건

---

5) 유물론에서는 물질이 마음을 만들어 내고, 관념론자들은 마음이 물질을 만들어 낸다. 이 이중 속성이론은 마음과 물질의 둘 모두이기도 하고 둘 중 아무 것도 아니기도 한, 훨씬 더 근본적인 것에서 출현한다. 이러한 견해는 물질적인 측면과 정신적인 측면 모두 인과적인 속성을 갖고 있다는 것을 보여 주어야 한다.

이 될 수 없다는 결론을 내릴 수 있다. 영성지능에서 높은 점수를 얻는 사람이 신 영역 활동에서 높은 점수를 얻을지 모르지만, 높은 신 영역 활동이 높은 영성지능을 보장하는 것은 아니다. 그것은 얻기 위해서는 뇌 전체, 자기 전체, 삶 전체가 반드시 통합되어야 한다. 신 영역이 부여해 주는 특별한 통찰과 능력은 우리의 감정, 동기, 가능성의 전체적인 구조 속에 결합되어야 하고 자기의 중심 그리고 그것의 특수한 인식 방법과 대화할 수 있게 되어야 한다.

높은 영성지능은 더 풍부하고 의미 있는 삶을 살 수 있게 하는 커다란 맥락을 갖고, 개인적인 전체성이나 목적의식 또는 방향감각을 획득하게 한다.

(3) 초월성

초월성은 영적인 것의 가장 본질적인 특징이다. 여기에서 '초월'이라는 말은 근본적인 것을 의미한다. 초월적인 것은 지식과 경험의 한계 이상으로 우리를 이끌며, 그것들을 더 광범위한 맥락에 놓는다. 또한 우리가 우리 자신 안에 있는 것이나 우리를 둘러싼 세계에 있는 비범한 것 곧, 무한한 것을 경험하게 한다. 초월적인 것을 경험한 많은 사람들이 그것을 '신'이라고 부른다. 어떤 사람은 자신의 '신비로운 경험'을 했다고 말하고, 어떤 사람은 한 송이 꽃의 아름다움에서, 어린이의 미소에서, 한 곡의 음악을 통해서 그것을 느낀다. 전체의 70퍼센트나 되는 사람들이 이러한 초월을 경험했다고 심리학자들은 말한다.

우주는 진동(파동)이 서로 다른 에너지로 구성되어 있다. 사람, 탁자, 의자, 나무, 우주먼지 등은 잔잔한 진동 그래서 우리가 만지거나 측정할 수 없는 속성을 갖는 에너지를 배경으로 곧, '양자진공'으로 한 일단의 역동적 에너지 패턴들이다. 그 속성은 진공의 진동(파동)이지 진공 그 자체는 아니다. 그렇다면 '양자진공'은 그 속성을 거의 초월하고 존재를 초월한다. 그러나 물리학자들은 존재가 초월 차원에 대한 약간의 감각을 가지고 있다고 한다. 금속판 두 장을 아주 가깝게 함께 놓아두면 양자진공이 금속판을 떠미는 미묘한 압력 때문에 서로 끌리게 된다는 것이다. 양자진공이 예시해 주는 것과 같은 초월은 힌두교, 불교, 도교, 여러 경전에 묘사되어 있는 도(道)나 공(空)과 유사하다.

동양의 현자들은 공에 대하여 아무 것도 말할 수 없고, 도를 파악할 수도 없다고 느꼈지만, 명상 수행자가 깨달음의 상태에서 아니면 깨달음으로 인도하는 그보다 덜한 경험에서 그것을 체험할 수 있다는 것을 분명히 알고 있었다. 그러한 경험을 물리학자들이 말하는 영적 형태라고 볼 수 있다.

양자진공의 흥분은 퉁겨진 기타 줄과도 같다. 퉁겨진 기타 줄은 떨리거나 진동한다. 자극을 받으면 신경계(뉴런)들이 진동하는 뇌를 더 잘 이해할 수 있게 해준다. 뇌 전체에 걸쳐 있는 신경원(뉴린) 다발들이 같은 대상을 지각할 때 비슷한 주파수(40Hz)로 동시에 진동한다. 그 일치된 진동들이 우리의 지각을 통합시킨다는 것을 입증했다. 그것이 없으면 우리가 사는 세계는 의미 없는 조각들로 구성되었을 것이다. 따라서 모든 단일 사고나 정서는 좀 더 광범위에 걸친 진동을 배경으로 하는 초월적 차원을 갖는다.

4) 영성지능의 성장

영성지능은 종교와 필연적인 관련을 갖지 않는다.6) 심리학자들의 영성

---

6) 어떤 사람들은 영성지능의 표현방식을 종교에서 찾기도 하지만, 종교가 높은 영성지능을 보장하지는 않는다. 심지어 많은 인본주의자와 무신론자들의 SQ는 매우 높고, 종교적으로 활동하고 요란을 떠는 신자의 SQ는 매우 낮다고 한다. 심리학자 중에는 주요 종교의 제도권 밖에서 종교적 체험을 한 사람이 종교 자체에서 체험한 사람보다 훨씬 많다는 통계를 내고 있다. 특히 기성 종교는 외부에서 강요된 규칙과 믿음의 집합이라고

지능이란 인간 두뇌와 정신의 내재적이고 본능적인 능력이며, 그 가장 깊은 자원은 우주 자체에서 끌어내고 있다. SQ는 수 백 만년에 걸쳐 발달하였으며, 두뇌가 문제를 해결할 때 의미를 찾고 활용할 수 있게 해 주는 인간지능이다. 이제 우리는 우리를 이끌만한 의미의 새로운 표현을 찾아내는데 우리의 타고난 SQ를 활용해야 한다.

영성지능은 영혼의 지능이다. 우리를 치유하고 온전케 하는 지능이다. 오늘날 많은 사람들이 정신적으로 상처를 받고 삶의 의미를 상실한 채 공허한 삶을 살아가고 있다. 우리는 '더 큰 통합'이나 '더 강력한 큰 공동체'를 갈망하고 있으나, 영혼을 잃은 우리 내부나 우리 문화의 상징, 제도 속에서는 이런 것을 찾기가 어렵다.

인간의 역사를 통틀어 각 문화마다 그 구체적인 내용은 다를지언정 모든 문화에는 일정한 가치체계가 있다. 따라서 SQ는 어떤 특정한 가치나 일정한 문화에 우선할 뿐만 아니라, 어떤 종교적 표현의 형태에도 우선한다. SQ는 종교를 가능하게 하지만, 종교에 의존하지는 않는다.

영성지능은 신의 영역에서 메아리로 돌아오는 자신의 음이자, 자아의 의식적인 마음을 초월하는 지혜와 연관된 자기의 깊은 부분에 존재하는 지능이며, 기존의 가치를 인식하는데 그치지 않고 새로운 가치를 창조적으로 발견하게 하는 지능이다. SQ는 기존 가치에서 유래하지 아니하며 애초에 가치를 가질 수 있는 가능성 자체를 창조한다.

(1) 특징적인 SQ의 활용

디콘(Terrance Deacon)의 신경 생물학적 연구에 따르면, 언어와 상징적

할 수 있다. 그것은 성직자나 예언자 또는 경전으로부터 전해지거나 집안 또는 전통을 통해서 흡수된 바를 전해 내려오는 것이다.

표상에 대한 인간이 두뇌를 성장시키는데 실제로 영성지능을 사용해 왔다. SQ는 오늘의 우리가 되도록 인간 신경계를 회로화 하였고, 인간이 성장과 변형을 거듭하면서 계속적으로 발전할 수 있는 가능성을 찾을 수 있다. 그러한 SQ는 모든 두뇌가 타고나는 능력이다.

오늘날 우리들은 옳고 그름의 문제로 어떻게 하면 바른 길에서 벗어나지 않을지, 자녀들을 어떻게 지도해야 할지 등의 문제로 고민하고 있다. 종교와 윤리는 지배력을 잃었고, 가족 구조는 유동적인데다가 계속 변하고 있으며 공동체 의식과 전통은 무너져 버렸다. 그 어느 때 보다 SQ의 활용이 필요하게 되었다.

① 창의적 삶의 양심

인간은 영성지능을 사용함으로써 '창의적인 활동'이 가능하다. 유연성과 상상력, 창조적인 자발성이 요구될 때 바로 SQ가 필요하다. 우리는 실존적인 문제들, 자신의 과거습관, 신경증이나 질병, 슬픔의 문제에 직면했을 때, 한계라고 느껴지는 문제들을 다룰 때, 영성지능을 사용한다. SQ는 우리가 실존적인 문제들을 안고 있다는 것을 인식하게 해 주고, 해결하지 못하더라도 최소한 그러한 문제들을 인식할 수 있게 한다. 영성지능은 삶의 의미를 깊이 인식하게 하고 아울러 참 생명을 일구어내는 자발적인 '우리의 양심'이다.

② 경계선상에서의 나침반

현 시대는 불확실성과 예측 불가능의 시대, 즉 혼란스러운 세계의 상황이다. 이전 시대의 윤리와 정신 구조의 죽음은 이제 새로운 윤리를 만들어낼 필요성을 제기하고 있다. 이는 '영성지능을 기초로 한 새로운 윤리를 확립'할 수 있는 기대를 불러일으킨다.

모든 사람은 좋든 싫든 경계에서 살아가고 있다. '경계'는 창조성과 자발성이 발휘되는 지점이다. 경계에 있을 때 우리의 삶의 창조성이 가능해져 두려움의 요소 또한 부가될 수 있다. 즉 인생의 목표가 덜 확실해진다. 우리는 새로운 개념을 개발하고 우리의 판단 범주를 새롭게 정의해야 한다. 우리가 창조적으로 살아가는데 바탕이 될 수 있는 윤리는 필연적으로 경계에서 평형을 유지하는 윤리여야 한다.

따라서 영성지능은 우리가 경계에 있을 때 나침반으로 작용한다. 인생에서 가장 큰 도전을 주는 실존의 문제들은 전혀 예상치 못한 것들, 즉 대체로 주어진 규칙의 바깥에 존재한다. 이는 우리의 과거 경험과 우리가 알고 있는 해결 방법을 초월해서 존재한다. 카오스 이론에서 '경계'란 질서와 혼돈 사이, 우리가 어디를 향하고 있는지 충분히 이해하는 상태와 완전히 혼란에 빠진 상태 사이를 말한다. 이 지점이 우리가 가장 창조적일 수 있는 지점이다. 의미와 가치에 대한 인간의 깊고 직관적인 감각인 영성지능은 우리가 경계에 있을 때 안내자가 된다,

③ 초월적 속성

영성지능을 활용해서 우리는 종교에 관한 보다 영적인 지각을 갖게 된다. SQ는 우리를 사물의 핵심으로, 차이 이면의 통합으로, 그 어떤 실체적 표현 이상의 잠재성으로 이끌어 종교의 이면에 있는 의미와 본질적 영혼에 가까이 다가설 수 있게 한다. SQ가 높은 사람이 종교생활을 하는 경우 편협함이나 배타성, 아집이나 편견은 없다. 다른 한편으로 SQ가 높은 사람이 전혀 종교적이지 않으면서 매우 영적인 속성을 가질 수도 있다.

영성지능은 우리가 개인의 내적인 것과 개인 간의 정서를 통합하도록, 남과의 간격을 초월하도록 해 준다. 그 지능은 자기 내부적인 정서와 개인 간의 정서, 즉 다른 사람과 공유하고 다른 사람과 관계를 맺을 때 사용된

다. 예컨대 내가 누구인지. 이 모든 것들이 나에게 무엇을 의미하는지. 이 것들이 다른 사람과 그들의 의미를 우리 자신의 세계에 어떻게 자리매김 하는지 이해하기 위해서는 초월적 속성인 영성지능이 필요하다.

④ 제3의 눈

IQ가 규칙에 맞춰 자기방향을 잡는다면, EQ는 자기가 처한 상황을 따르게 하며 SQ는 신비주의자들이 말하는 '마음의 눈'이라고 한다. 신을 아는 자는 '눈이 없어도 보고, 귀가 없어도 들으며, 그의 감각이 지각하지 못하는 것을 지각하고, 추론 없이 이해한다.' 마음의 눈으로 보고 믿는다.

영적으로 깨어있는 자기가 조금 더 완전한 자기이며, 생명과 그것의 모든 조직들의 상호연관성에 대한 깊은 감각을 가지고 있다. 완전한 자기는 인간의 노력이 전체 우주의 더 크고 풍부한 구조의 한부분이라는 것을 인식한다. 그것은 자신과 모든 것들이 생겨난 원천 앞에서 겸손한 마음과 감사한 미음을 가질뿐더러, 강한 잠여의식과 책임감을 갖는다. 완전한 자기는 떼려야 뗄 수 없는 더 큰 전체를 긍정하지 않고서는 개인이 온전할 수 없다는 것을 인식한다. 그러므로 영적인 지각이 있는 자기의 중심은 궁극적으로 존재 자체의 기초인 양자진공이 된다. 그것은 잔잔하고 변화하는 기초이며 스스로 변화하는 중심임을 아는 중심이다. 그 중심의 SQ가 밝아지면 새로운 세계를 본다.

전통적으로 오른쪽 눈은 능동적인 것과 미래의 것을 보는 태양의 지각 곧, 이성의 빛을 표상하는 반면 왼쪽 눈은 수동적인 것과 과거의 것을 보는 달의 지각, 곧 감정으로부터 생기는 시각을 표상한다. 그리고 제3의 눈은 이들을 합성해서 우리에게 지혜를 주는 존재다. 힌두교에서 제3의 눈은 시바신의 이마 중앙에 자리 잡고 있으며 이는 불에 상응한다. 불교에서는 제3의 눈을 통합과 다면성 사이, 공허와 공허하지 않음 사이의 경계에 자리 잡은 만물을 보는 부처의 눈이다. 이 경계에 있을 때 마음의 눈 곧, '제3의 눈'이라고 말하는 영성지능을 자각함으로써 이 세계를 향해 자발적으로 나아갈 수 있는 것이다.

(2) 영성지능 검사[7]

선형적, 논리적, 이성적인 IQ와는 달리 영성지능을 수치로 나타낼 수 없다. 다음의 SQ검사는 자기 반성의 기회를 위한 하나의 과정일 뿐이다.
　① 능동적이고 자발적인 적응성이 유연해질 수 있는 역량
　② 높은 수준의 자기 인식
　③ 괴로움에 직면해서 활용하는 역량
　④ 고통에 직면해서 초월하는 역량
　⑤ 비전과 가치에서 영감을 얻는 능력
　⑥ 남에게 해를 끼치는 것을 꺼려함
　⑦ 다양한 것들 사이의 연관을 보는 전체적인 성향
　⑧ 왜라든가, …하면 어떨까? 라는 질문을 하고, 근본적인 답을 찾으려
　　는 뚜렷한 성향
　⑨ 인습에 역행해서 행동할 수 있는 능력을 소유했는가의 여부
　영성지수가 높은 사람은 지도자가 될 가능성이 높다. 즉, 다른 사람에게 높은 이상과 가치를 불러일으키고, 그것들을 어떻게 활용해야 하는지 보여주는 역할을 하는 사람을 말한다. 이런 사람은 다른 사람에게 '영감을 주는 사람'일 가능성이 높다.

---

7) 도나 조하, 『SQ』, 조혜영 역, (룩스 2001), p.33 참조.

(3) 영성지능 높이기

현대사회의 집단 영성지수는 낮다. 우리는 물질주의, 편의주의, 편협한 자기중심성, 의미의 결핍, 헌신의 부족 등으로 표현할 수 있는 '영적으로 둔감한 문화'에 살고 있다. 그러나 우리는 자신의 영성지능을 높이기 위해서 우리 세계 안에 있는 숭고한 것과 신성한 것을 무시하지 않고 무엇인가를 할 수 있다. 우리는 공동사회의 문제에 대해 도덕적 책임을 지고, 우리 자신에게 더욱 솔직하며 용기를 가지는 성향을 많이 활용해야 한다. 그런 사람들이 많아졌을 때 우리 사회는 좀 더 발전할 수 있을 것이다. 그러므로 우리는 영적으로 어두운 문화에서 '영적으로 깨여있는 방법'을 찾아야 한다. 그 사례로 SQ를 높여주는 일곱 가지 실천 단계는 이러하다.

① 지금 내가 어디에 있는지 인식한다. ② 나는 변화를 원한다고 강하게 느낀다.

③ 나의 중심은 무엇인지, 또 내 심층 동기는 무엇인지 반성한다.

④ 장애물을 발견하고 해결한다. ⑤ 앞으로 나아갈 수 있는 많은 가능성을 남색한다.

⑥ 한 가지 길에 나 자신을 투신한다. ⑦ 다른 많은 길이 있다는 것을 늘 인식한다.

5) 우주의 영으로서 신의 초월성과 내재성

우주가 하나의 거대한 유기체라면 신(하나님)은 그 유기체의 중심이다. 신은 세상의 중심에 거하며 세상에 활력을 불어넣는다. 신(God)의 초월성은 모든 것에 동화되지 않고 초월한다는 의미이며, 내재성이란 신이 모든 것 안에 깊숙이 존재한다는 뜻이다. 신이 만유 위에 있다는 초월성도 신이 사물의 체계 일부가 아니라 그것의 근원에 있는 신비라는 의미다. 거기에서 인간의 몸 안에 있는 영혼이라는 설명이 성립된다. 눈에 보이지 않는 에너지의 중심, 활력, 창조력 그리고 모든 것의 중심에 있는 사랑을 상상해 보면 신을 이해할 수가 있다. 따라서 신은 초월하면서도 내재해 있고 불변하면서도 변하며, 절대적이면서도 성장·발전해 나가는 양면성을 가지고 있다.

신은 신격(神格)이지 하나의 인격(person)이 아니다. 인간과의 관계에서 신은 인격적인 존재이며, 나와 당신의 관계다. 신은 단순히 과거에 세상을 창조했던 분이 아니다. 세상은 하나의 과정이며, 신은 항상 하나의 과정 속에 세상을 창조하고 있고 그 안에 활력을 불어넣고 있다. 비록 우주가 형성된 지 백오십억 년이 지났지만, 앞날이 창창한 청년기에 있다고 볼 수 있다. 신이 천천히 쓰고 있는 창조의 이야기 전체를 아는 것은 쉬운 일이 아니다. 신의 이상의 궁극적인 실현은 어떤 것일까? 신은 우주의 중심으로서 그 안에 거주하시면서 우주의 생명과 생명의 완전한 실현을 향한 상승운동을 통하여 신적 자아를 표현한다.

그러한 신은 내 안에 거주하면서 나에게 활력을 불어 넣어준다. 신은 아직도 안팎에서 나를 창조한다. 인간이 스스로 내면 깊은 곳에 들어가면 그곳에서 고요한 그 분의 임재를 발견한다. 내가 나의 중심과 접촉하면 접촉할수록 그만큼 많이 신과 접촉하게 된다. 만약 세상이 신의 몸이라면 세상은 완전히 신성한 장소가 된다. 인간은 거룩한 땅에 서 있으며, 모세처럼 신을 벗어야 한다. 살아있는 것이나 죽어있는 것이나 인간은 모든 사물을 깊이 존경해야 한다. 이것이 영성시대 삶의 의미다.

따라서 인간이 찾는 분은 멀리 있지 않고 이미 인간 안에 있다. 인간은 하나님의 집인 성전(聖殿)이기 때문이다.(고전 3:16)

신은 선을 행하며 책임을 완수하라고 한다. 우리의 내면은 사랑과 평화를 계속 촉구한다. 어느 것은 하고 어느 것은 하지 말아야 한다는 강력한 의식(양심)을 갖고 있다. 여기에 인간이 나타내는 반응에 따라 어떤 인간이 되는지가 결정된다. 이것이 영적으로 성장하는 것이다. 신은 초자연적 신비이자 신성한 분이며, 사랑과 진리, 생명과 평화다.

신비에 쌓여있는 우주는 놀라운 정신의 모형을 보여 준다. 영성은 개인의 성장과 성취를 동시에 상기시켜 주고 격려하며 힘을 준다. 우주 생성 때의 대폭발(Big Bang) 이후, 한층 복잡한 우주 안에 더욱 많은 아름다움을 생성해 온 창조적인 힘은 지금도 각 사람의 삶 안에서 작용하여 그를 보다 아름답게 만든다. 이 신비한 힘은 깊은 곳에서 계속 아름다움을 창조한다.

영성생활과 관련된 곳에서 가장 중요한 것이 도덕적, 윤리적 분야다. 신은 거룩한 이상을 이루기 위해 최선을 다하지만 보다 관대한 태도를 취하면서 인간을 초대하고 이끌고 자극도 주지만 결정은 인간에게 맡긴다. 그러한 인격적 신은 인내심을 가지고 진리와 선과 사랑의 이상을 가지고 세상을 이끄는 분이다.

신은 우주의 영으로서 우주의 마음이다. 진·선·미·사랑이다. 신은 모든 존재의 근원이며 선한 분이시고 아름다움이 모여 위대함이 되는 곳에 신을 보게 된다. 떠오르는 태양이나 웅장한 산이나 넓은 바다 안에서 우리는 신비한 신을 본다. 우주의 광대함을 생각할 때 무수히 많은 별들과 별들이 운행하는 공간의 크기를 생각할 때 우리는 신을 느낀다. 선함, 아름다움, 깊음이 있는 곳에 창조의 위대한 이상, 근원적인 생명이 나타나 있다. 사람은 자연 안에서 웅장한 경치, 바다, 산 등에서 신을 경험한다. 이러한 경험은 인생을 바르게 보게 해 준다. 모든 것에는 진, 선, 미와 같은 신비가 들어있고 존중해야 할 가치가 있어 모든 곳에서 신을 본다. 그러한 우주적인 신은 사랑이며 사랑 안에 거하는 자가 신 안에 거하고 신도 그 안에 거한다.(요1, 4:16) 세상을 움직이는 것은 사랑이며, 사랑을 주고받는 곳에 신이 영으로 임재하고 역사한다.

영성체인 우주는 부분이 전체를 향하여 정돈되어 있는 질서 정연함과 합목적성이 내재되어 있고 그 목적을 위하여 각 부분들이 존재하고 있다. 모든 존재는 단일한 내적인 힘 내지 충동을 갖고 있다. 생명체가 운동하고 질적, 양적 변화를 하는 것, 또 다양한 생명적 요소들 즉 영양섭취, 물질대사, 생식, 욕망, 감정의 능력 및 기능을 가지는 것은 그들이 자신의 형상을 실현시키려는 목적을 성취해 나가는 과정에서 일어난다. 어쨌든 욕구는 그들 속에 내재하는 근본적인 힘으로서 저마다 자기 형상을 실현시키고 합당한 영의 능력을 수행하기 위하여 동력의 상태에서 활력을 획득해 나가는 내적 충동이다.

생명체 또는 비생명체이거나 우주의 모든 존재는 궁극의 목적을 향해 운동해 가려는 내적인 힘 또는 내적 충동을 가지고 있기 때문에 하나의 거대한 목적론적 질서에 통합되어 있다. 그래서 모든 우주 만물의 본성(영성)은 자신의 형상(구조와 기능)을 회복하여 완전히 실현시키려는 욕구를 가지고 있다. 하찮은 미물은 물론 천체도 그러한 욕구를 가지고 있다. 그들의 총체적인 궁극적 목적은 바로 실재다. 천체의 모든 생명체들은 궁극적 실재를 저마다 모방한다.

2. 영성의 의식화

영성 계발은 신성을 계발, 성장시키는 것이며 그것은 자의식 속에 영성을 입력하여 본질적이며 존재론적인 변화를 가져와야 한다.

1) 영성의 의식화란 무엇인가?

의식은 인식의 능력이며 무의식 즉 마음이 하는 일들까지 포괄한다. 의식은 두뇌와 상호작용을 하지만 두뇌는 의식의 전체가 아니다. 의식이 두뇌를 통해서 작용하는 것이기 때문에 이 구분을 명확히 해두어야 한다. 그렇지 않으면 의식이 두뇌를 넘어서서 작용하는 점들을 이해할 수 없다.

치유에 대한 연구들을 보면 의식이란 두뇌가 할 수 없는 일을 해줄 수 있음을 알 수 있다. 두뇌는 시공간을 넘나들며 먼 곳에 있는 것들에 차이를 유발해 내지 못하지만 의식은 그렇게 할 수 있다. 의식이란 우리가 마음, 정서, 태도, 인식, 무의식 등으로 부르는 모든 것을 포괄한다. 직접 보고 느끼기 전의 뭔가 훨씬 더 기본적으로 확산되어 있는 존재가 의식이라고 보아야 한다. 의식은 인식, 무의식, 전의식, 순수의식 등 모든 것을 포함한다. 그래서 의식이란 마음과 두뇌를 아우르는 우산과 같다.

신경언어 프로그래밍 NLP(Neuro-Linguistic Programming)[8]에 의하면 마음에 들지 않는 습관이나 행동은 없애거나 수정해서 좋은 습관을 만든다면 인생도 즐거울 수 있다. 우리의 습관이나 행동을 지배하는 것은 의식할 수 있는 마음이라기보다 의식하지 못하는 무의식 속의 마음이다. NLP

---

8) 신경언어 프로그래밍(NLP)은 인간의 마음과 행동이 일어나는 원리를 설명하고 어떻게 해야 효과적으로 마음과 행동을 변화시킬 것인지를 다루는 심리 전략 프로그램이다. NLP는 어떻게 하면 마음의 작용을 좋은 방향으로 해서 좋은 습관, 좋은 성격, 성공적인 생활을 할 수 있는지 그 활용 원리나 방법을 배우는 것이기 때문에 삶에 많은 도움을 얻게 된다.

는 무의식 속마음 자체를 고치는 것이기 때문에 오래된 문제들도 무의식의 기본 원리에 따라 변경하고 치료하고 치유하는 것이다. 그래서 효과적으로 변화되고 치료될 수 있다.

전날 밤 아주 달게 마셨던 물이 다음 날 아침에 보니 해골에 담긴 물이었던 것을 알고 고통스러워한 원효대사의 깨달음이 일체유심조(一切唯心造)다. 중요한 것은 물 자체라기보다 물에 대한 마음이며, 마음이 행복하게 만들고 고통스럽게 만들기도 한다. 우리가 마음을 어떻게 먹느냐, 마음을 어떻게 다스리느냐는 것이 모든 것에 영향을 끼치고 좌우한다. 그래서 마음을 대하는 자신의 태도가 중요하다.

'생각과 마음이 행동을 지배하고 마음의 작용이 몸을 지배한다'는 NLP의 원리가 그대로 반영된 것이다. 생각을 하거나 마음에 어떤 작용이 있을 때, 그 생각이나 마음의 작용은 단지 마음에서만 끝나지 않는다. 감정을 일으키고 몸의 생리적 작용이나 반응을 일으킨다.

무의식의 작용, 뇌의 작용이 우리 몸에 영향을 주어 긴장하고 땀도 흘리고 가슴도 두근거리고 웃기도 하고 울기도 하는 것이다.

신경과학에서는 의식이란 단순히 두뇌의 화학 작용과 해부적 기제 또는 생리학적 작용에 의한 것이라고 한다. 이러한 관점은 의식을 극도로 제한적으로 바라보는 것이다. 의식이란 명백하게 두뇌가 할 수 없는 일들도 할 수 있기 때문이다. 의지, 기도 등을 통해 먼 거리를 두고도 작용하는 원거리 치료에 대한 수백 건의 시험들이 말해 주듯이 의식이 단순히 두뇌의 화학물질 작용이라는 관점을 벗어나야만 한다. 두뇌는 두개골 내부에 고정돼 있지만, 의식은 먼 거리에서도 작용한다.9) 따라서 의식이 두뇌의 활동을 포함하기는 하지만, 그보다 훨씬 더 큰 범위라는 것이다. 그것은 바로

---

9) 래리 도시 박사의 인터뷰 내용을 보면, 그는 '의식의 원거리 이동'으로 멀리 떨어져 있는 사람의 병을 치료할 수 있다고 주장하며, 그것이 제3세대 의학이라고 한다.

확장된 의식의 폭이며 영성적 의식과 일맥상통한다.

영성의 의식화는 영성생활을 통해 신이 부여한 인간의 영성(본성)을 형성해 나가는 것이다. 그럼으로써 영성형성은 신의 형상(形象)을 이루는 것이다. 즉, 신의 형상대로 창조된 인간이 본래의 그 형상을 만드는 것이다. 이와 연동된 영성생활은 궁극적으로 신을 체험하는 것이며 신을 알고 신을 닮아 나가는 것, 즉 신과의 관계를 맺어 지속적으로 나가는 삶이 또한 영성의 의식화다. 영성의 의식화 과정을 세분화시켜 보면

(1) 의식화는 자의식 속에 신의 이미지를 메이킹(image making)하는 것이다.

영성의 의식화는 먼저 자의식 속에 신의 이미지를 메이킹(image making)하는 것이 필요하다. 몸은 하드웨어, 의식은 소프트웨어의 역할을 담당한다. 그러한 공조적인 관계 속에 신의 영성을 의식 속에 입력시켜 나기는 것이다. 신의 이미지는 영성으로서 사랑과 사비, 용서와 화해, 기쁨과 평화 등을 말한다. 이 이미지 메이킹은 경전을 공부하여 지적으로 함양하고 기도와 명상을 통해 정서적으로 우주적 영성, 즉, 신의 이미지를 체득하고 선행을 실천함으로써 의지적으로 신의 품성을 가진 인격자가 되도록 노력해야 한다.

(2) 의식화는 지속적인 이미지 트레이닝이다.

이미지 메이킹은 이미지 트레이닝을 통해 형성된다. 과학적인 차원에서의 이미지 트레이닝은 뇌의 훈련과 연관되어 있다. 예를 들면, 우리 뇌 안에는 많은 신경 전달물질이 있지만 도파민(Dopamine), 아세틸콜린(Acetylcholine), 가바(Gaba) 그리고 세로토닌(Serotonin) 이 네 가지가 핵심이다. 이 화학물질들은

두뇌에서 분비되는 단순한 물질들이지만 사람을 다양하게 변화시키는 작용을 한다. 느슨하게 하거나 긴장감을 주기도 하고, 행복하게 하거나 불행하게 하기도 한다. 그러므로 이미지 트레이닝이 중요한 것은 머리에 훈련 과정을 기억하게 하면서도 근육에도 기억하게 만들기 때문이다. 신체 훈련과 이미지 트레이닝을 인간의 뇌는 구분하지 못한다. 그래서 이미지 트레이닝은 신체 훈련과 똑같은 효과를 볼 수 있다. 이미지 트레이닝은 실질적인 상황이 아니기 때문에 자연스럽게 최적의 기술 수련을 할 수 있다. 연습과 수많은 반복에 의해서 기술이 자동화되면 무의식적으로 동작이 나온다.

일반적으로 사용하는 스포츠 심리 훈련은 목표를 설정하고 그 다음에 선훈련인 이완 훈련, 집중 훈련을 한다. 그리고 이미지 트레이닝으로 시합을 할 수 있는 시나리오(루틴 프로그램)를 작성해서 거기에 맞춰서 흔들림 없이 불안해하지 않고 시합에만 집중할 수 있도록 한다. 운동선수들의 이미지 트레이닝도 실제 경기에 많은 도움을 주는 것은 연습과 훈련 과정이 있었기에 가능한 것이다. 부정적 생각을 긍정적 생각으로 바꾸는 훈련도 포함시킨다. 부정적인 무의식을 긍정적인 무의식으로 바꾸면 효과는 배가 될 수 있기 때문이다.

영성적 관점에서 신의 이미지를 메이킹하여 보다 성숙되게 행하기 위해서는 신적인 영성을 자신의 마음에 형상화되도록 지속적인 훈련을 할 필요가 있다. 그럼으로 의식화의 이미지 트레이닝은 첫째, 정성을 다하여 성심껏, 둘째, 매일 반복적으로, 셋째, 꾸준히 장기간 실천하는 것이다.

(3) 영성의 의식화는 의식의 확장이다 -소아가 대아로 바뀌는 것이다.

인간은 의식의 확장을 통해 인간이 잠재적으로 가지고 있는 '발달된 개인'에 좀 더 가까이 갈 수 있다. 인격은 경험과 이상의 조합, 우리가 실제로 살아가는 모습과 자기가 바라는 이상적인 삶 사이의 긴장을 통해서 형성된다. 인간은 순전한 자아 측면에서 자기중심적이고 이기적이며, 물질에 욕심내는 그런 모습을 가지고 있다. 그러나 우리에게는 선, 아름다움, 완전, 자비, 희생 등의 초월적인 면이 분명히 존재한다. SQ는 우리가 직접적이고 소아(小我)적인 자기를 극복하고 우리 안에 감춰져 있는 저 깊은 가능성의 층 이상에 도달할 수 있도록 협조하고 훨씬 더 의미 있는 삶을 살도록 도와준다.

그리고 우리는 선과 악의 문제, 삶과 죽음의 문제, 실패를 거듭하면서 겪는 어려움 등으로 고통스러울 때 영성지능을 사용한다. 우리는 자주 그러한 문제들을 합리화해서 넘겨 버리거나 그 문제로 감정의 늪에 빠져 버린다. 우리는 때때로 실패, 고통, 고난과 상실을 체험하는데 그것들을 다룬 다음이라야 영성적 의식이 더욱 확장되어 영성지능을 완전히 소유할 수 있게 된다.

의식의 폭을 확장하는 것은 자기중심적이고 이기적 의식을 버리는 것이다. 그러면 생명을 살리는 우주의식과 공명, 조화를 이루고 환희와 영성적 충만감이 차고 넘쳐서 생명을 사랑하는 마음을 가지게 된다. 그러한 사랑의 마음은 에고에서 벗어나 신의 전체성을 갖게 만든다. 즉 소아가 대아로 바뀌는 것이다. 대아적 삶은 나와 너, 나와 우주가 하나라는 전일성을 의미하는 동시에 또한 범아일여(梵我一如)를 체득하게 한다.

(4) 영성의 의식화는 신인합일을 추구하는 것이다.

신이 부여한 인간의 순수한 본성이 본래의 성품이자 우주적 영성이다. 그래서 인간은 내적으로 영성 곧, 신성을 형성하면 신과 일치하게 된다. 그러므로 지적, 정서적, 의지적 성품을 스스로 갈고 닦아 신의 성품을 체험하고 양성하여 그 신의 성품을 내면화하는 것이 원천적으로 중요하다. 그와 같이 성숙된 영성은 "내가 신의 영안에 거하고, 신이 내안에 있게 되는 것"이다. 그래서 우주 속의 인간은 소우주이자 천지인(天地人)이 하나라는 사상이 나왔고 그 사상은 우주적 전일성을 말하는 것이다, 이와 무관하지 않은 것이 우주영성이며 그 핵심은 일심(一心)을 말하는 신인합일의 사상으로 요약된다. 생명을 일구어내는 우주영성은 모든 존재의 근원이 된다. 그 근원은 불변하는 우주의 영성나무로 비유하기도 한다.

인간이 좋은 열매를 맺는 나무가 되려고 노력하는 것은 자신에게 내재된 영성을 계발하여 가려진 영성의 뿌리를 찾아 그 곳에 근원을 두려고 하는 것이다. 그래서 모든 존재는 우주의 영성나무 안에서 일체동근(一切同根)이며 일심동체(一心同體)가 되어야 한다.

(5) 영성의 의식화는 존재론적인 변화를 가져온다.

인간은 행위 보다 존재가 우선한다. 어떻게 행동하느냐의 문제 보다 어떻게 존재하느냐가 더 큰 문제다. 나무가 좋으면 열매도 좋고 나무가 나쁘면 열매도 나쁜 것과 같다. 그러므로 행위 보다 존재의 변화가 우선되어야 한다. 내적 정화, 영성의 성장, 발전, 영성의 의식화가 이루어지지 않은 상태에서의 행위는 다른 사람에게 부정적인 영향을 미치기 때문이다.

영성의 의식화는 신성을 자의식 속에 입력시켜 신의 이미지를 형성해 나가는 것으로서 이는 기능 훈련 이라기보다는 존재 훈련이다. 진실된 자아를 먼저 형성하는 것이 무엇 보다 중요하다. 돌감람나무가 참감람나무가 되어야 한다. 모든 행위의 뿌리가 되는 신의 형상을 만들어 나가는 데 초점이 맞추어져야 한다. 이것이 신성 형성에 의한 존재론적인 변화를 가져오게 되는 것이다.

2) 의식화의 방법

(1) 의식혁명10)을 통한 의식화

의식혁명은 인간의 깊은 잠재의식에 있는 내면의 신성이 활성화되도록 추구하여 의식을 확장시키는 것이다. 그러한 의식혁명의 시대가 다가오고 있음을 데이비드 호킨스 박사는 의식레벨 측정법을 책 『의식혁명』을 통해 널리 소개했다. 그는 사람들의 견해나 진술, 또는 관념의 진실성을 1부터 1,000까지의 수치로 측정하는 방법을 창안해 냈다. 이 책을 참고로 우리는 관념의 진실성 정도를 그 내면의 질에 따라 수치화 시켜 볼 수 있어 관심을 갖게 되었다.

의식 분석은 인간 생활의 모든 분야에 대한 단면을 보여 주면서 개인이나 집단, 혹은 인종들의 정서적 영성 발전에 대한 분석을 가능케 해 준다. 『의식혁명』은 인간의 여정에 대한 새로운 이해를 제공해 줄 뿐만 아니라, 나와 모든 사람들이 영적인 깨달음의 사다리 중 어느 단계에 와 있는지, 나아가서는 우리 자신의 개인적인 완성도가 어느 정도 무르익었는지를 알려 준다.

① 새로운 의식의 패러다임

새로운 지식으로 탐구된 의식의 패러다임은 우리가 당면한 개인과 사회 문제의 근본적인 해결책을 모색할 수 있는 계기를 마련해 준다.

인간 '개개인의 마음'은 거대한 데이터베이스(data base)에 연결된 컴퓨터 터미널과도 같다고 본 견해는 운동역학적 반응의 시험에서 비롯되었다. 이러한 시도는 인류의 의식세계 자체이고 우리 의식은 단지 모든 인류

---

10) 데이비드 호킨스 저, 이종수 역, 『의식혁명』(한문화, 1997). 참조.

의 공통된 의식에 뿌리를 둔 데이터베이스의 개인적인 표현일 뿐이다. 인간이라는 존재는 바로 데이터베이스에 참여한다는 것을 뜻하기 때문에 동시에 모든 사람은 태어나자마자 천재적인 데이터베이스를 열람할 수 있는 자격이 있다.

데이터베이스가 담고 있는 무한한 정보는 이 세상 어느 곳, 어느 때라도 아무에게나 순식간에 주어질 수 있다. 유용하게 쓰일 수 있는 만반의 준비가 언제라도 되어 있다. 이 발견이야 말로 개인과 인류 전체의 삶을 전적으로 변화시킬 수 있는 것이라고 주장한다.

그러한 데이터베이스는 시간과 공간 그리고 한정된 개인의 의식세계를 초월한다. 이것은 미래에 대한 연구 도구로 쓰일 수 있고, 이것은 인간의 가치관, 행동, 믿음이 어떠한 기초에서 이루어지는가를 객관적으로 보여준다. 이 시험으로 얻어진 지식은 인간 행동을 이해하는 새로운 관점이 될 수 있으며, 진실을 객관적으로 판단하는 새로운 패러다임이 될 수 있다. 이 시험의 기법 자체는 언제라도 어디에서나 누구라도 사용할 수 있으므로, 객관적이고 증명될 수 있는 진리에 기초를 둔, 인간 경험에 기초를 둔 인간 경험의 새로운 시대를 열 수 있는 가능성을 품고 있다.

수치화된 각 레벨들은 의식 자체의 영토 내에 존재하는 강력한 끌개장(attractor fields)을 대표한다. 이 끌개장이야 말로 인간 존재를 지배하고, 따라서 존재의 내용과 의미, 가치를 정의하며 인간 행동의 광범위한 패턴들을 나타내는 조직화된 에너지로서의 구실이라고도 할 수 있다.

② 잠재력은 알고 있다

우리 인간에게 가장 중요한 관심사는 인간 자체에 있는 것이 아닐까? 이를 위해 인간은 많은 노력을 바쳐 왔고, 수많은 분석적인 학문을 발전시켜 왔다.

우리가 항구적으로 믿을 수 있고 때로는 이미 발견한 것처럼 여겨지기도 하는 궁극적인 '해답'을 통해 우리는 경제 문제나 범죄 문제, 국가의 건강이나 정치 문제를 해결할 수 있어야 한다. 하지만 어떠한가? 지금껏 우리는 그 어느 것도 해결하지 못하고 있다.

그것은 자료가 부족해서가 아니다. 사실 우리는 자료의 홍수 속에서 헤매고 있다. 장애가 있다면 그것은 수많은 자료가 아니라 그 자료의 의미를 해석할 수 있는 적절한 도구가 없다는 데 있다. 우리는 이제껏 올바른 질문조차 하지 못해 왔다. 질문 자체의 정확성이나 타당성을 측정할 만한 도구가 없었기 때문이다.

하지만 진실한 해답은 언제나 단순한 곳에 있음을 알아야 한다. 우주의 기본적인 법칙은 경제성이다. 우주는 단 하나의 쿼크(quark)도 낭비하지 않는다. 만물에는 목적이 있고 균형을 이루고 있다. 이 우주에 무의미한 사건이란 없다.

겉보기의 원인들을 조월하여 바라볼 수 있는 시야를 확보하기 이전까지는, 인간은 자기 자신에 대한 앎의 결핍에서 헤맬 수밖에 없다. 자세히 살펴보면, 효과적인 방법을 찾아내는 데 어려움은 본질과 본질이 아닌 것을 구분하지 못하는 우리의 무능력 때문이지 다른 데에 원인이 있는 것은 아니다.

문제를 효과적으로 풀어 나갈 뚜렷한 기준이 없으므로 우리는 거의 비용이 들지 않는, 눈에 보이지 않는 잠재력은 활용할 생각을 하지 않은 채, 눈에 보이는 힘에만 거듭거듭 의존함으로써(법률, 조세, 전쟁, 법칙과 규칙과 같은 것) 비싼 대가를 치러 왔다. 인간의 지식을 검증하는 지점이 그 어디이든, 우리는 항상 '앎'의 현상과 인간 의식의 본성을 고찰하는 지점에 이르게 된다. 그리하여 궁극적으로는, 인간의 조건을 개선시키기 위해서는 앎을 증명할 수 있는 기초공사가 이루어져야 하며 그러한 토대 위에서만 신뢰가 생겨날 수 있다는 자각에 도달하게 된다.

인간의 진보에 가장 큰 장애물은, 의식 자체의 본성에 대한 앎의 결핍이다. 시선을 안으로 돌려 순간순간 마음의 움직임을 살펴보면, 마음이라는 것은 사물을 미처 알기도 전에 움직인다는 사실을 알게 된다. 우리의 행동이 심사숙고의 결과라는 생각은 허황된 망상임이 분명하다. 결정에 이르는 과정은 의식 자체의 고유 기능이다. 마음은 수백만에 이르는 자료들과 그들 사이의 상관관계를 꿰뚫어 보고, 엄청나게 빠른 속도로, 지각할 수 있는 이해의 정도를 넘어서서, 선택을 감행하는 것이다. 이는 비선형 동역학이라는 새로운 과학이 '끌개(attractors)'라고 부르는 에너지 패턴에 의해 지배되는 보편적인 기능이다.

의식은 순간순간마다 최선의 선택을 하는데, 이것이야말로 궁극적으로는 의식이 할 수 있는 유일한 기능이기 때문이다. 특정한 자료에 무게와 장점을 부여하는 것은, 개인이나 집단의 마음을 미리부터 선점하고 있는 끌개 패턴이 작동됨으로써 이루어진다. 이러한 패턴은 확인될 수 있고 설명될 수 있으며 측정될 수 있다. 그러한 지식에 의해 인간의 행동과 역사, 인류의 운명에 대한 새로운 이해가 전면적으로 이루어질 수 있다.

인간이 해야 할 모든 것은 단지 스스로의 부력(浮力)을 증가시키는 것뿐이다. 그러면 그다지 애쓸 필요도 없이 높은 경지에 다다를 수가 있다. 자각할 수 있는 외적인 힘(force)으로는 그러한 묘기를 연출할 수 없고, 눈에 보이지 않는 잠재력(power)만이 그렇게 할 수 있고, 부단히 그렇게 하고 있다.

인간은 자신이 조절할 수 있는 힘 덕분에 살아간다고 생각하지만, 사실은 우리가 통제할 수 없는 잠재력에 의해, 숨겨진 근원에서 비롯되는 잠재력에 의해 지배받고 있다. 잠재력이란 아무런 수고도 없이 주어지는 것이기 때문에 눈에 보이지도 않고 그렇다고 해서 그 존재를 의심할 수도 없는 그 무엇이다.

억지의 힘은 지각을 통해 경험되지만 잠재력은 내적인 인식을 통해 알 수 있다. 인간은 스스로가 무의식적으로 작동시키고 있는 엄청날 정도로 강력한 끌개의 에너지 패턴에 의해 현재의 위치에 서 있는 것이다. 매 순간 순간마다 인간은 구속하려는 억지의 힘과 밀어붙이려는 잠재력이 실랑이를 벌여 이루어진 진화의 지점에 서 있다고 할 수 있다.

인간 개개인은 의식의 바다에 떠 있는 병마개와도 같다. 그는 자신이 어디에 있는지, 어디서 왔는지, 어디로 가고 있는지를 알지 못한다. '왜?' 라는 질문에 그가 답할 수 있는 것은 아무 것도 없다. 인간은 끝없는 수수께끼 속에서 방황하고 있다. 세대에서 세대로 똑같은 질문을 반복하면서 의식의 도약에는 언제나 실패해 왔다.

세상을 보는 관점이나 이해가 한 번만이라도 비약적인 진보를 이룩한다면, 그것은 내적인 안도와 기쁨, 경외감을 안겨줄 것이 틀림없다. 이러한 경험을 해본 석이 있는 모는 이늘은 자신들이 우주로부터 귀중한 선물을 부여받았다고 느낀다. 자료의 수집에는 노력이 필요하다. 하지만 진실은 아무런 노력을 기울이지 않아도 스스로를 드러낸다.

궁극적으로 의식혁명을 통하여 저마다 자신에 대한 이해를 높일 수 있어 영혼의 성숙을 꾀할 준비가 갖추어질 수 있어야 한다.

③ 생활 속에서의 임계점(臨界点) 분석

운동역학 시험의 적용 대상과 범위는 상상하기 어려울 정도로 광범위하다. 인간의 의식과 끌개장의 상호작용은 마음과 육체의 상호작용으로 나타나기 때문에, 어떠한 일이 되었든 거기에 유용한 근본적인 에너지 수준은 누구라도, 어디에서든, 어느 때라도 측정할 수 있다. 오직 두 사람만이 필요하고, 그중 한 사람이 여기서 말하는 근육시험 기법에 익숙하기만 하면 된다.

의식은 진실과 허위의 차이를 뚜렷하게 알고 있다. 그 예로서 운동역학 시험은 감추어진 의미를 드러냄으로써 숨어 있는 질서를 계시하고, 만물의 본질을 적나라하게 보여준다. 이 방법을 사용함으로써 우리는 스스로 배우고 스스로 방향을 설정할 수 있게 된 것이다. 하나의 질문에 대한 해답을 얻게 되면 그 해답은 다시 다음 질문으로 이어지고, 이렇게 우리는 더 향상된 길로, 더 유익한 방향으로 나아갈 수가 있게 된다.

철학적 관점에서 내 몸이나 마음이 나인 것이 아니라, 내가 몸이나 마음을 '가지고 있음'을 깨달을 때, 진정한 자유가 찾아든다고 한다. 일단 죽음의 두려움을 초월하게 되면, 삶이라는 것은 전혀 다른 경험이 된다. 죽음의 두려움은 다른 모든 두려움의 저변에 항상 깔려 있는 것이기 때문이다. 오직 소수의 사람들만이 두려움 없이 산다는 것이 무엇인지 안다. 두려움의 벽을 넘어서야 만이 기쁨이 찾아오고, 이 세상에 사는 의미와 목적이 뚜렷해진다. 이러한 깨달음이 올 때, 인생은 유연해지고 고통의 근원도 녹아 없어진다. 고통이란 우리의 집착의 대가에 불과한 것이다.

자연과학자도 인간의 의식레벨을 운동역학의 관점에서 적용시키고 영적인 면에 접목시키고자 한다면 영성적 삶에 어떠한 영향을 끼칠 수 있는가를 숙고해야 할 것이다. 그는 우리가 어떻게 의식 수준을 높여갈 수 있는가에 중점을 두고 세계적인 인물들을 측정사례를 다양한 측면에서 검토했다.

노벨상을 받은 수녀 테레사는 700으로 측정되고, 1950년 세상을 떠난 인도의 성인 라마나 마하르쉬(Ramana Maharshi, 본명은 Venkataraman Aiyer. 1879. 12. 30~1950. 4. 14)도 같은 수치에서 측정된다. 500이나 그 이상의 수치로 측정되는 진실의 수준은 그것이 어디서 나온 것이든 아주 유익한 것이다. 사랑은 500에서 측정되고, 모든 인간사 중에서도 가장 중요한 것이다. 500이상에서는 세속적이고 물질적인 욕망은 중요한 것이 되

지 못한다. 따라서 진정한 교사라면 물질적인 욕망을 추구하거나 원치 않
는다.

운동역학 시험의 적절한 사용은 자아발견과 성숙의 열매를 맺을 수 있
다. 우리 모두가 인간성의 약점으로 가득 차 있는 사람들이며 이런 약점들
과 분투하며 살아가야 한다는 것을 자각할 때, 우리는 우리 모두에게 자비
심을 느끼게 된다. 누구나 다 한 부분에서는 모자라게 마련이며, 각자가 서
있는 자리가 어디이든 그 자리는 의식 수준의 진화를 위한 행로 중의 어느
지점이다. 우리보다 앞서 있는 사람들도 있고, 우리보다 뒤처진 사람들도
있다. 우리가 걸어온 길 위에는 이미 낡아 버린 삶의 교훈이 있고, 우리 앞
에는 새로운 가르침이 기다리고 있다.

모두가 각자의 의식 수준을 스스로 선택했고, 어느 누구도 주어진 시점
에서 달리 선택할 수가 없었다. 우리는 '여기'에서 '그곳'으로 도달할 수 있
을 뿐이다. 모든 도약은 도약의 발판을 필요로 한다. 고통은 진화를 위해 존
재한다. 죽적된 아픔은 결국 우리들로 하여금 새로운 방향을 모색하게 한
다. 물론 그 작용이 매우 느리긴 하지만 교훈을 얻기 위해서는 수많은 고통
이 필요하다. 이해할 수 없을 만큼 많은 인간의 고통이 이 세상에 존재하는
것은, 그리하여 배움을 얻기까지 그토록 기나긴 시간이 필요한 것은, 바닥
까지 내려가야만 바닥을 치고 솟아오를 수 있기 때문이 아닐까? 천천히, 아
주 천천히, 인간의 문화는 진화의 발걸음을 한 걸음씩 내딛고 있는 것이다.

모든 판단은 결국 자기 자신을 판단하는 것이며, 이를 이해하게 될 때
삶의 본질에 대한 더 큰 깨달음이 찾아올 수 있다. 해로운 것들은 빛을 만
나 정체가 드러나면 더 이상 해를 끼칠 만한 능력을 상실하고 만다. 해(日)
아래에서는 아무 것도 모습을 감출 수가 없다. 모든 생각, 행동, 결정, 느낌
들은 얽히고설킨 미묘한 인생의 에너지 장에 소용돌이를 일으키며 영원한
자국을 남기게 된다. 이러한 깨달음은 처음엔 우리를 당황하게 하겠지만,

한편으로는 진화를 위한 도약대가 되기도 한다.

이렇게 얽히고설킨 우주에서 우리 자신들이 성취하는 조그마한 하나하나의 진전은, 이 세상 모든 사람의 진화를 위해서도 기여하게 된다. 우리 모두는 인류의 집단적인 의식 세계에 묶여 떠다니고 있으며, 그리하여 우리가 집단의식에 보탠 기여도는 고스란히 우리에게 돌아오게 되어 있다. 생명을 더욱 생명답게 빛내기 위해 우리가 한 모든 일은 우리 모두에게 유익하다. 우리 모두가 생명이라는 것에 포함되어 있기 때문이다. 우리는 생명 자체다. "너에게 좋은 것은 나에게도 좋다"는 말은 과학적으로도 사실임에 틀림없다.

자신과 살아 있는 모든 것에 대한 소박한 친절은, 각자의 의식 수준을 변화시키는 가장 강력한 원동력이 된다. 이러한 친절은 반발을 불러오는 법이 없고, 의식 수준을 떨어뜨리는 법도 없으며, 상실이나 절망을 불러오지도 않는다. 이것은 개인의 진실한 잠재력을 어떠한 부작용도 없이 높일 수 있는 원동력이 되어 준다.

대가없이 베푸는 친절의 힘은 은근하지만 끝없이 멀리 퍼져 나간다는 것을 알아야 한다.

결국 모든 질문이 가리키는 길은 궁극의 똑같은 해답으로 통한다는 것을 알 수 있다. 숨겨진 것은 아무 것도 없으며 진실이란 아무데서나 항상 스스로를 드러낸다는 이 발견은, 단순한 것 같지만 크게는 인류의 운명에 대한 깨달음의 열쇠이기도 하다. 나날의 삶을 돌이켜 보면, 우리의 두려움은 거짓에 기반하고 있다는 것을 알 수 있다. 거짓을 진실로 바꿔치기하는 것이야말로 눈에 보이는 것이든 안 보이는 것이든 만물을 치유할 수 없는 것이다. 그 반면에 진실은 만물을 치유할 수 있는 핵심의 비결이다.

모든 질문자들에게 일어나는 가장 최종적인 질문, 그리고 우리 모두에게 가장 거대한 질문, 그것은 바로 이것이다. "나는 누구인가?"

④ 인식의 도약과 지도

인식의 논리는 일반적으로 선형적이다. 선형적이란 논리적이고 이성적이란 뜻이지만 인생의 과정을 보면 비선형적인 것으로서 유기체적이다. 이러한 모순이야 말로 인간이 지적 좌절을 겪을 수밖에 없는 원인이다.

육체가 마음과 동시에 '생각한다'는 것을 보여주는 운동역학은 마음과 육체의 뗄 수 없는 상관관계를 드러내 준다. 자연현상 속에 숨어 있는 에너지 패턴 즉, '끌개'가 존재함이 밝혀졌다. 끌개란 겉보기에는 무의미해 보이는 방대한 자료들에서 나타나는 하나의 동일한 패턴에 주어진 이름이다. 부조리하게 보이는 만물 속에는 조화가 숨어 있다는 것이다.

강력한 끌개장이 인간 행동을 좌우하고 있다. 따라서 모든 탐구의 길은 결국 하나의 지점에서 만나게 되는데 그것은 순수의식의 본성을 이해하기 위한 질문이다. 우리는 우주와 과학 그리고 마음이라고 경험되는 의식의 상관관계를 통해 인간을 이해할 수 있을 것이다.

우주 안의 모든 것은 다른 모든 것과 연결되어 있으므로 우리들은 하나인 의식의 에너지 장(場)이라는 지도책을 그림으로써 과학적으로 인간 의식을 탐구하고자 한다. 그리하여 인간경험의 다양한 표현들이 전체를 포용하는 하나의 패러다임 안에서 통합되어야 한다.

의식의 에너지 장은 지배의 장과 무관하지 않다. 지배의 장(fields dominance)은 약한 에너지 패턴에 영향을 미치는 고도의 에너지 패턴에서 나타난다. 이것은 마치 거대한 전자장 안에 작은 자장(磁場)이 공존하는 현상과도 같다. 우주의 삼라만상은 다양한 힘을 가진 끌개 패턴의 상호작용에 의해 나타난 것이다. 인생의 무한한 복잡성은 이러한 에너지 장들의 확대와 축소작용의 반향 그리고 여기에 그것들 사이의 조화와 상호작용이 덧붙여져서 빚어진 결과다. 그러므로 의식 에너지 장에 관한 지도는 과학적인 의식의 진화에 따르는 현대인의 필수사항이 되었다. 의식지도에서 측정된 대강의 수치는 감정이나 인식, 태도, 세계관, 영적 믿음 등을 통해 나타나는 특정한 의식 세계와 서로 상 응한다.

의식 세계를 수치화하는데 있어서 '용기'의 수준인 200이 일종의 분기 점이 된다. 어떤 생각이나 태도나 느낌이 200 이하의 수치로 나타나면 그 것은 근육반응이 약하게 나타났다는 것을 뜻한다. 이 200이라는 수치야 말로 끌개가 강하냐, 약하냐, 영향력이 긍정적이냐 부정적이냐의 분기점 이 된다.

우리는 무한한 잠재력을 가진 의식의 무한한 차원을 느낄 수 있다. 인간 의 의식 안에는 타고난 '인간성'을 행동을 통해 발휘하도록 해주는 엄청나 게 강력한 끌개장이 존재한다.

뇌는 마음 속에 존재하는 일련의 에너지 패턴을 받아들이는 수신기에 지나지 않고, 이 에너지 패턴은 의식이 생각의 형태로 표현되는 것처럼 존 재한다. 생각이 나의 것이라고 믿는 것은 에고에 불과하다. 모든 의식의 기 저에는 신성이 있기 때문이다.

⑤ 인간의 의식수준

오래 동안 수백만 번의 시험으로 우리에게 알려진 태도와 감정을 정확 한 숫자로 나타내게 되었다. 마치 자석이 쇠붙이를 끌고 오듯이, 특정한 끌 개장이 우리의 태도와 감정을 주관한다. 우리는 이 에너지 장을 이해하기 쉽게 다음과 같이 구분했다.

의식 측정 수치는 산수의 값이 아니라 대수의 값이다. 따라서 300은 150의 두 배가 아니라, 300의 10승을 말한다. 그러므로 아주 작은 수치가 증가하더라도 그 잠재력은 굉장한 진보를 이룩한 것이다. 수치의 증가에 따른 잠재력의 증가 비율은 엄청난 것이다.

의식의 다양한 차원들이 표현되는 방법은 실로 심원하며 상상하기 어려울 정도로 그 영역이 광범위하다. 그것들이 끼치는 영향은 미묘하면서도 엄청나다. 200 이하의 수준은 개인이든 사회이든 파괴적인 삶을 뜻하며, 200 이상의 수준은 잠재력의 건설적인 표현이다. 200이라는 결정적인 수치는 잠재력과 억지의 힘의 분기점이 된다.

의식의 에너지 장에 상응하는 감정을 수치화한 것은 의식의 다양하고 복잡한 여러 수준들을 합산한 개인의 총체적인 의식 수준을 말한다.

신경증을 초래하는 수치심의 수준은 에너지 수준 20으로 위험할 정도로 죽음과 가장 가까운 상태로서, 더 이상 살고 싶지 않지만 자살을 할 수도 없으니 마지못해 살아간다는 식의 자세다. 이 수준의 공통점은 죽음이라는 것을 피하고 있을 뿐이라는 점이다.

죄의식에 대한 에너지 수준은 30이다. 처벌과 농간의 수단으로 우리 사회에서 자주 쓰이는 '죄의식'은 여러 형태로 나타난다. 자기 연민이나 자기 학대, 피해 의식에서 생기는 여러 증상들이 바로 그것이다. 무의식적인 죄의식은 정신 이상에 원인이 있는 신체의 질병을 초래하고 사고를 저지르기 쉬우며, 자살을 감행하기도 한다. 전생애를 바쳐서 죄의식과 싸우는 사람들도 많고, 죄의식을 전면 부인함으로써 필사적인 도피를 시도하는 사람들도 있지만 이 역시 죄의식의 소산이다.

자학 증상이 심해지면 공공연한 동물 학살로 잔인성을 드러내는 경우가 적지 않다. 죄의식은 분노를 일으키고, 살상은 이러한 분노의 표현이 된다.

에너지 수준 50은 무기력, 75는 슬픔, 100은 두려움, 125는 욕망, 150은 분노, 미국 해병대를 통솔할 만한 충분한 에너지 수준인 175는 자존심, 200은 내면의 참된 잠재력이 처음으로 나타나기 시작하는 용기, 250은 중용, 310은 더 높은 수준에 이르기 위한 관문이라고 볼 수 있는 자발성, 350은 포용, 400은 이성, 500은 조건 없이 변함없고 영원함에 눈뜸으로 특징지을 수 있는 사랑, 540은 기쁨이며 540 이상부터는 성인, 영적 치유자, 그리고 그 제자들의 영역이다. 이 에너지 장의 특징은 계속되는 역경 속에서도 인내하고, 긍정적인 자세를 잃지 않는다는 점이다. 이 수준의 특징은 이들이 갖는 자비의 마음 상태다. 이 수준에 도달한 사람들은 다른 사람들에게 많은 영향을 끼친다. 이들에게는 사랑과 평화를 널리 전파할 수 있는 능력이 있다.

그리고 에너지 수준 600은 초월이나 자아실현, 신 의식 등의 용어로 묘사되는 경험과 깊이 관련된 것으로서 평화이며, 600이나 그 이상의 수준에서는 보는 자와 보여지는 자의 구분이 사라지고, 바라보는 사람이 풍경 속으로 녹아들어가 풍경과 하나가 된다. 모든 것은 다른 모든 것과 '지금 여기 계시는' 분에 의해 연결되어 있고, 그분의 힘은 무한하고, 끝없이 온화하고 그러면서도 바위처럼 견고하다.

600~700의 수치로 측정되는 위대한 미술, 음악, 건축 작품 들은 잠깐 동안이나마, 우리들의 의식을 더 높은 세계로 고양시켜 주며, 시간을 뛰어넘어 영감을 불어넣는 원천이 되어 준다. 에너지 수준 700~1,000은 영적 완성자의 단계로서 깨달음이며 모든 인류에게 영향을 주는 끌개 에너지 장을 형성한다. 이 수준에서는 '진아(Self)'와 '의식'과 '신성'이 하나로 동일시된다. '보이지 않는' 세계조차도 마음을 뛰어넘어 '진아'로서 경험된다. 이렇게 에고를 초월함으로써 인간 완성이 어떻게 이루어질 수 있는지를 다른 이들에게 보여주는 모범이 된다. 이 수준이야말로 인간의 몸을 입고 도달할 수 있는 최고봉인 것이다. 이 단계는 이원성을 뛰어넘는, 완전한 '하나(Oneness)'의 계제다. 의식의 분화가 더 이상 일어나지 않으며, 항상 깨어 있는 의식으로 살아간다.

이처럼 신성한 은총은 1,000에 이르는 것으로 측정되며, 역사에 기록된 인간으로서는 가장 높은 수준으로서, 우리에게 알려진 세계적 성인들이다.

⑥ 앞으로 나아가야 할 새로운 지평선

높은 의식 수준에 있는 사람들은 고도로 강력해진 에너지 상태를 자주 경험하지만, 이러한 순수 상태를 규칙적으로 경험하는 사람은 소수에 지나지 않는다. 그것은 높은 에너지 장이 낮은 에너지 장인 근심, 공포, 분노, 분개 등으로 항상 가려져 있기 때문이다. 보통의 평균적인 사람들이 두려움 없이 사랑을 느끼고 황홀감이나 기쁨을 느끼는 것은 실로 드문 일이다. 그러나 이 높은 경지는 너무나 강렬하여 한번 경험하면 절대 잊혀지지 않으며 자꾸 그 경지를 추구하게 마련이다.

㉠ 높은 의식수준을 향항여

명상을 통해 삼매경(三昧境)을 체험한 사람들이나 임상적으로 죽음의 선고를 들었으나 다시 살아난 사람들은, 한 때 자기들이 도달했던 높은 의식 상태에 다시 도달하고자 추구를 계속하게 된다. 그런 사람들은 삶을 바라보는 관점의 대전한이 이룩되는 경우가 많다. 이 물질세계를 벗어나서 진리를 추구하는 도인이 되는 경우도 적지 않다. 1960년대에 유행했던 환각제(LSD)의 도취감을 경험한 사람들 중에도 이러한 일이 일어났다. 높은 의식 상태는 사랑이나 종교, 고전 음악이나 미술, 혹은 영적 수련을 통해서도 경험될 수 있다.

사람들이 여러 방법으로 추구하는 높은 의식 상태란, 사실 그들 자신의 의식(진아, Self)의 장에 대한 경험에 지나지 않다. 영혼에 대한 이해가 결여되어 있고 황홀경을 이해할 만한 마음의 준비가 되어 있지 않다면, 고도의 의식 상태란 자기 '밖의' 무엇(예를 든다면 스승이나 음악, 약물, 연인 등)에 의해 주어진 것으로 믿어 버리기 쉽다. 사실 그들에게 일어난 느낌이란 특수한 상황 아래서 '자신들 내면에 지금 있는' 그 무엇을 경험한 것에 불과하다. 대부분의 사람들은 자신의 순수의식과 너무 동떨어져 있으므로, 스스로의 안에 있는 것을 경험하면서도 그것을 인식하지 못한다. 이 것은 그들이 낮은 상태인 에고 중심의 자신을 진정한 자기 자신과 동일시하기 때문이다. 이러한 부정적인 자기 이미지는, 자신의 본질인 흠 없고 완전한 '밝음'을 가리게 된다. 기쁘고 평화롭고 만족스러운 상태가 자신들의 본질이라는 것은 위대한 종교 지도자들의 기본적인 가르침이다. 예수도 '신의 나라는 네 자신 속에 있다'고 하지 않았는가.

높은 의식 수준으로 올라갈수록 사람들은 이미 주어진 자신의 전생애를 다시 계획하고 싶어 한다. 고도의 의식 상태를 단 한 순간 경험했을지라도, 그 순간의 경험은 인생에 대한 생각이나 목적, 가치관을 온전히 바꿔 놓을 수 있다. 이런 경험을 통해 옛날의 자기가 아닌 새로운 사람으로 탈바꿈하는 것이다. 영혼의 길목에서 얻어진 이러한 보기 드문 경험이야말로 영혼의 성장, 발전 바로 그것이다.

ⓒ 분별력과 통찰력 향상

의식혁명의 책에 의하면 보통 사람은 일생 동안 겨우 5점의 의식 수준이 발전한다고 한다. 그러나 개인의 작은 향상이 지구상의 모든 사람들의 의식 수준에 조금이라도 도움이 된다는 것은 주목할 만한 사실이다. 그러므로 의식 수준의 향상은 개인이 세상에 줄 수 있는 가장 큰 선물이다. 전 인류는 몇 세기 동안 190에 머물렀으나 1980년대 중반에 204의 수준으로 향상되었다. 역사상 처음으로 인간은 위로 전진할 수 있는 안전한 발판 위에 서게 되었다. 이것은 우리에게 새로운 희망을 준다.

영적인 통찰력과 종교성을 내세우는 문헌들을 대할 때 우리들은 마음 놓기 쉽다. 그러나 인간이 저지르는 가증스러운 범죄는 신의 이름 아래 행해진다는 것을 잊어서는 안 된다. 폭력을 사용하는 종교는 분명히 배척할 수 있지만 경건한 것처럼 보이는 신앙은 정말 분간하기 어렵다. 보이지 않는 끌개장이 파괴를 부르는 쪽으로 은밀하게 영향을 미치기 때문이다. 이러한 악은 무서워하거나 피할 필요가 없다. 어두움은 직접적인 공격에 의해서 해결되지 않고 분별의 빛을 비춤으로써 없어지기 때문이다. 이제 도덕적인 분별력을 어떻게 유지하고 배양할 것인가 하는 마지막 문제가 남아 있다.

대부분의 사람들에게 삶이란 그리 쉬운 것이 아니다. 인간은 현재 선악의 분별 능력이 결핍되어 있다. 이러한 깨달음은 겸손하게 자기를 맡길 때 우리는 이미 발전의 준비를 갖추고 있는 셈이다. 우리는 속기 쉽고 감각에 의해 쉽게 유혹되며 육체적, 지적인 매혹의 환상에 사로잡히기 쉽다는 것을 인정해야 한다. 그때에야 비로소 분별력을 향한 첫 단계를 밟는다고 할 수 있다.

예를 들면, 운동역학을 사용함으로써 진실과 허위에 대한 영혼의 어두움은 점차 밝아질 수 있다. 직관력을 타고난 극소수만이 부정적 에너지에 의해 해를 입지 않고 깨끗한 삶을 살 수 있다. 우리는 최면술과 같이 작용하는 파괴적 끌개장에서 오는 손상을 보수하는 데에 많은 시간을 소모하게 된다. 가장 흔하고 만연된 중독은 부정이며, 이것은 이지적인 허영에 의해 우리를 어두움으로 덮는다. 지성이란 허위를 알 수 있는 능력을 결핍하고 있을 뿐만 아니라, 허위에 대한 분별력이 있다 하더라도 이 분별력을 견지할 만한 힘이 부족하다. 인간에게는 결정적인 분별력과 통찰력이 결핍되어 있기 때문이다.

ⓒ 의식의 대전환

종교 경전에는 우리 인간이 보이지 않는 억지의 힘들에 의해 고통 받는 모습을 자주 볼 수 있다. 우리는 아무렇지 않게 보이는 사물에서 보이지 않고 조용한 에너지의 빛이 나오는 것을 알고 있다. 라듐의 발견자들은 목숨을 잃었다. 엑스레이는 치명적이고 방사선의 방출은 라돈과 마찬가지로 조용한 죽음을 가져온다. 우리를 파괴하는 끌개 에너지장 역시 보이지 않아 은밀하지만 그 힘은 절대로 약하지 않다. 누가 '홀렸다'고 할 때의 그 뜻은 부정적인 끌개장의 지배에서 그 사람이 빠져 나오지 못하는 상태를 뜻한다. 이러한 면에서 사회의 많은 사람들은 너무 홀려 있어서 자신들의 행동 동기가 무엇인지 전혀 모른다. 우리는 이 세상에서 천국과 지옥을 택하며 결국 자신의 선택의 노예가 된다. 지옥이란 부정적인 에너지의 계속적인 선택과 사랑으로부터 자신을 격리시키는 최종 결과다.

깨달은 이들은 중생이 하나의 꿈속에 갇혀 있다고 묘사해 왔다. 대다수는 보이지 않는 억지의 힘에 밀려 많은 시간을 절망 속에서 헤맨다. 이런 파괴적인 힘에 자기도 모르게 갇힌 사람들에게 구원이란 가능한 것일까?

구원은 가능하다. 구원이란 사랑의 생각이 부정의 생각보다 훨씬 힘이 크다는 사실에 보장되어 있다. 따라서 사랑과 기도에 의한 문제 해결은 확실히 과학적 근거를 갖고 있다. 인간은 자신 속에 자신을 구원할 힘을 가지고 있다.

인간의 고뇌는 근시안적인 생각을 어떻게 초월하느냐에 있다. 우리를 무지의 어두움에서부터 헤쳐 나오게 하는 본래부터 주어진 나침반을 발견하게 하는 능력은 초월을 향한 집단적인 우리의 의지에 달려 있다. 이 나침반은 단지 예, 아니오를 말할 뿐이다.

에고(자아)와 동일시되는 마음은 한계를 지니고 있어서 진실을 이해할 수 없다. 자아를 초월한 마음의 역설을 넘어서야만 '존재'는 마음의 무한한 절대성 속에서 스스로를 빛나는 자리에 세울 수 있다. 그러나 우리 모두의 눈멀음에 대한 자비심이 우러나와야 우리는 자신을 용서하는 법을 배울 수 있을 것이다. 그때에야 비로소 평화가 우리의 미래가 될 수 있다. 이 지상에서 우리가 나아갈 길은 명백하다. 인간의 의식 수준이 마침내 200

이상이 된 오늘날, 우리는 인간 문화의 전 분야에서 획기적인 대전환을 기대할 수 있게 되었다.

인류는 이제 비로소 자신들의 앎과 행동에 대해 훨씬 진지해 질 수 있게 된 것이다. 좋든 싫든 전적으로 책임을 져야 하는 것은 우리 자신이다. 이제 우리는 집단적인 깨달음의 진보를 꾀할 수 있는 지점에 와 있다. 무지로 인한 대가를 더 이상 수동적으로 치르고만 있을 수는 없다. 그렇지 않다면 우리의 집단의식은 새로운 차원으로 뛰어 오를 수 없을 것이다. 이제부터는 더 이상 암흑의 노예로 남아 있을 수는 없다. 신의 영광을 위해 나서야 한다.

우리의 의식 수준을 500의 사랑, 540의 기쁨, 600의 평화로 향상시켜 개인이 사랑과 평화의 주체가 될 수 있도록 의식을 개혁해 나가야만 한다.

(2) 공명을 통한 의식화 : 물의 의식을 중심으로

'물과 한국인의 청수사상'11)에 의하면, 대자연의 신비는 물 기운을 통하여 이루어지고 물의 신비는 만유 생명의 신비와 같다. 원초적 생명의 신비를 이해하려면 물의 연구는 인간에게 빠질 수 없는 한 분야가 된다.

모든 생명력을 가진 형(形)은 반드시 물 속에서 양육된 것임을 알 수 있다.12) 새로운 생명체는 양수(養水) 속에 싸여 인체(원자 및 분자)조직을 형성한다. 이로부터 모든 기운을 받아들이며 완전한 생명체가 될 때까지 성장한다. 그래서 그 물이 보호수가 아니고 양수인 것이다. 생명체의 조직은 양수의 파동에 예민하게 반응한다. 인간의 생각과 염원은 물에 의해 복사되어 신경조직을 통하여 뇌파로 전달되기 때문에 물은 기억력의 매개체와

---

11) 안병로, 「물과 한국인의 청수사상」,『신종교연구』, 제 6집, 2002, pp.136-162 참조.
12) 한동석, "우주변화의 원리", pp.253-254 참조.

긴밀한 관계가 있다. 태아 교육의 중요성이 강조하는 것도 외부의 파동을 가장 잘 수용하는 이러한 물의 특성에 있다.

바다와 육지는 약 7:3의 분포비율로 되어 있듯이 완전히 성장한 인체는 약 70% 이상이 물로 구성되어 있다. 인간이 수정란 때에는 99%가 물이고 막 태어났을 때에는 90%, 완전히 성장하면 70%, 죽을 때는 약 50% 정도가 된다. 그렇게 인간은 태어나면서 죽을 때까지 물 상태로 살아간다. 인간이 수분을 1-2%만 잃으면 심한 갈증과 괴로움을 느낀다. 5% 정도 손실되면 반 혼수상태로 빠지고, 12%를 잃으면 생명을 잃는다. 음식을 먹지 않고 물만 먹어도 4~6주 정도 살 수 있으나 수분을 섭취하지 않으면 신진대사의 장애(障碍)로 체내의 독소 배출기능이 저하되어 자가 중독을 일으켜서 1주일을 넘기기 어렵다.

(가) 생체학적 관점

현대 생체학적 관점에서 물의 파동과 공명현상에 대한 연구가 활발하다. 물은 생명체에 각종 영양분을 효과적으로 공급하는 용매로 작용한다. 체내의 물은 생체 정보의 수용 능력과 저장 능력이 그 무엇보다도 우수하며, 파동을 매개하는 최적의 물질이다. 인체 내의 물은 생체분자로 활동하며 매우 유동적이다. 체내의 물이 체액을 정화시키고 노폐물을 배출시키는 역할을 할 뿐만 아니라, 세포활동과 생명활동에 결정적인 역할을 한다.

체내의 물은 수시로 다른 곳으로 이동하고 새로운 물의 분자로 대치되고 있다.[13] 인체세포 간의 정보전달은 생체광자(biophoton)[14]를 통해 이

---

13) 생체조직에 독소와 노폐물을 제거하기 위해 식용수로 사용하는 깨끗한 샘물 특히, 六角水는 長壽의 매개체이다. 육각수는 직접 체내의 세포에 붙어서 생체분자를 보호하기 때문에 생체분자활동에 가장 효과적인 물질로 인체에 면역력을 가장 많이 상승시킨다.
14) Biophoton: 생체에서 방사되는 매우 미약한 빛 즉, 광자를 말한다. 생체의 화학반응에 의한 빛의 세기가 108 대라면 생체광자는 세기가 10-6 정도밖에 되지 않는다. 이 빛이

루어진다는 연구 발표가 있다. 사람이 염원한 파장은 그가 염원하는 세계로 파동과 공명으로 정보 전달이 이루어질 수 있다는 것이다. 공명(共鳴)15)이란 서로 다른 계류의 사이에서 에너지나 정보의 손실 없이 자유롭게 에너지를 전달하고 서로 동조(同調)하여 진동을 일으키는 것이며, 또한 상호 간에 정확히 조화를 이루면서 관계를 이끌어 내는 '진동작용'이다.

체내에 생체 에너지가 있듯이 우주에도 현묘한 기운인 영원한 생체 에너지가 있다. 이 에너지는 과학적 용어로 우주의 생체자기장과 비교된다.16) 생체자기장의 역할은 형이상학적 의미에서 천·지·인을 다양하게 변화시킬 수 있는 생명 창조의 대현령(大顯靈)이며, 우주의 현상을 이끄는 영(신)의 기운과 같다. 사람이 정화된 마음으로 염원할 때 어떤 섭리로 신의 감화가 이루어지는지, 또 어떻게 우주의 성스러운 기운을 받아 생명을 보존할 수 있는지의 여부를 현대 생체학적으로 접근해 본다.

바이오-스펙트로니스(Bio Spectronics) 연구소의 소장인 마사루 에모토(Masaru Emoto)17)는 물의 공명현상을 연구했다. 그의 이론에 의하면 물은 공명자장을 지닌다. 인체의 췌장에서 분비되는 호르몬인 인슐린을 물에 녹였을 때, 인슐린을 둘러싼 물분자는 DNA 주위의 물처럼 고리 구조를 취하고 있다. 등전도면(等傳導度)을 그려보면, 이 네트워크를 빠져나가는

있기에 세포분열의 개시와 세포 간의 통신이 이루어진다.

15) 共鳴이 제대로 이루어지지 않으면 생명체의 일반적인 형질은 퇴화되고 때때로 멸종이라는 극적인 상황에 이른다.

16) 자연스러운 종교적 성스러움(das Heilige)과 우주의 생명 자기장적 기운(Pneuma, Hauch des Kosmos od. Hierophany)은 신의 음감(應感)현상(Gotteserscheinung bzw. Theophany)으로 나타난다. 이때 영묘(靈妙)하게 임재(臨齋)되는 우주생명의 성스러운 기운(Kraftophany)은 만사 만물에게 생명의 기운이 된다.

17) Masaru Emoto는 1994년부터 각 지역(일본, 영국의 London, 프랑스의 Paris, 미국의 New York, 카나다의 vancouver, 아르헨티나의 Buenos Aires, 브라질의 Manaus 등)에서 수돗물, 자연수(청수, 용천수 포함) 및 남극의 얼음(Antarctic Ice)등을 채수(採水)해서 물의 구조가 주어진 여러 상황에 따라 어떻게 변하는가를 연구하였다.

고주파의 세포 신호가 공명자장을 형성하고 있다. 이러한 세포신호는 사람이 소원을 염원할 때 그 염력(念力:念波)이 또한 우주계에 전달되어 공명자장을 일으키는 것과 상호 비유된다. 상호 동일한 공명자장의 작용은 체내의 물분자와 DNA의 생명활성에 영향력을 주고 있다. 여기서 물분자와 DNA의 구조형태가 등가적으로 연구된 점은 대단히 흥미로운 대목이다.

세포는 인체구성의 중요한 요소인 단백질, 유전자 등과 같은 생화학적 물질구조로 이루어져 있다. 인체의 세포 수는 100조 정도 된다고 알려져 있고 세포핵 속에는 유전자의 본체인 DNA가 나선 계단처럼 감겨 있다. 나선 속의 6각형은 염기, 5각형은 당(糖) 그리고 당(糖)과 당(糖) 중간에는 인산이 있다. 염기와 염기를 잇고 있는 선은 수소결합으로 자유롭게 움직일 수 있도록 되어 있다. 이와 같이 물도 육각형, 오각형의 고리 또는 사슬구조의 분자결합으로 존재한다. 물 분자구조의 이러한 형태는 인체의 DNA 구조와 같은 모습을 하고 있으며, 이로부터 DNA는 물분자의 구조와 상호 밀접한 관계 속에서 물을 매개로 한 파동의 기능을 가진다. 그리고 유전자는 그 주변이나 중심에 독특한 모양의 군집화(Cluster)된 물을 형성하고 있다.

(나) 생화학적 측면

물의 결정체는 생화학적으로 어떠한지, 물은 인간의 생각, 표현, 소리, 문자 그리고 파동에 따라 어떤 변화를 보이는가에 대해 살펴보면 물분자를 구성하는 산소와 수소원자의 전기 음성의 차이는 오각형, 육각형 등과 같이 서로 다른 형태의 결합을 나타내는데 있다. 물은 수소 결합에 점도가 낮고 유동성이 우수하여 세포 간의 정보 전달에 큰 역할을 한다. 또한 물의 전기 전도율은 생체에서 효과적인 생체광자(生體光子, biophoton)의 전달을 위해 중요한 통로인 물리적 기반을 제공한다.

물의 파동의 세계에서 생체광자는 공진(共振)에 의해 세포분열의 개시와 세포 간의 통신자 역할을 한다. 이로써 정보 전달이 이루어진다. 이것은 바로 물이 살아 있는 생명체의 증거이며 정보 전달의 매개로서 인식과 표현능력이 있다는 것을 보여주는 것이다.

생화학적으로 다양한 파동을 전해 받은 물(波動水)은 각기 다르게 반응되어 변화된 모습을 가진다. 그러나 물이 액체 상태에서 다양한 음악소리나 어떠한 문자에 영향을 받아 반응한다는 것은 확인할 수 없다. 그래서 I.H.M 종합 연구소의 소장인 마사루 에모토(Masaru Emoto)는 그러한 파동수를 빙결시켜 보았다. 파동수에 대한 검증된 생화학적 연구결과는 책으로 출판되었다.18) 그 책에 다양한 물의 결정체에 대한 사진과 설명이 첨가되어 있다. 주요점(主要點)은 아래와 같이 요약 할 수 있다.

① 0℃에서 걸빙된 물의 형상은 한문으로 水자 모습과 거의 흡사하다.

② 각지에서 채수(採水)된 물을 영하 20도 이하로 얼려서 보관했고 IHM 연구실은 영하5 ℃로 설정되었다. 남극에서 채수하여 빙결시킨 것과 깨끗한 지하수의 빙결체의 구조는 연구실에서 MRA(Magnetic Resonance Analyzer, 공명자장분석기)로 관찰되었다. 그들은 결정(結晶)구조는 아름답고 화려하게 빛나는 6각형의 크리스탈(Crystals)의 모습이다. 그 반면에 일반 자연수의 빙결체 구조는 수질의 오염도에 따라 각양각색으로 변모된 형색이다.

③ '감사합니다', '바보', '죽인다', '魂,' '鬼', '천사', '악마', '아름답다'와 '더럽다', '天照大神', 'Adolph Hitler', 'Mother Teresa' 등을 일본

---

18) 江本勝(Masaru Emoto), 『水 からの 伝言(The Message from Water)』(東京, Japan: 波動敎育社, 1999), pp.7-138 참조.

어, 영어, 한국어로 종이에 썼다. 그렇게 쓰여진 용어들을 물이 담긴 물병에 각각 따로 붙였다. 그리고 그 물병들은 어떻게 반응하는가를 알고자 충분한 시간을 준 다음 상기와 같은 방법으로 빙결시킨 후 관찰했다. 물병의 물은 물병에 붙여진 각기 다른 문자의 의미에 따라 반응했다. 물도 의식을 가지고 문자가 전하는 메시지에 따라 인식을 하여 희노애락 등을 표현한다는 것이 빙결체의 구조에서 나타났다. 빙결된 물의 화학적 구조와 색채가 다양하게 변형된 것으로 발견된 것이다.

감사와 기쁨, 희망을 담은 문자에서 반응된 물의 결정체는 찬란하게 빛나는 크리스탈과 같은 모습이다. 그와 반대로 절망과 공포 및 추한 형태의 의미가 담겨 있는 문자에서 반응되어진 빙결체는 흉악하게 일그러진 물의 구조와 혐오스러운 색채가 함께 어우러져 드러났다. 물은 살아 있는 생명체로서 주어진 환경에 따라 영향을 받아 다양한 모습의 결정체를 가진다.

④ 물에 다양한 음향(音響)의 소리를 전사(轉寫) 시킨 후, 그 물(일종의 파동수(波動水) 또는 共鳴磁場水)이 청취, 인식, 감각, 기억, 대화작용 등을 할 수 있는가? 공명자장수가 여러 가지 음악[19]의 고유한 음률과 음질을 최대한 수용하여 저장하는가? 파동적 음향의 특성에 따라 물이 기억된 생체정보를 전달할 수 있는가? 이에 대한 실험이 진행됐다. I.H.M 종합 연구소에서는 그러한 파동수들을 빙결시켜 변화된 파동수의 결정체가 어떠한가를 MRA(공명자장분석기)로 분석했다. 빙결된 공명자장수의 구조는 음악 소리의 특징에 따라 그 진동이 전달되어 그에 상응하는 결정체로 변화되었다. 그 결정체는 음악소리에 따라 형형색색의 자태를 지니고 있다. 밝고 상쾌한 곡을 들려주면 그 곡조에 어울리게 아름답고 잘 정돈된 결정으

---

19) 들려준 음악은 Beethoven's Pastorale, Mozart's "Symphony No.40 in G. Minor", Bach's "Air for the G String" Bach's "Goldberg Variations" Chopin's "Farewell Song" Healing Music, "Hado", "Tibet Sutra", "A Korean Folk Song", "Arirang", "Kawachi Folk Dance Song", "A Heavy Metal Music", "A Popular Music in Japan" 등 이였다.

로, 분노와 반항의 언어로 가득한 시끄러운 음악의 결정은 제멋대로 깨어진 형태의 결정으로 나타났다.

⑤ 최종적인 단계로서 물은 사람이 염원하면서 전하는 소리나 염불에 어떻게 변화하는가. 이에 대해 일본의 후지와라 댐에 있는 물이 생화학적으로 검사되었다. 그 댐의 물이 검사되기 전에 사진으로 공개되었는데, 사진 속의 그 물은 오염된 물로 보인다. IHM 연구소는 먼저 그 댐의 물을 채수(採水)하여 빙결시킨 후 'MRA'로 검사해 보았다. 그 물은 본래 맑은 물의 화학적 구조가 상실되어 흉하게 일그러진 모습이었다. 그러한 실험의 결과가 끝난 다음에 일본의 Jyuhouin Temple의 카토호키 주지 스님이 미나가미 조 군마에 있는 후지와라 댐으로 초빙되었다.

⑥ 카토호키는 그 댐에서 약 한 시간 동안 기도와 주송(呪誦)을 했다. 그는 그 강물에게 참회하는 마음과 물에 대한 사랑과 감사 등의 뜻을 소리로 전달했다. 그 후 물은 점차 맑아지면서 깨끗한 물로 바뀌었다. 물은 정보를 기억하고 그 정보를 진딜한다. 물이 사람의 마음과 염원하는 소리를 그대로 인식하여 반응한 것이다. 사람이 순수하고 맑은 감정을 가지고 물과 대화할 때 나오는 그 어떠한 기운은 파동의 매개체며 통신자가 된다. 이러한 기운을 인식하는 것은 물의 수령이다. 물의 "수령"(水靈 : 물에 내재하는 神性)과 공유된 교감 속에 상호 공명(共鳴)의 조화를 이룬다. 이러한 조화로운 기운이 물을 맑게 할 수 있다는 것이다. 사람의 정성이 담긴 소리와 염력(念力)은 하나도 헛됨 없이 있는 그대로 물은 수용하여 반응한다. 정성이 담긴 사람의 소리와 염력은 우주의 에테르와 같이 활력(活力)있는 생명의 파동기운으로 작용된다는 것을 미루어 짐작 할 수 있다.

이와 같은 과학적인 실험을 토대로 분석하고 사상적으로 접근해 보아도 우리가 일상적으로 사용하는 말과 글 그리고 소리 등이 얼마나 중요한지를 알 수 있다. 긍정적인 말을 하면 그 진동음이 물질을 좋은 성질로 바꿔고, 부정적인 말을 하면 모든 것을 파괴하는 방향으로 이끌어가는 것을 볼 수 있다. 예컨대 사람이 물에게 사랑·감사라는 말과 음악을 전하고 들려 주면, 그 물은 6각형의 꽃처럼 활짝 핀 아름다운 모습의 결정으로 변했다는 것이 사진으로 공개되었다. 사랑과 감사, 기쁨과 희망 등 긍정적인 면에 대하여 물이 보여준 것은 마음 즉, 의식이 얼마나 소중한 것이며, 의식 세계의 모습을 바꾸는데 얼마나 큰 영향을 끼치는가를 잘 보여 주었다.[20]

㈐ 철학적인 측면

70% 이상의 물로 구성된 사람은 어떤 마음으로 살아가야 하나? 누구나 공명할 수 있는 사랑과 감사가 세계의 의식을 바꾸어 이끄는 핵심주제어라는 것을 물은 이미 알고 있다. 보이지 않는 사람의 의식이나 말이 가지는 에너지가 물의 결정으로 드러난다는 것을 알았다. 마음과 말은 물론 생각(염원의 파장)과 파동이 물의 결정에 변화를 준다는 사실을 눈으로 확인하게 되어 정신, 생각, 마음과 말의 중요성을 새삼스럽게 느낀다.

① 언어의 힘

물이 인간의 말과 문자의 특성에 따라 민감하게 반응하는 것을 살펴보았듯이, 말은 제각기 고유한 진동수를 가지므로 우주에 영향을 끼치는 에너지다. 입에서 나오는 말은 만물에 작용하기 때문에 언어의 힘 또는 언혼(言魂)이라고 한다. 우리는 우리가 살아가는데 말의 혼이 얼마나 강력한지를 경험하게 된다. 따라서 사람을 사랑하고 긍정적이고 올바른 처신과 같은 의식은 사람을 바꾸고 우주를 바꾸는 원동력이 된다. 그 의식은 대단한 힘이 되어 전 세계로 퍼져 나간다. 그것을 검증적으로 확인시켜 주는 것이

---

20) 마사루 에모토(저), 양억관 옮김, 『물은 답을 알고 있다』, 나무심는 사람, 경기 파주, 2002년.

바로 우주생명이 잉태하는 물의 의식과 다를 바가 없다.

②말은 마음의 거울이다.

지금 양자역학은 물질이라는 것이 본래 진동에 지나지 않는다는 것을 보여주고 있다. 물질은 입자로 구성되어 있고 그것은 입자이면서 파동으로 변하는 불가사이한 세계와 만나게 된다. 생체학적인 관점에서 물을 실험한 결과, 깨끗하고 순수한 물의 형상은 하나이나 처해진 상황에 따라 다양한 모습을 가지고 있어 인간의 의식형태를 자화상으로 보여 준다. 의식이란 도대체 무엇인가?

삼라만상의 모든 존재는 늘 진동하고 있다. 제각기 고유한 주파수를 발하고 독특한 파장을 갖는다. 만물이 진동한다는 것은 소리를 낸다는 것이며, 또한 그 소리를 잘 듣고 물의 결정체가 변형된다는 존재가 물이다. 생명의식을 가진 물은 물질이 가지고 있는 고유의 주파수를 민감하게 감지하고 그대로 전사(轉寫 : 옮겨 베끼는 것)한다. 이 세계의 모든 진동을 충실히 반영하여 나타나게 해주는 것이 물이며, 물이 대자연의 생명현상과 일치하기 때문이다. 순수한 의식에서 우러러 나오는 사랑과 감사라는 말은 대자연의 법칙, 생명현상의 근본원리이며 마음의 거울이다.

③인간은 파동과 공명의 대표

사람은 제각기 고유한 진동을 가지고 있고, 그를 느끼는 감각이 있다. 인생에 깊은 슬픔을 가지고 있는 사람은 슬픈 주파수를 내 보내고, 모든 일을 감사히 여기고 즐거워하는 사람은 밝은 빛의 진동수를 가지고 있을 것이다. 다른 사람을 사랑하는 사람에게는 사랑의 파동이, 나쁜 짓을 하는 사람에게는 시커멓고 악한 파동이 일어난다. 모든 것은 진동하고 고유한 파동을 가진다. 이런 상호적인 관계 속에 있는 같은 주파수는 서로 공명한다는 공명(共鳴)의 원리를 알면, 우리의 의식 깊은 곳에 숨어 있는 순수의식을 새롭게 발견하여 인생을 풍요롭게 할 수 있다.

어떤 파동수와도 공명할 수 있는 존재는 인간 뿐이다. 인간은 우주의 모든 것과 대화를 나눌 수 있고 에너지를 주며, 또 에너지를 받아들일 수 있다. 인간만이 자유롭게 노래하고 멜로디를 만들어 낸다. 인간은 자연과 공명하여 지구를 더 이상 더럽히지 않는 의식을 가지는 것도 가능하다. 어떤 파동을 세계로 내보내고 지구를 어떤 별로 만드느냐는 전적으로 우리 인간 각자에게 달려 있다. 어떤 의식세계를 선택하고 어떤 인생을 살 것인지, 그 모든 것이 우리 자신의 마음에 달려 있다.

우주의 가장 중요한 것은 공명(共鳴)이라는 현상이다. 같은 파동을 가진 것이 서로를 끌어 당겨 반응하는 것이다. 사람과 사람이 서로 끌어당기는 사랑이라는 현상을 파동적으로 해석하면 사랑이라는 것도 일종의 공명현상이다. 따라서 사람을 사랑하고 있을 때 일의 능률도 오르고, 일의 내용도, 그것을 둘러싼 환경도 저도 모르는 사이에 바뀐다. 사랑은 주파수를 올리고 인간을 연마하는 기폭제다.

④ 공명현상은 우주의 생명의식

우리의 의식과 사념(思念)은 그냥 그대로 우주세계에 파동으로 투영된다. 파동을 측정하는 기계로 물을 측정해 보면 파동은 시공을 넘어서 퍼져 나간다. 지구상에서 일어나는 모든 일은 그것이 어떤 지역이라고 하더라도 물은 민감하게 그것을 감지하고 우리에게 전달해 주는 매개체다. 그 물은 세계의 물과 연결되어 있어, 어디에 있든 자연과 사람이 투영하는 의식 그대로 공평하게 전한다. 우리의 의식이 사랑하는, 감사하는 마음으로 행동하고 뜻을 전하면 생명을 창조하는 물의 의식처럼 세계인은 또한 사랑과 감사를 전하려고 한다. 이것이 바로 공명현상이다. 이런 공명이 전세계

로 퍼져 나가 현대와 같은 혼란의 시대를 살아가는 사람들에게 인생의 해
답을 줄 수 있게 될 것이다.

⑤ 생명의식은 모든 것을 일구어 낸다.

물이 의식의 거울처럼 반응하듯이 "사람의 초조한 감정은 수은과 같은
파동을 보이고 분노는 납, 슬픔과 연민은 알루미늄과 같은 파동을 가진다.
걱정 불안은 카드뮴(푸른 빛을 띤 은백색의 고체 원료), 망설임은 철, 인간
관계의 스트레스는 아연이다. 알루미늄 식기를 사용하면 알츠하이머
(Alzheimer)병에 걸리기 쉽다고 한다. 알루미늄의 파동이 슬픔과 연민의
파동과 같기 때문에 노인의 슬픔과 연민이 알루미늄을 끌어들여 알츠하이
머병이 된다는 것이다."21)

모든 것은 우리의 마음에 달려 있다. 사랑은 무엇보다 훌륭한 묘약이며
면역이다. 사랑과 감사는 모든 부정적인 감정과 힘을 물리치고 몸의 활력
을 가져다주는 최고의 묘약이다. 무엇보다도 우리는 의식을 변화시켜 주
어진 환경에 감사하며 사랑해야 한다. 그런 의식은 생명의 원리에 공감하
여 공명현상을 일으켜 모든 것을 일구어낼 수 있게 한다.

(3) 초월명상을 통한 의식화

① 초월명상이란 무엇인가

초월명상은 마음을 조용히 가라앉힘으로써 생각과 마음을 초월하여 신
영역, 곧 순수의식(신의식)에 이르는 명상법이다. 마음이 현상세계에서 본
질세계로 들어가 신의 품성을 물들게 함으로써 부정적인 성품과 타락성
등은 정화되고 마음에 신성이 염색되어 성화(聖化)되어지는 수행법이다.

---

21) 마사루 에모토, 앞의 책, 참조.

신의 이미지가 자아의 의식 속에 형성 되어지는 명상법이다.

위빠사나 수행이 의식을 집중하여 마음을 챙기고 다스리는 적극적인 수행법이라면, 초월명상은 더 좋은 것을 찾아가려는 마음의 성향을 살려 마음 스스로 현상세계를 초월하여 신영역에 들어가 신의 순수의식이 자의식에 주입되는 수동적인 명상법이라고 할 수 있다.

㉮ 초월명상은 마음을 진정시켜 평정(平靜)상태에 이르게 한다. 마음이 점점 더 고요한 수준들을 경험하다가, 마침내 완전한 내면의 고요상태에 이르게 하는 것이다. 이 상태 속에서의 마음은 평상시의 모든 사념의 수준들을 넘어선다, 초월한다고 하여 '초월명상'이라고 한다.

마음이 가라앉으면서, 몸은 잠보다 훨씬 더 깊은 휴식상태가 된다. 그러나 잠자는 것은 아니며, 의식은 완전히 깨어있는 상태에서 이루어지는 정신적, 신체적 깊은 휴식상태가 된다. 이것은 인간 본성에 이르기 위해 자아를 비우면 마음의 자동성에 의해 신영역(순수의식)에 이르게 되는 것이다.22)

② 궁극적 실재, 존재의 근원을 찾아서

우주의 근원을 규명하는 일은 생명의 궁극적 실재를 밝히는 것이다. 예를 들면 물리학자는 물체의 표면수준에서 시작하여, 분자 수준, 원자 수준, 아원자(쿼크) 수준으로 점점 깊게 연구한다. 과학의 세계에서 본 창조세계에는 다양한 수준들이 동시에 편재(偏在)해 있다는 것이 밝혀졌다. 예를 들면, 거친 안목으로 보는 나무잎보다 성능이 좋은 현미경으로 그 잎을 보면, 거친 수준과는 전혀 다른 세포의 수준이 보인다. 그보다 더 섬세한 분자 구조 즉, 원자가 있다. 그 다음은 아원자 수준에 이르게 된다. 이러한 창

---

22) 이재석 저, 『영성시리즈 상권 : 사람의 길을 찾아서』, pp.115-127 참조.

조세계의 모든 층이 공존한다. 생명의 원자수준이 편재함을 우리는 알고 있다.

비록 우리가 평상시에 인식하지 못한다 하더라도, 생명의 원자수준은 우리 자신들과 모든 물체 속에, 전 창조세계에 걸쳐 펼쳐져 있다. 이는 물질과 에너지의 가장 섬세한 수준보다 더 섬세한, 생명의 어떤 수준이야말로 광대무변한 창조세계를 일으키는 무한한 에너지와 지성의 근원, 즉 궁극적 실재라고 할 수 있다. 이 영역도 역시 태양, 바다, 바위, 꽃 그리고 우리의 주 관심사인 인간의 내면에도 편재해 있을 것이다.

그러면 경험이란 무엇을 의미하며, 경험의 역할은 무엇인가? 하나의 경험을 위해서는 최소한 주체와 객체, 즉 경험자와 경험의 대상 그리고 이 둘을 연결하는 지각력이 있어야 한다. 예를 들어, 내가 테이블을 보거나 만질 때 나는 경험자(주체)다. 그리고 그 테이블은 시각이나 촉각에 의해 신경계통과 두뇌를 통해 인식 속에 들어온 경험의 대상이다. 하나의 생각을 경험하는 일에도 역시 생각하는 경험자 그리고 경험의 객체(생각)가 있다.

우리가 나뭇잎을 현미경으로 분석하여 세포들이나 분자, 원자들을 세분해 환원시키는 것처럼, 하나의 생각을 체계적으로 환원시켜 점점 더 미세한 수준들에 이를 수 있다면 결국에는 생각의 궁극적 근원에까지도 이를 수 있을 것이다.

그리고 하나의 생각도 일종의 창조세계에서 나오는 에너지 충동이다. 그래서 한 생각의 섬세한 수준들을 경험해 나가면, 가장 섬세한 수준마저 초월하여 실재의 궁극적 근원을 직접 지각할 수 있게 된다. 생명의 영역은 모든 창조세계의 근원이 된다. 모든 발현된 창조세계가 나오는 영역은 에너지, 창조력, 지성과 힘의 무한한 대양(大洋)임에 틀림없다.

그리고 생명의 본질에 대한 연구에 의하면, 에너지는 모든 곳에 편재한다. 과학은 우리가 물질로 여기는 모든 것이 단지 모양 없는 에너지임을 밝했다. 만물이 에너지와 활동으로 형성되었고 생명의 에너지는 어디에서나, 창조세계의 무생물에서조차도 볼 수 있다. 생명의 기초질서는 과학적 기본 전제인 법칙이다. 이러한 무한한 잠재력을 지닌 생명의 질서는 바로 자연스러운 지성이다. 가장 미세한 수준에서조차 모든 것은 질서와 법칙에 따라 진행되기 때문에, 생명의 가장 깊은 수준이 에너지의 근원이자 지성의 근원이다.

③ 초월명상은 마음에 신성을 물들이는 것이다

"TM은 주의력을 안으로 이끌어 생각의 보다 섬세한 수준으로 향하게 하며, 마음이 그 생각의 가장 미세한 수준으로 초월하여 마침내 생각의 근원에 이르게 하는 것"이라고 마하리쉬는 정의했다.

TM 과정은 보다 강한 수준의 정신활동을 감소시키고 보다 미세하고 기초적인 수준으로 의식 속에 들어가는 것이다. 정신활동이 생각의 가장 섬세한 수준을 넘어서면서 내면의 침묵은 최고의 고요상태에 이른다. 즉 초월명상 중에 마음을 한 곳으로 모으면 모든 정신적 '잡음'이 점점 감소되며, 전체 마음이 완벽하게 정지될 때, 평상시의 생각은 끝나고 순수의식상태 즉, 생각의 근원만이 남게 되어 환희와 평화가 충만하다.

TM 속에서 명상자는 정신 활동의 가장 섬세한 수준을 초월하고 그의 의식은 활짝 깨어있다. 고요의 상태에서는 일상적인 모든 생각과 의식의 진동이 멈추고, 더 이상 의식할 어떤 것도 없다. 무론 평상시의 마음이나 사고활동은 초월되어 있다. 이 상태에서 초월의식(超越意識)이 형성된다. 그 상태는 무의식 상태라기보다는 오히려 미발현(未發現)된 의식 혹은 순수의식이다. 그러나 의식의 진동이 멈췄을지라도 스스로의 존재가 멈춘 것은 아니다. 의식 그 자체가 남아 있기 때문에 모든 경험의 주체, 즉 경험자 또한 남는다. 그러므로 그 상태를 또한 '순수자아'의 상태라고 한다.

마하리쉬는 의식의 상태에 따라, 그에 상응하는 육체적 활동의 상태가 있고 의식이 심오하고 지속적인 변화가 만들어지기 위해서는 또한 생리와 두뇌 기능의 심오한 변화가 이루어져야만 한다고 주장한다. 어떤 정신적 변화가 인식되었지만, 이에 상응하는 육체의 변화가 없다면, 이는 단지 깨어있는 상태 중에 갖는 하나의 기분일 따름이다. 우주의식의 정상상태에 이르는 데는 두 가지 상호보완적인 방법이 있다.

그 하나는 몸에서 일어나는 변화(스트레스를 해소하는 효과의 입장)를 통해서, 다른 하나는 마음 속에 일어나는 변화(순수의식이 마음 속에 주입되는 과정)를 통해서 하는 방법이다.

㉮ 몸의 변화는 신경계통을 정화함으로써 이루어진다.

마하리쉬가 주장하는 몸의 변화 상태를 정리해 보면, 사람은 보통 정신 활동의 표면수준들만 인식한다. 생각의 더 미세한 수준들과 순수의식의 영역 그 자체를 인식하지 못하게 하는 것은 바로 신경 계통 안에 스트레스가 쌓여 있기 때문이다. 그러므로 명상과 명상 후의 활동은 우주의식 상태에 이르기 위한 기초 원리로서 오직 축적된 스트레스가 모두 해소될 때에 이르게 된다. 휴식과 활동을 규칙적으로 교대함으로써, 신경계통 속에 쌓인 모든 긴장이 해소되고, 동시에 그 신경계통이 앞으로의 스트레스에 대해 탄력을 유지하게 된다.

그리고 TM기법으로 어떤 스트레스가 해소된 후 신경계통(전체 유기체, 또는 몸)의 새로운 기능 형태로 조정되도록 '훈련시켜야'만 한다고 가르친다. 활동은 몸을 스트레스로 인한 손상으로부터 회복시켜주며, 정상으로 되돌아오게 한다.

우주의식 상태는 어떤 곤경 속에서도 평정을 완전히 유지하는 상태이기 때문에 어떤 것도 순수의식의 경험을 가리우지 못한다. 예컨대 광화문 네

거리 한 복판에서도 '큰 나'를 유지하는 능력이 우주의식이다.

㉯ 마음의 변화

마음의 표면에 순수의식이 드러나면 초월의식의 특질들이 다소 마음속에 느껴진다. 명상자는 전체성·충만성·안정성의 느낌, 즉 내면 깊숙한 곳으로부터의 환희와 침묵의 인식을 명상 중에 갖는다. 그리고 그는 신경계통이 모든 활동 중에도 순수의식을 계속 유지할 수 있는 경지에 이를 때까지 활동을 통해 순수의식의 경험이 사라지게 함으로써 이것이 가능하다고 거듭 강조한다. 또 그는 순수의식의 주입과정을 설명하기 위해서, 옛날 시골에서 염료를 사용하여 흰 천을 물들이는 과정과 그 천을 햇볕에 널어 말리는 반복의 과정을 설명한다.

천을 염료 속에 담글 때, 그릇 안에 담겨 있는 동안 더 이상 아무 것도 얻어지지 않는다. 마찬가지로, 마음이 순수의식 속에 담겨서 단지 내면에만 머문다면 아무것도 얻는 것이 없다. 담그기 그 자체보다 오히려 담그기와 바래기를 규칙적으로 교대하는 일이 더욱 중요하다. 그렇게 함으로써 영성이 내 마음 속에 주입되고 내 마음 속에 신의 이미지 곧 사랑과 자비, 기쁨과 평화가 형성되어 신의 형상을 덧입게 된다. 따라서 초월명상 수행법은 반드시 1회 20분, 1일 2회 실시하기를 권고한다.

ⓐ 제4의 의식상태

『초월명상 입문』에 의하면 의식 상태에는 제1의 깨어있는 상태, 제2의 꿈 상태, 제3의 깊은 수면상태가 있는데 제3의 의식상태 외에도 또 다른 차원 높은 의식상태 즉 제4 의식상태가 있다고 설명한다.

TM을 통해 경험되는 초월의식 상태는 깨어있는 상태, 꿈, 깊은 수면의 세 가지 의식 상태와는 완전히 구분된다. 활짝 깨어 있는 명상자는 이제 순

수의식의 고요함 속에 남아 있으나 무한성과 무(無)의 세계에 접근한다. TM 중에는 인식의 경계들이 해체되면서 절대의 상태, 즉, 순수존재를 경험한다. 의식의 주체가 존재하고 있음을 의식한다. 그러한 의식은 개별의식을 넘어선 영역이기 때문에 개성을 지니지 않는다. 따라서 서로 다른 것들을 구분지우는 경계들이 해체되어 더 이상 분별이 없고 어떤 동일성의 느낌은 전체 창조세계와의 일체감을 이룬다.

명상 중에 경험되는 순수자아는 모든 마음의 바탕인 보편적인 자아임은 물론, 모든 창조세계의 기초다. 그리고 초월의식 속에서는 경험의 주체와 대상이 하나로 된다. 자아는 큰 나(大我)를 인식하면서 '평화로운 빛의 세계를 발견'한다. 그때의 대아는 순수자아이며, 순수 자아는 내면으로부터 '빛나는 의식의 광선'이라고 한다.

이 순수의식 상태가 깨어 있으나, 꿈을 꾸나, 잠잘 때나 항상 의식되는 상태를 제4 의식 상태라고 한다.

빛이 다른 물체를 볼 수 있도록 반사하고 있는 바로 그 사실이 어딘가 빛의 근원이 있음을 말해 준다. 이 수준에서는 우리 모두가 하나이며, 동일함을 느끼기 시작한다. 그리고 순수 자아는, 서로 다른 신경 계통들을 통해서 빛나면서 개별아의 형태를 드러내고 있는 보편 자아다.

ⓑ 제5의 의식 상태 : 우주 의식

마음이 좀 더 명료해지고 대아의 인식이 더 강화됨에 따라 거치른 경험들도 큰 나를 가리우지 않게 되면 큰 나가 완전히 확립되어 어떤 내면과 외면의 경험도 그것을 뒤덮지 못한다. 그래서 내면의 충만과 외면의 충만은 모두 가능하다. 누구나 물질적 삶과 함께 완전한 영적 삶을 살 수 있다. 내면의 풍요로움 없이 물질세계의 기쁨을 완전히 즐기는 일은 가능하지 않다. 그 둘은 서로를 북돋운다. 내면의 만족은 외면적 진보를 향상시킨다. 외면적 만족은 내면의 진보를 돕는다.

주관적 발전이 바탕이 되어 경험대상의 완전한 인식에까지 다다르면서 내면에서 외면으로 방향이 발전적으로 바뀐다. 제5의 의식 상태에 이르기 전에는 단지 활동으로부터 물러남으로써, 생각의 더 섬세한 수준들 그리고 생각의 근원 그 자체가 인식되었다. 이 경우 사람들은 변화의 세계로부터 일시적으로 물러나야만 한다. 그러나 제5의 의식 상태에서는 우주의식의 개발과 연동되기 때문에 마음의 불변하는 기초가 생각의 변화하는 표면 수준들과 함께 인식될 수 있다. 그러므로 초월명상자는 보통의 깨어있는 의식 상태에서 경험의 객체와 주체를 부분적으로 감지한다. 규칙적인 초월명상을 수련하여 초월의식과 접촉하고 사회적 활동을 통해서 인식이 안정화됨으로써 우리는 제5의 의식 상태인 '우주의식'에 이르게 된다.

명상자는 수련 중에 전체성·충만성·안정성의 느낌, 즉 내면 깊숙한 곳으로부터의 환희와 침묵의 인식을 체험한다. 그 체험은 초월의식의 특성들이자 순수의식 또는 순수존재를 만난 것이다 마음의 의식이 충만하게 확장되어 정신활동의 모든 층을 포용할 수 있는 것이 '우주의식'이다. 그래서 충만의 삶이란 100%의 내면적 삶과 100%의 외면적 삶이다. 완전한 영적 삶과 완전한 물질적 삶이 합쳐진 200%의 삶이다. 대립적으로 보이는 사랑과 이성이 조화 속에 공존한다. 상충되는 두 가지 사고방식 사이에 균형이 회복될 때에는 동시에 능동적이자 수동적 사고방식이 된다. 그러한 사고방식은 이지적이며 직관적이고 과학적이면서도 예술적이고 구체적이며 추상적이고 집중적이며 분산적이니 모든 양극 점의 종합인 것이다.

고요하며 불변인 순수의식이 마음의 표면에 느껴지는 것을 체득하는 것은 보다 높은 의식 상태에 이르기 위해서 중요하다. 끊임없이 수련하는 명상자는 제5의 의식 상태에서 점차 더욱 더 긴 시간 동안 더 많은 순수의식을 유지하기 시작하며, 마침내 그 순수의식이 영구적인 현실로 드러나게 된다. 즉 인식이 점차적으로 맑아지고 인식력이 더 명료해지며 행동이 더

효과적이고 삶의 전체성이 전보다 더 풍요롭고 즐겁게 됨을 수행자는 의식한다. 이런 점에서 우주의식에 이르게 되는 것은 마치 밤이 낮으로 서서히 변하는 여명(黎明)과 같다. 여명이 시작될 때 빛의 강도는 수백만 배로 증가한다. 그러나 이 변화는 부드럽고 점진적이어서 거의 인식되지 않는다. 단지 인식력이 더 명료해지며 행동이 더 효과적이고 삶의 전체성이 전보다 더 풍요롭고 즐겁게 됨을 알아차릴 뿐이다. 이 새로운 의식상태가 자연스럽게 정상적으로 이루어지도록 함으로써, 스트레스 없이 그 상태는 우리의 삶 속에서 조화롭게 통합된다. 그러한 통합의 상태를 '의식의 정상상태'라고 한다.

우주의식이라고 하면 어떤 놀라운 통찰력이나 비상한 체험으로 여긴다. 그러나 우주의식의 경지는 바로 진정한 자신이 되는 일이다. 즉, 큰 나(大我)가 되는 것이다. 우리 자신이 더욱 정상으로 되는 것이라고 한다.

우주의식으로의 성장을 거듭한 '큰 나'는 무엇이 삶의 영구적인 특성인가를 알게 된다. 이제 에고(ego)에서 벗어나 진정한 이타주의의가 시작된다. 초월명상의 목적이 바로 초월의식이다. 그러나 초월의식이 TM이 갖는 유일한 마지막 목적은 아니다. 초월의식보다 보다 높은 경계의 의식 상태들이 있기 때문이다.

ⓒ 제6의 의식상태 : 신의식(神意識)

제5의식인 우주의식 보다 높은 경지의 의식을 신의식, 곧 제6의식이라고 한다.

제6의 의식상태에서는 존재의 더 섬세한 수준들을 인식한다. 실제로 분자들, 전자들, 또는 그와 같은 어떤 것을 본다는 뜻이 아니다. 그런 분자나 전자 등은 단지 대상들의 거친 물리적 구조의 입장에서만 미세한 수준들일 뿐이다. 즉 현미경으로 보이는 것들이다. 마하리쉬는 물리적 구조보다는 지각의 구조에 대해서 이야기 하고 있다. 그리고 지각의 구조에 있어서

창조의 가장 섬세한 수준이라면 순수 빛을 말한다.

제6의 의식상태에 이르면 이 지식은 생생한 실재가 된다는 것이다. 지각력은 창조 세계의 가장 섬세한 수준까지, 직접 인식하는 단계까지 발전한다. 이때 마하리쉬는 발전한다는 말 대신 '정화된다'고 말한다. 여기에서는 모든 것이 순수 빛으로 이루어진 것으로 보여진다. 그는 이 상태를 '신의식'이라 한다.

우주의식과 그 보다 높은 의식상태에 이르렀을 때에도 어떤 것을 잃지 않음은 명백하다. 전과 같이 평상시의 거친 수준들이 지각된다. 하나의 의자는 여전히 하나의 의자다. 그러나 전에 지각하지 못하던 그 의자의 더 섬세한 가르침이 이제는 인식된다.

절대를 더욱 더 인식할수록 상대세계에 대한 높은 지각력을 갖게 된다. 제5의 의식상태에서는 절대가 단지 순수자아, 즉 경험의 주관적인 면에서만 인식된다. 이제 제6의 의식상태에서는 절대의 인식이 객관세세의 시각에로 넘쳐흐르기 시작한다. 세상이 큰 나의 빛으로 채워져 보인다. 그리고 전에는 단지 비인격적으로 보이던 대상들이 이제 인격적 특질을 지닌 것으로 부각된다.

ⓓ 제7의 의식상태 : 상대세계와 절대세계와의 합일 된 하나의 의식세계

윌리암 블레이크는 《천국과 지옥의 결혼》에서 '인식의 창문이 깨끗이 닦여진다면 보이는 것 모두가 무한이다.'라고 기술하였다. 이런 완전한 인식의 상태가 제7의 의식상태이며, 이것을 마하리쉬는 '합일의식'의 상태 또는 줄여서 '합일'의 상태라고 부른다. 그는 또한 이것을 완전한 깨달음의 상태로 언급하기도 한다.

제6의 의식상태에서는 인식의 창이 부분적으로 닦여졌다. 제7의 의식상태의 인식은 외부세계의 절대적 기초를 직접 알게 되는 단계에까지 정화된다. 인식의 주체와 인식의 객체는 삶의 초월적인 절대영역의 발현으

로서, 그 완전한 가치가 감지된다. 모든 것의 안과 밖의 순수자아의 입장에서 감지된다.

인간이 보는 외면의 다양성은 그 근원에서 보면 '하나'다.

여기 모든 풀잎·나무·돌 모두가 '하나'다.

이것이 가장 깊은 심원이며, 그 속에 나는 완전히 빠져든다.

창조세계의 다양성이 이러한 단일성의 경험 속에서 상실되는 것이 아니다. '합일'상태에서도, 모든 풀잎·나무·바위는 여전히 풀잎·나무·바위이며, 이 표면적 인식과 더불어 그것들이 기초하는 단일성(單一性)과 공통적인 본질이 감지된다. 현상의 세계가 회색빛 안개 속으로 해체되는 것이 아니다. 무한한 다양성의 상대세계는 계속 존재한다. 그리고 이제 그 상대세계의 절대기초와 함께 그 무한한 다양성이 공존하는 것으로 경험된다.

마하리쉬에 의하면, 현상의 상대세계는 이것의 기초인 절대와 똑같이 실재다. 이제 상대와 절대의 공존의 경험으로 그 말이 옳음은 증명된다. 절대가 실재라면, 상대는 환상이라고 주장하는 학파도 있다. 인도철학에서는 이것을 '마야'의 교리라고 한다. 그러나 마하리쉬는 현상의 상대세계가 환상이 아니라, 실재라고 주장한다.

그리하여 현상의 상대세계는 절대의 경험으로 결코 그 가치가 손상되지 않는다. 오히려 그 반대로, 그것은 절대의 경험으로 힘과 활기를 부여 받는다. 마하리쉬는 "양자의 차이들은 무한한 조화 속에서 오히려 그 완전한 가치를 발휘한다."고 말한다. 다양성의 배후에서 오묘한 조화를 찾아내는 사람은 그러한 상이성들은 물론 심지어 부조화들까지도 더 큰 전체에 속하는 한 부분임을 깨닫게 되는 것이다.

그러나 합일의 상태는 단지 '모두가 하나'라고 단순히 이해함으로써 얻어지지 않는다. 자신과 다른 창조세계와의 진정한 합일은 하나의 의식상태다. 이 상태를 단지 지적으로 이해하는 것과 직접 이 상태를 경험하는 것

은 전혀 다르다.

직접 경험한 사람은 이 상태가 환희와 충만감을 준다고 말한다. 마하리쉬 자신도 다음과 같이 말하고 있다.

모든 지각, 들려오는 말소리, 섬세한 감촉, 모든 향기는 영원한 환희의 대양으로부터 끝없이 밀려오는 기쁨의 물결이다. 모든 생각, 말, 행동이 환희의 물결의 솟아오름이다.

천지 만물의 움직임 속에, 고요함 속에 숨어 있는 성스런 영광은 발현된 생명의 무대에서 춤을 춘다. 절대가 상대 속에서 춤을 춘다. 영원성이 삶의 모든 순간 속에 스며든다.

의식은 TM을 통해서 순차적으로 자라난다. 우리는 보통의 깨어있는 의식상태에서 시작하며, 이 상태에서는 단지, 경험의 객체와 경험의 주체를 부분적으로 감지한다. TM기법을 규칙적으로 실천하여 초월의식과 접촉하고, 또 활동을 통해서 이 인식이 안정화됨으로써 우리는 제5의 의식상태(우주 의식)에 이른다. 이 완전한 주관적 발전이 바탕이 되어 경험대상의 완전한 인식에까지 이른다. 이래서 내면에서 외면으로 발전의 방향이 바뀐다.

마음이 좀 더 명료해지고, '큰 나'의 인식이 더 강화됨에 따라 거치른 경험들도 큰 나를 가리우지 않게 된다. 제5의 의식상태에서는 큰 나가 완전히 확립되어 어떤 경험도 그것을 뒤덮지 못한다. 제5의 상태에서 제7의 상태까지 발전하면서, 정말 놀라운 경험들을 겪게 된다.

순차적으로 의식을 발전시키는 일이 아주 중요하다. 왜냐하면, 그때서야 전 과정이 각 단계마다 완전히 자연스럽고, 힘이 들지 않기 때문이다. 정확한 출발을 하면 그 다음 TM의 과정은 자동적으로 일어난다. 여기에는 명상자의 어떤 조정이나 통제가 필요없다. 똑같은 과정이므로 발전 단계마다 일어난다. 제4상태에서 제5상태로 이르는 공식은 '명상하고 활동하라'는 것이다. 규칙적으로 힘들이지 않고 명상하라. 그리고 나머지는 정

상적으로 당신의 삶을 수행하라. 어떤 억제나 어떤 인위적 기분의 조성 없이도 부드럽게 자동적으로 우주의식에 이른다. 제5상태에서 제7상태까지의 발전도 마찬가지로 힘들지 않으며 자동적이다.

3. 항구적 평화의 실현

우주공간은 얼마나 넓고 광대한가? 또 시간은 얼마나 긴가? 그 속에서 인간은 제각기 무엇인가를 추구하면서 발버둥거리다가 백년을 전후해서 죽고 만다. 이 우주의 무한함에 비하면 인간의 삶은 얼마나 유한한가? 과연 인간의 삶은 그렇게 끝나고 마는 것인가? 죽음 뒤에는 아무 것도 없는 것일까? 현상적으로는 분명히 그렇다. 그러나 눈에 보이는 것만이 전부라고 할 수는 없지 않는가? 원자, 전력, 사랑, 에너지 등 인간의 눈에는 보이지 않지만 실재하는 것이 얼마나 많은가? 만물의 영장인 인간은 무엇을 추구해야 되는 가? 인간 삶의 최고단계는 무엇이며 그러한 삶은 어떠한 삶인가?

최고단계의 삶은 자기 내면에 있는 영성의 영원성과 무한성을 깨우치는 것을 추구하는 욕망인 것이다. 이 욕망을 승화시킨 것이 삶의 완성을 실현하고자 노력하는 열망이다. 이러한 것들이 때로는 부질없는 것이라고 생각하나 인간은 원래 영원성과 무한성에서 와서 그곳으로 돌아간다. 수행을 통해 얻어지는 영원성과 무한성은 새롭게 얻어지는 것이 아니라 원래 인간 속에 내재하고 있던 것이다.

그러면 인간이 영원성과 무한성에 이르는 삶의 과정은 무엇인가? 삶의 과정은 수행하기 위한 길이라는 것을 간과할 수가 없다. 제대로 수행을 하려면 삶의 과정에 최선을 다해야 영성적 삶의 목적을 성취할 수 있다. 영성적 삶이란 사랑과 기쁨, 평화와 행복의 삶이다. 그러기 위해서는 영성을 의식화하여 우주의식(신의 전체성과 전일성, 충만성)을 생활화하는 데 있다. 영성적 삶의 완성은 우주적인 인간의식의 완성에 있다.

1) 개인의 평화를 찾아서, 평화인이 되기 위하여

(1) 평화의 주체

평화의 주체는 개인이다. 우리 한 사람 한 사람이 평화인이 되어야만 한다. 평화인이 되기 위해서는 사랑과 자비의 사람이 되어 사랑과 자비의 삶을 실천함으로써 기쁨을 느끼고 평화로운 마음을 가질 수 있어야 한다. 그러기 위해서 종교인의 수행은 필수적이다. 평화인이 되도록 공부하고 훈련하고 정성을 드려야 한다.

평화의 기반은 기쁨이다. 기쁘지 않을 때 사람이 평화를 지닐 수는 없다. 오래 가는 기쁨이 없는 평화는 수동 상태일 뿐이다. 사람이 밤에 잠을 잘 때는 활동이 없다. 사람들은 이 상태를 평화라고 말한다. 그러나 아침에 일어나서 생각, 말, 활동의 무대에 다시 들어서면 활동이 없는 상태의 평화가 잠시뿐이었음을 느낀다. 지속적인 평화에 이르기 위해서는 의식적 마음을 생각의 내면 상태로 가져가다가 생각이 끝까지를 넘어가게 한 다음, '존재'의 상태에 확실히 닿게 하는 일이다. 의식적 차원에서 마음을 비우는 일은, 마음을 활동 무대에서 벗어나게 하는 일이며 비활동, 수동의 상태로 남게 한다. 이는 현상세계를 초월하여 본질세계에 들어가는 것을 말한다. 그 본질세계는 신의 영역이며, 순수의식, 환희의식임을 이미 알아보았다.

평화는 오로지 마음의 본성이 환희의식으로 바뀌어졌을 때에만 영구적이다. 평화에의 갈망은 명상을 실행하여 마음을 모든 행복의 근원인 신의 경지에 가져가는 일로써 추구되어져야 한다.

사람의 마음이 편안하지 못하면 두려움, 자신감의 결여 그 밖에 가지가지 잡된 생각들이 일어나 자신이 비참해지는 나머지, 가치 있는 일을 생각하거나 해낼 수 없게 된다. 두려움은 단지 자신감이 없음이며, 자신감은 만

족에서 온다. 그리고 최고의 만족은 환희를 체험하는데서만 가능하다. 이 세상에서는 마음에 영구적인 만족을 가져다 줄 것이 아무것도 없다. 마음의 거대한 바람을 채워 줄 만큼 크고 깊은 기쁨이 이 세상엔 없기 때문이다. 만족의 자리는 환희의식의 초월경지 뿐이다. 사람이 이 상태에 이르지 않으면, 사람이 지닌 평화가 이 세계의 무엇으로부터 위협받게 마련이다.

삶의 평화에 이르는 황금의 문은 환희의 체험이다. 그리고 이 무상의 영광을 얻고 평생동안 그것을 사는 일이 누구에게나 어렵지 않다.

개인은 그날 낱낱의 생각·말·행동으로써 전 우주에 영향을 미친다. 따라서 가슴에 평화를 지닌 사람은 저절로 우주 전체에 평화와 조화의 기운을 발산한다.

세계평화의 문제는 개개인의 평화 문제를 푸는 데서 해결할 수 있고, 개개인의 평화는 그 자신 안에 행복의 상태를 지닐 때 이룩된다. 그러므로 개인, 가족, 사회, 국가 그리고 전세계의 평화 문제는 명상을 통해서 풀린다. 특히 기도와 명상은 삶 안에 환희의식을 확립하는 직접적인 길이기 때문이다.

이제는 세계평화에 관심이 있는 사람들이 개인의 평화를 중요하게 알 때가 되었다. 개인의 문제를 무시하고 나라 사이의 분쟁을 풀려고 하는 것은 세계평화를 수립하는 방안으로서 전적으로 잘못된 시도다.

개인 생활을 내면으로부터 발전시켜 무한한 평화, 기쁨 그리고 창조적인 지성을 갖게 할 수 있다는 사실을 알지 못하는 한, 세계평화의 문제가 항상 표면에서만 맴돌 것이다. 그리고 이 세계에서는 냉전이거나 열전이거나 전쟁의 고통이 그칠 날이 없을 것이다.

명상이라는 간단한 수행법을 모든 개인에게 소개할 때가 왔다. 그들이 만일 이 일을 행한다면 영구적인 평화의 상태가 이 지구상에 수립될 것이다. 이러할 때, 국가와 국제생활의 모든 면에서 사랑, 친절, 동정, 감사와 상호협조의 꽃이 만발할 것이다. 명상은 고통, 비참, 의심, 미움을 기쁨, 평

화, 창조성, 친절과 사랑으로 바꾸어 이 지구의 얼굴을 진짜로 달라지게 할 실제적인 길이다.

(2) 의식혁명

자아의식이 확장되어 신인합일에 이르는 과정을 의식혁명이라고 할 수 있다. 우리는 기도와 명상을 통해 초월의식을 경험하고 순수의식과 우주의식, 신의식 그리고 신의 몸이 되어 사는 삶의 완성에 이르게 된다.

의식은 명상을 통해서 순차적으로 자라난다. 우리는 보통의 깨어있는 의식상태에서 시작하며, 이 상태에서는 단지, 경험의 객체와 경험의 주체를 부분적으로 감지한다. 명상 기법을 규칙적으로 실천하여 초월의식과 접촉하고, 또 활동을 통해서 이 인식이 안정화됨으로써 우리는 제5의 의식상태(우주 의식)에 이른다. 이 완전한 주관적 발전이 바탕이 되어 경험대상의 완전한 인식에까지 이른다. 이래서 내면에서 외면으로 발전의 방향이 바뀐다.

마음이 좀 더 명료해지고, '큰 나'의 인식이 더 강화됨에 따라 거치른 경험들도 큰 나를 가리우지 않게 된다. 제5의 의식상태에서는 큰 나가 완전히 확립되어 어떤 경험도 그것을 뒤덮지 못한다. 제5의 상태에서 제7의 상태까지 발전하면서, 정말 놀라운 경험들을 겪게 된다.

순차적으로 의식을 발전시키는 일이 아주 중요하다. 왜냐하면, 그때서야 전 과정이 각 단계마다 완전히 자연스럽고, 힘이 들지 않기 때문이다. 정확한 출발을 하면 그 다음 명상의 과정은 자동적으로 일어난다. 여기에는 명상자의 어떤 조정이나 통제가 필요없다. 똑같은 과정이므로 발전단계마다 일어난다. 제4상태에서 제5상태로 이르는 공식은 '명상하고 활동

하라'는 것이다. 규칙적으로 힘들이지 않고 명상하라. 그리고 나머지는 정상적으로 당신의 삶을 수행하라. 어떤 억제나 어떤 인위적 기분의 조성 없이도 부드러이 자동적으로 우주의식에 이른다. 제5상태에서 제7상태까지의 발전도 마찬가지로 힘들지 않으며 자동적이다.

① 순수자아

초월의식 상태는 '진아(眞我)'라고도 한다.

자아의 사회학적 개념들에 대해서도 똑같이 말할 수 있다. 예를 들어, 우리의 자아 개념이 사회적 환경으로 조건 지워 진다는 견해는 당연히 옳은 말이다. 그러나 이런 사회학적 개념들도 순수 자아와는 다른 자아를 언급하고 있다.

순수 자아는, '내면으로부터 빛나는 의식의 광선'으로 생각할 수 있다.

빛이 다른 물체를 볼 수 있도록 반사하고 있는 바로 그 사실이 어딘가 빛의 근원이 있음을 말해 준다. 마찬가지로 우리가 의식하고 있는 바로 그 사실이 의식의 주체가 존재하고 있음을 말해준다.

이것은 단순히 그저 있음, 또는 순수존재의 상태이며, 개별의식을 넘어선 영역이다. 그리고 그런 이유로 그것은 개성을 지니지 않는다. 어떤 동일성의 느낌이 있다면, 그 느낌은 보편성의 느낌, 즉, 전체 창조세계와의 일체감이다. 서로 다른 것들을 구분지우는 경계들이 해체되어 더 이상 분별이 없다. 이 수준에서는 우리 모두가 하나이며, 동일함을 느끼기 시작한다. 그리고 순수 자아는, 서로 다른 신경 계통들을 통해서 빛나면서 개별아의 형태를 드러내고 있는 보편 자아다. 심리학자 칼 로저스는 다음과 같이 말한다. "우리 자신의 개별적 동일성을 찾아 우리 자신 속으로 더욱 깊게 들어가면 갈수록 우리는 더욱 더 인류의 전체성을 발견한다."

② 여명(黎明)은 서서히

제5의 의식상태에 이르는 과정은 자연스럽고 부드러워야 한다. 갑작스럽게 깨닫는 일은 거의 없다. 명상자는 점차 더욱 더 긴 시간 동안 더 많은 순수의식을 유지하기 시작하며, 마침내 그 순수의식이 영구적인 현실로서 드러나게 된다. 이런 점에서 우주의식으로 서서히 이르게 되는 것은 마치 밤이 낮으로 서서히 변하는 것과 같다.

여명이 시작될 때 빛의 강도는 수백만 배로 증가한다. 그러나 이 변화는 부드럽고 점진적이어서 거의 인식되지 않는다. 우리는 항상 빛 그 자체가 증가하는 것은 보지 못한다. 우리는 시야가 환하게 보임을 알 뿐이다. 마찬가지로 우주의식의 여명에 있어서도 인식의 점차적인 맑아짐 그 자체는 알아차릴 수 없다. 단지 인식력이 더 명료해지며 행동이 더 효과적이고 삶의 전체성이 전보다 더 풍요롭고 즐겁게 됨을 우리는 알아차릴 뿐이다.

이 새로운 의식상태가 자연스럽게 이루어지도록 함으로써, 그 상태는 우리의 삶 속에서 조화롭게 통합된다.

먼저 우주의식이라는 말을 들으면, 사람들은 흔히 보통 의식상태의 부가적인 경험으로 받아들인다. 즉 이들은 우주의식이라 하면, 어떤 놀라운 통찰력이나 비상한 체험으로 여긴다. 그러나 우주의식의 경지는 바로 진정한 자신이 되는 일이다. 즉 '큰 나'가 되는 것이다.

그러나 합일의 상태는 단지 '모두가 하나'라고 단순히 이해함으로써 얻어지지 않는다. 자신과 다른 창조세계와의 진정한 합일은 하나의 의식상태다. 이 상태를 단지 지적으로 이해하는 것과 직접 이 상태를 경험하는 것은 전혀 다르다.

직접 경험한 사람은 이 상태가 평화와 충만감을 준다고 말한다. 마하리쉬 자신도 다음과 같이 말하고 있다.

모든 지각, 들려오는 말소리, 섬세한 감촉, 모든 향기는 영원한 환희의

대양으로부터 끝없이 밀려오는 기쁨의 물결이다. 모든 생각, 말, 행동이 환희의 물결의 솟아오름이다.

천지 만물의 움직임 속에, 고요함 속에 숨어 있는 성스런 영광은 발현된 생명의 무대에서 춤을 춘다. 절대가 상대 속에서 춤을 춘다. 영원성이 삶의 모든 순간 속에 스며든다.

(3) 삶의 완성23)

인간의식의 완성은 삶의 절대적인 가치와 상대적인 가치가 하나로 합해지는 거룩한 의식, 곧 신의식에 도달할 때 가능하다. 신의식을 가지고 우주 생명의 경지에 들어 진정한 삶의 자유 즉, 인간 실존의 모든 가치를 남김없이 살 때 삶의 완성은 이루어지는 것이다.

우리는 명상 중에 의식적 마음이 드러나지 않는 절대 존재의 초월세계에 도달함을 알았다. 여기 이 경지에서는 마음이 모든 상대적인 것들을 초월하여 절대 존재의 영역에 들어 있다. 상념의 모든 한계를 넘어서 마음이 그 자체로 순수의식의 상태에 남겨져 있는 것이다. 이 순수의식의 상태 또는 절대적 상태, 순수 존재의 상태를 '자아의식'이라고 부른다.

참자아(眞我) 의식이 항상 유지될 때, 마음이 초월세계에 들어갔다가 나와 활동을 할 때에도 잃어지지 않으면, 이때에 자아의식은 우주의식의 상태를 얻은 것이다. 참자아의식이 마음의 본성에 영구히 확립된 것이다. 마음이 깨거나 꿈꾸거나 깊은 잠을 자면서도 자아의식이 자연스럽게 유지되면, 이를 우주의식이라 부른다.

이렇게 완성된 삶의 경지는 정신적으로 또는 육체적으로 완전한 건강이

---

23) 마하리시 마헤시요기, 『초월의 길, 완성의 길』(범우사, 2005), 이병기 역, pp.261-266 참조.

스스로 나타나는 자리다. 그 자리에서는 거룩한 지혜가 언제나 움직이고, 일상적 활동과 느낌들이 우주의식 안에 들어 있고, 가슴에 우주적 사랑이 흘러들고 넘쳐 나가며, 거룩한 지혜가 마음에 가득하다. 여기서는 하나인 삶의 자리이며, 모든 사물에게 우주적 사랑이 넘쳐 나가 신에 대한 감사로 모아지며, 무한한 신의 지혜안에서 삶이 완성되는 경지다.

그 경지의 세계는 움직이는 거룩함 그 자체이며, 삼라만상은 영원한 환희의식의 바다에 출렁이는 물결들처럼 모든 느낌들, 들려오는 말소리, 손끝의 촉감들, 모든 냄새들은 바다로부터 끝없이 밀려오는 파도와 같은 영원한 환희의 기쁨들이다. 모든 생각, 말, 행동들이 기쁨의 출렁임이다. 움직이거나 가만히 있는 천지만물 안에서 거룩한 영광의 빛, 율동이다.

숨어 있는 신의 영광이 나타난 생명의 무대에서 율동하며, 절대가 상대 속에서 춤을 추는 것이다. 삶이 궁극적 완성을 얻는 것은 이러할 때, 곧 우주의식이 신께 대한 무한한 감사로 화할 때다. 우주적으로 발전한 사람은 헌신의 마음으로 일어설 때, 그것이 삶의 궁극적 완성이 된다.

사람이 우주적으로 진화하면 우주적 사랑의 차원이 어떠하다는 것을 알 수 있다. 우주의식을 지닌 사람에게는 우주만물을 향하여 모든 방향으로 무한의 사랑이 흘러넘쳐 나간다. 이 넘쳐흐르는 무한의 끝없는 우주적 사랑이 신께로 향한 헌신으로 모아질 때, 이 농축된 우주적 사랑은 삶의 궁극적 완성을 가져올 만큼 강력한 것이다.

신을 향한 우주의식에서의 사랑은 실존의 자리에 있을 수 있는 어떤 사랑보다 진하고 강렬하다. 농축 상태의 우주적 사랑을 사는 것이 삶의 완성이다. 무엇을 보거나 듣거나 혹은 냄새 맡거나 만져 보거나 한없는 사랑이 그저 흘러나오는 경지다. 끝없이 다양한 생명계 전체가 사랑, 기쁨, 만족, 영원, 절대가 넘실거리는 바다의 물결과 같다.

우주의식을 가진 사랑의 완성이 가능한 것은 명상을 쉬지 않고 실행하

여 우주의식에 이르면 헌신의 마음으로 신에게 모든 것을 내맡길 때 개인에게 찾아온다. 우주의식 상태에 도달하지 않았을 때, 헌신이란 말의 진정한 의미는 그 뜻을 갖기 시작조차 할 수 없다. 진정으로 가슴이 우주적 사랑으로 넘치지 않는 사람은 헌신에서 얻을 바가 별로 없다. 왜냐하면 진정한 헌신은 내맡김이며, 내맡김이란 자신을 완전히 잊고 사랑하는 대상 그 자체로 화하는 일이기 때문이다. 사랑의 길, 헌신의 길은 우주적으로 진화한 영혼들만이 걸을 수 있는 것이다.

우주의식까지 높아지지 않은 사람은 좁은 개성의 한계에 갇혀 자기 자신만을 의식하고 있으므로, 사랑이나 헌신의 참뜻을 시원하게 알 수 없다. 여러 가지 의식 수준의 사람들이 저마다 가슴 속에 사랑을 느끼고 신에 대한 감사의 마음을 가지며, 헌신을 행하고는 있으나, 우주의식 안에서 헌신의 아름다움이 어떠한 것인지 그들로서는 상상조차 할 수 없다.

우주의식 수준 아래에서의 사랑과 헌신의 힘은 뜻이 없고 제한돼 있다. 그러므로 헌신의 길을 따르고자 하는 모든 사람들은 명상을 시작할 필요가 있다. 누구든지 명상을 거듭해 갈 때, 투쟁이나 고난, 회개나 고행 없이도 우주의식에 도달하게 된다. 이 경지에까지 높여진 개인은 우주생명과 하나 되어 일거수일투족이 우주의 몸짓이요, 그의 목적이 우주의 목적이며, 그의 생이 우주생명 안에 확립되는 것이다. 그러므로 사람의 뜻이 바로 신의 뜻이요, 사람의 활동은 신의 바람이 되어 신의 목적을 이루는 것이다.

신의 목적을 이루고, 그의 숨이 신의 목적을 호흡할 때, 신의 아들이 신의 말씀으로 화하는 것이다. 여기서 하늘에 계신 아버지와 땅 위의 아들이 영원한 신이라는 공동의 이상 안에서 하나가 되는 것이다. 그러한 사람은 그의 모든 생각, 말, 행동들로 창조 목적을 돕는 영향을 내며, 개인 생활의 모든 차원에 걸쳐서 우주생명의 목적을 완성한다. 이때에 인간의 자아는 무한으로 확장되어 가장 큰 자아, 더 커질 수 없는 자아인 신의 자아로 화

한다. 사람의 개별적 마음이 신의 우주적 마음으로 화한다. 사람의 숨이 신의 우주적 숨결로 화한다. 사람의 말은 우주의 침묵을 대변한다.

우주생명의 생각이 그의 생각으로 흐른다. 영원한 존재의 불변의 침묵이 사람의 생각, 말, 행동으로 나타나는 것이다. 그의 눈은 신의 목적을 바라보고 귀는 우주생명의 음악을 들으며, 그의 손은 우주의 뜻을 움켜쥐고, 그의 발은 우주생명을 옮긴다. 그는 땅 위를 걸으나, 하늘의 운명을 지어내며 그가 본다, 신의 영광을 보며, 나아가 영원한 침묵을 듣는다. 말은 신의 말씀이요, 말하되 신의 뜻을 전한다. 그는 우주생명의 목적을 꺼내 말로 나타낸다. 그는 말로써 우주 목적을 표현한다. 말을 하되 말로써 영원한 '존재'를 표현한다. 사람이 전지전능, 무소부재한 우주 실존의 형상을 닮은 실체인 것이다.

그러므로 신을 대신하여 말하는 사람이 여기 있다. 우주법칙을 전하는 이가 여기 있으며, 신을 대신하여 행동하는 이, 땅 위의 신의 형상이 여기 있다고 말할 수 있다. 그의 생명은 '우주 존재'의 흐름이다. 그의 개별 생명은 우주적 '존재'의 영원한 바다에 이는 물결이요, 그 물결은 우주 생명의 전 대양을 품고 있다. 그는 나타날 수 없는 영원한 존재의 나타남이다. 그는 항구부동의 절대자의 지위에서 움직인다. 상대 무대에서의 그의 활동은 절대자의 영원한 고요를 표현한다. 그가 사는 상대생활의 빛 속에 절대자가 그 존재의 표현을 본다.

형체 없음이 형체로 나타났고, 침묵이 파동으로 화하여 표현 못할 존재가 개성으로 나타나며, 개인이 우주생명을 숨 쉰다. 이것이 개인의 숨결이되어 영원한 생명의 충동으로 화할 때, 인간이 우주'존재'로 변신하는 모습이다. 여기서 삶이 완성된다.

(4) 평화인의 삶은 사랑과 헌신, 기쁨과 평화 그리고 환희로 나타난다.

데이비드 호킨스 박사의 의식 레벨 측정법에 따르면 사랑은 500, 기쁨은 540, 평화는 600, 깨달음은 700 이상으로 측정되었다.

① 사랑

신은 사랑이시다. 신으로 충만한 사람은 무엇보다도 사랑으로 충만해진다. 그는 신을 사랑하고, 사람을 사랑하고 모든 행동과 생활 전체를 사랑으로 하게 된다. 자기 인격과 생활 전체를 점점 사랑에 집중시켜 마침내 자기 인격과 생활 전체가 사랑이 된다. 사랑은 가장 소중하고 "모든 것을 하나로 묶어 완전하게" 한다.

우리는 '사랑 자체'이고 모든 사랑의 원천이자 목적이신 신을 사랑하고, 그분의 사랑을 받는 것이 사람으로서 가장 중요한 체험이요 행복임을 깨달아, 모든 일에 앞서 모든 일 안에서 신을 사랑하는 일에 최선을 다해야 한다.

사람과 세상을 사랑하는 것은 결국 신을 사랑하기 위한 '과정'이다. 사람과 세상을 사랑한다고 해도 신을 사랑하는데 도움이 되는 부분이 있어야 참된 사랑을 한다고 할 수 있지만, 사실 그 사랑 역시 사랑의 원천이신 신에게서 나온 것이다. 사랑은 사랑의 목적이신 신께 돌아가 그분 안에서 완성된다.

그러나 사람과 세상을 사랑하는 우리의 사랑에 어떤 순수하지 못한 부분이 있다면, 그 부분은 신을 사랑하는 데 방해와 장애가 되기 때문에, 그 부분을 과감하게 포기해야 한다. 사실 그 불순한 부분은 사람과 세상을 올바르게 사랑하지 않을 뿐만 아니라, 사람과 세상에 대한 올바른 사랑을 방해하기까지 한다. 그래서 사랑의 불순한 부분을 제거하여, 사람과 세상에 대한 자신의 사랑이 신을 사랑하는 사랑에 더욱 가까이 다가가고, 마침내 이 두 가지 사랑이 단 하나의 사랑이 되도록 해야 한다.

신으로 충만한 사람은 세상 만물이 신의 사랑으로 충만한 것을 보고 그것을 신 사랑의 표시로 받아들이며, 신을 사랑하기 위해 사용한다. 세상 만물이 신을 사랑하고 찬양하는 것을 보고 그와 더불어 신을 사랑하고 찬양한다. 그는 신을 사랑하는 마음으로 모든 것을 받아들이고 활용한다.

그가 생각하고 말하고 행동하는 이유와 동기 그리고 목적은 항상 신께 대한 사랑이다. 신을 사랑하기 위해 그렇게 생각하고 말하며 행동하는 것이다. 이리하여 그는 신 사랑을 자기 생활의 중심으로 삼고, 자기 생명의 전부로 여기며 산다. 신 사랑이 자기 삶의 의미와 보람이 된다. 그는 점점 신과 같은 마음과 사랑으로 살게 되고, 마침내 자기 마음이 신의 마음이 되고 자기 사랑이 신의 사랑이 되며, 자기 자신이 신의 모습이 된다.

'신은 사랑이시기' 때문에, 사람이 '신의 모습을 닮아' '당신의 모습대로' 창조되었다는 것은 무엇보다도 '신의 사랑을 닮아,' '사랑이신 신의 모습'대로 창조되었다는 것이다. 이리하여 사람은 한평생 신의 사랑을 닮도록 노력함으로써 신의 창조에 참여하며, 자신이 사람으로서 완성된다.

"사랑 안에 있는 사람은 신 안에 있으며 신께서는 그 사람 안에 계십니다. 이 세상에서 우리가 사랑의 삶을 살게 되면 사랑이 우리 안에서 완성된 것이 분명합니다."(1요한 4,16-17)

실제로 사랑의 노력을 하는 신앙인은 사랑이신 신의 모습을 더욱 닮아가고 있다. 그래서 참으로 사랑하는 사람의 모습 안에서 신을 보고 느낄 수 있는 것이다.

그는 그 과정에서 깨닫는다. "나의 인간적 사랑이 아니라 신의 사랑이 내 안에 들어와 '흐르는 것'을 내가 받아들일 때 그것이 나의 사랑이 된다는 것을 경험으로 깨닫는다. 내가 실천하는 모든 사랑은 나의 사랑이 아니라 신의 사랑이고, 사랑 자체이신 신께서 나에게 베풀어 주신 은사다. 그래서 나는 어떤 사랑을 실천할 때도 그렇게 사랑하게 해주신 신께 감사와 찬양을 드릴 뿐이다. 신이 내 안에서 사랑을 하시고, 그 사랑이 이웃에게 흘러 전해지는 것이다.”

그렇게 될 때, 이제는 내가 사는 것이 아니라 신이 내 안에서 사시는 것이다.

② 헌신

헌신은 심정으로 가는 길임을 알 수 있다. 모든 헌신은 신의 심정을 깨닫는 길이기 때문이다. 심정은 사람에게 사랑을 느끼게 하는 영성적 성품이다. 그것들은 무엇을 생각하거나 이해하게 하는 마음의 이성적인 성품들과는 다르다.

그래서 신을 깨닫는 이지적인 길 위에서는 지식과 이해가 중심이다. 그러나 여기 헌신에선 순수한 감성이 핵심이다. 사랑의 감성이 이 길을 가게 하는 동료다. 사랑, 정서, 행복, 친절, 맡김이 헌신을 이어가는 가슴의 성질들이다. 사랑을 늘려가며, 작은 행복을 뒤로 하고 더 안정되고 더 가치 있는 행복의 나라로 들어간다. 헌신은 기쁨의 길, 사랑의 길, 가슴으로 가는 길이다.

신의 사랑은 사람이 가질 수 있는 최대의 덕이다. 이 큰 사랑에서 신의 자녀들과 피조물에 대한 사랑이 나온다. 신의 사랑이 자라가는 가슴에서 친절, 동정, 용서, 사람사랑이 넘쳐난다.

신의 사랑에 완전히 녹아들어 신이란 말만 들어도 헌신과 사랑이 가슴에 넘쳐흐르는 사람은 복되다. 크나큰 헌신은 크나큰 사랑이며 더없는 행복과 만족, 영광과 은총을 불러온다.

마음에 사랑이 자라갈수록 헌신자는 더욱 큰 행복에 젖는다. 그의 사랑이 신의 영원한 실존 안에 닻을 내릴 때, 그의 가슴은 바라던 최종 목표에 이른다. 헌신자와 신이 하나가 된다. 물방울이 바다에 안겨 하나가 된다. 하나 됨이 완전하여 하나만 남는다. 여기서는 구별이 없다. 더 이상 둘이 아니다. 길조차 사라지고 하나 됨만 보인다.

'위하기 위해' 자신을 내던진다는 사랑은 숭고하기만 하다. 사랑하는 사람은 사랑하기 때문에 오직 잃을 줄만 알고, 자기를 버리는데 하등의 동기나 목적이 없다. 사랑하는 자신이 아무 목적이 없다는 사실만 알 뿐이다. 사랑을 시작하고 오는 대로 받으며, 사랑은 점점 커가기만 한다. 그는 계속해서 자아를 잃어가나, 자아가 없어진다는 사실을 모르며 자아가 완전히 없어졌는지조차 모른다. 자아가 없을 때, 그는 신 그 자체이기 때문이다. 아니, 그가 신이 아니라, 신이 신이기 때문이다. 신과 하나됨이 하나요, 하나의 영원한 실존, 영원한 생명의 하나, 절대 <존재>하나, 하나만 있다. 이때 삶의 모든 움직임들은 신의 사랑이며 큰 바다에 이는 잔잔한 물결들처럼 파동으로 퍼져 나아가 감동을 준다.

생명의 다양성은 신의식 하나 속에 있다. 이 세계의 수많은 형체와 현상들은 크고 작은 생명의 물결들이요, 무한한 신의 실존 안에 떠오른 신기루다. 사랑의 물결이 생명의 바다 표면에 일어남은 온갖 생명의 모습을 느끼고, 알고, 살아지기 위함이다. 또한 그것은 생명의 표면 위에 사랑의 길이 끊이지 않고, 생명으로 태어나는 자들이 사랑을 계속하기 위해, 생명을 사랑하는 사람들이 생명을 버림으로써 생명을 찾고, 신의식 안에서 자신을 버림으로써 신을 찾기 위함이다.

헌신적인 사랑의 길 위에는 우주의 다양성이 신의 단일성 안에서 완성된다. 사랑을 매개로 신이 세계 안에, 세계가 신 안에 있다. 신의 영광이 체험되기 위해서는 기쁨이 증가해야 한다. 삶의 표면 차원에 기쁨을 늘려 갈 만한 무엇이 있단 말인가? 우리의 주의(注意)는 생명의 내면 차원, 피조 세계의 미묘한 내면세계, 의식의 깊은 수준으로 들어가야 한다. 주의를 깊은 의식의 차원으로 가져가는 것이 크나큰 기쁨을 체험하는 열쇠다. 이것이 명상의 원리다. 이것이 사랑의 길에서 완성을 가져오게 하는 일이다. 명상의 실행, 보다 큰 기쁨의 체험이 없는 헌신의 길은 효과가 없다.

종교적이자 현실적인 삶의 완성과 헌신의 길은 차원 높은 의식을 추구하고 있어 수행을 통한 영성적 밝음이 요청되고 있다. 그러한 영성적 밝음을 찾아서 실천하는 길에는 올바른 언행이 중요하다는 것을 각성하고 베풀고 헌신하는 길이 영성의 통전성임을 알 수 있었다.

③ 기쁨

신으로 충만한 사람은 기쁨으로 가득하다. 기쁨의 원천과 근거는 신이시며, 이는 자기가 신의 사랑을 받고 그분을 사랑하고 있다는 체험에서 나온다. 신의 용서와 자비를 받고, 그분과 화해하고 친근해지는 것은 사람을 진정 기쁨으로 넘치게 한다. 신의 사랑을 깊이 깨닫고 체험하면 어떤 어려움을 겪는다 해도 기쁨으로 설레지 않을 수 없다.

세상이 아무리 어둡게 보인다 하더라도 신의 사랑을 굳게 믿는다면 밝은 마음으로 살 수 있으며, 자기 생활이 아무리 고통스럽다 하더라도 신의 사랑을 깊이 체험한다면 편안한 마음으로 살 수 있다. 나를 그토록 열렬히 사랑해 주시는 신께 감사와 찬양을 드리지 않을 수 없고, 그 분께 의지하고 그 분과 함께 사는 것이 기쁘고 행복하기 그지없는 것이다.

신께 깊이 뿌리 내린 기쁨은 견고하고 흔들리지 않고 오래 간다. 그러나 세상 것과 자기 형편에 근거를 둔 기쁨과 자기감정, 기분에 따른 기쁨은 허약하고 불안하여 오래 가지 못한다. 원래 기쁨은 '기쁨 자체'이신 신의 기쁨을 나누어 받는 것이다. 신만이 주실 수 있는 참 기쁨은 사람 마음의 심오한 곳에서 솟아 나와 어떤 상황에서도 내적 고요와 기쁨, 즐거움을 유지하게 한다. 그는 세상과 자기 생활이 어떻게 돌아가든 상관없이 신 안에서 변함없는 기쁨을 누린다.

변함없는 기쁨과 끊임없는 기도, 무조건적인 감사야말로 참신앙인의 삶의 자세다. 그 기쁨은 고통이 심할수록 커지고 강해진다.

신의 사랑에 진정으로 회개하고 새로 태어나 새 삶을 살며, 신을 만나는 사람의 첫째 가는 특징도 역시 기쁨이다. 왜냐하면 진정한 회개와 새 삶 그리고 신을 만나는 체험은 사람의 마음을 언제나 기쁨으로 넘치게 하기 때문이다. 그는 어떤 어려움과 역경에서도 늘 기쁘다. 그러나 아직 진정으로 회개하지 못하고 새 삶을 살지 못하며 신을 만나지도 못한 사람은, 마음 속 깊은 곳에서 진정한 기쁨을 누리지 못하고, 늘 슬프며 우울하고 불안하고 두렵다. 사람의 마음 속 깊이 자리 잡은 죄악과 이기심은 진정한 기쁨을 불가능하게 만들고, 세상일과 자기 자신에게 의지하고 사는 자세도 사람의 마음에 슬픔과 불안을 불러일으킨다.

기쁘게 살아야 삶의 의미가 있고, 기쁘게 일해야 일하는 보람을 느낀다. 기쁘게 봉사하고 기도해야 그 봉사와 기도가 가치 있다.

신 안에서 늘 기쁜 사람은 세상을 밝게 보고, 인생을 긍정적으로 받아들이며, 삶을 즐겁게 한다. 기쁜 마음으로 영성 생활을 해 나가야 건전하고 바른 영성의 삶을 살 수 있으며, 늘 기쁘게 성장의 노력을 해야 좋은 열매를 맺는다. 기쁨 자체가 이미 하나의 영성이다.

반대로 슬픔, 비관, 불안, 두려움, 실망, 좌절, 우울, 원망, 억울함, 원한, 무기력 등은 다 하나의 걸림돌이고, 성장과 영성을 방해하기 때문에, 이 부정적 심정들을 애써 피하고 극복하도록 해야 한다.

기쁨, 밝음, 낙관, 희망, 활기, 의욕, 끈기 등은 건전한 영성과 성장을 촉진시키기 때문에 늘 긍정적이고 적극적이고 밝은 심정을 유지하고 기르도록 노력해야 한다.

　슬픔을 피하고 기쁨을 유지하는 것은 죄악과 고통을 극복하고 유혹을 이겨내기 위해 열심히 하고 부지런하며 보람찬 생활을 하기 위해서도 꼭 필요하다.

④ 평화

우리의 평화는 신으로 충만한 평화다

　'평화의 신'이시고 '평화의 왕'이신 '신의 평화를 받아야 신앙인은 참 평화를 누린다.' '신이야 말로 우리의 평화'이시다. 신은 당신을 '평화의 신'의 모습 그대로 밝히시며, 신의 평화를 우리에게 체험하게 하신다.

　신의 힘과 사랑을 체험하고, 그 안에 머무는 사람은 마음이 늘 평화롭다. 어떤 역경 속에서도 신의 힘으로 그 역경을 반드시 이겨 낼 수 있다는 확신을 가지기 때문에 두려워하지 않는다. 어떤 고통을 겪는다 하더라도 신의 사랑을 확신하기 때문에 실망하지 않는다. 죄를 범하고 잘못을 저질 렀을 때마다 그것을 뉘우치고 용서를 빌고 또 용서받기 때문에 늘 평화롭다. 일이 뜻대로 되지 않고, 남이 내 생각대로 행동하지 않아도 인내하며, 자기 자신과 남을 용서하기에 늘 평화롭다. 죄를 뉘우치고 용서를 비는 것도 평화로운 마음으로 하고, 일이 뜻대로 되지 않아도 이를 평화로운 마음으로 받아들인다.

　불화, 불안, 갈등, 거리낌, 두려움, 긴장, 초조함 등은 다 영성의 성장에 해로우며, 반대로 마음의 평화, 안정, 차분함, 침착 등은 올바른 영성의 성장을 이루기 위해 필요하다. 특히 불화와 불안을 없애고 평화와 안정을 유지하는 것은 신앙인에게 꼭 필요하다. 평온하고 차분한 마음으로 사는 신앙인은 영성 성장의 삶을 기쁘고 적극적인 자세로 살 수 있다. 또한 그러한 영성의 성장은 건전하고 올바른 모습으로써 많은 열매를 맺는다. 기도와 덕의 실천도 역시 평화로운 마음으로 해야 좋은 열매를 맺는다.

평화는 내가 신과 다른 사람, 나 자신과 화해했을 때 이루어진다. 먼저 신과는, 죄를 뉘우치고 용서를 받아 그 분과 올바른 사랑의 관계를 회복함으로써 화해하게 된다. 다음으로 다른 사람과는, 나와 그 사람 사이의 갈등과 차이와 오해를 용서와 인내와 양보와 타협으로 해소하고 서로 일치를 이룰 때 화해가 실현된다. 다른 사람과의 관계에서 여러 가지 갈등과 차이와 오해를 완전히 없앨 수는 없다 하더라도 언제든지 누구와도 사랑으로 일치할 수 있다. 또한 자기 양심과 판단에 충실하고, 자기의 현실을 있는 그대로 인정하고 받아들이며, 좋은 점은 성장시키고 좋지 않은 점은 변화시키려고 노력할 때 자신과의 화해가 실현된다.

다시 말해, 화해는 신과 다른 사람과 자기 자신을 그대로 존중하고 아끼고 사랑하며, 그들 앞에 항상 떳떳하고 온화하고 사랑스러운 자세로 살아감으로써 실현된다. 자기 자신을 존경하고 아끼며 사랑하고 자신의 부족함을 인내하며 용서하는 것도 대단히 중요하다.

신과 화해해야 다른 사람과 자기 자신과도 화해할 수 있고, 자기 자신과 화해해야 다른 사람과도 화해할 수 있다. 다른 사람은 물론 자기 자신과 화해하지 못하는 것은 먼저 신과 화해하지 못했기 때문이다. 다른 사람과 화해하지 못하는 것은 먼저 자기 자신과 화해하지 못했기 때문이다. 신과의 화해가 가장 근본적인 화해이며, 거기에서 모든 화해와 평화가 비롯된다. 신과 평화롭게 지내야 자기 자신 안에 평화를 유지할 수 있고, 자기 안에 평화를 유지해야 남과 평화를 유지할 수 있다.

물론 거꾸로 말할 수도 있다. 다른 사람과 화해해야 자신과 화해할 수 있고, 자신과 화해해야 신과 화해할 수 있다. 신과 화해하지 못하는 것은 자신과 화해하지 못했기 때문이고, 자신과 화해하지 못하는 것은 다른 사람과 화해하지 못했기 때문이다. 다른 사람과 평화롭게 지내야 자신과 평화를 유지할 수 있고, 자신 안에 평화를 유지해야 신과 평화를 유지할 수 있다. 그러나 언제나 근본적인 화해는 신과의 화해다.

기쁨과 평화는 누구에게도, 어떤 상황에서도 꼭 필요하고 대단히 유익하다. 기쁨과 평화의 마음은 적극적으로 살아갈 의욕과 희망을 주고 이로써 사람은 여러 상황에 대해 정확히 판단하고 식별하며 신중히 행동하게 된다.

⑤ 환희 : 열락(悅樂)

영성은 신의 전체성, 전일성(全一性), 충만성에 의한 환희다. 초월적인 신의 단일성(單一性)은 현상세계를 창조하면서 우주의 모든 존재들의 다양성으로 드러났다. 이 다양성의 세계는 본래의 단일성으로 회귀하기 위한 전체성과 전일성을 지향하며 전체성과 단일성은 충만성을 낳게 되고 충만한 기쁨, 곧 환희, 기쁨의 극치로 나타나게 된다.

따라서 명상을 통해 현상세계를 넘어 본질세계에 들어가면 그곳은 신영역으로서 순수의식, 환희의식을 만나게 된다. 신비적 영성체험의 최고 목표는 절정의 기쁨 즉, 환희이며 열락(悅樂)이다.

여기에서 우리는 마음의 본성을 살펴볼 필요가 있다. 마음은 기쁨을 주는 곳에 머문다. 그러나 우리의 일상적 경험은 마음이 어느 곳에 집중된 상태로 오래 남아 있지 못한다. 그 이유는 집중한 대상이 충분한 기쁨을 주지 못하며 더 큰 즐거움을 주지 못하기 때문이다. 이 세상에는 기쁨을 갈구하는 마음을 만족시켜 줄만큼 즐거운 곳이 없기 때문에 마음은 한 곳에 머무르지 못하고 항상 여기저기서 더 큰 기쁨을 찾으려 드는 것이다.

그러면 과연 마음이 가장 크고 영원한 기쁨에 자리 잡을 수 있는 곳은 어디인가? 벌은 꿀이 담긴 꽃을 찾아 여기저기 날아 다니지만, 날아 다니는 것이 벌의 기본 성격은 아니다. 꿀이 있는 꽃을 찾지 못했기 때문에 날아다니는 것이다. 그러나 꿀을 찾으면 금새 그곳에 내려 앉는다.

마찬가지로 우리의 마음은 헤멘다. 그러나 본성이 그러는 것은 아니다. 가고 싶고 하고 싶은 일이 있기 때문에 방황하는 것이다. 기쁨과 매력을 주는 곳에서는 떠나려하지 않는다. 그러한 자리에서는 마음이 쉬고 즐기며 기쁨 속에 오래도록 남아있게 된다.

본성에 따른 일은 우리를 기쁘게 하고 본성에 맞지 않는 일들은 무엇이든지 싫다. 쉴 장소를 찾지 못하거나 기쁨의 대상을 만나지 못해서 뛰어다닐 수밖에 없는 마음은 처량하고 비참하다.

마음이 안정되게 하기 위해서는 마음이 좋아하는 일들을 하면 된다. 기쁘고 매력있는 곳을 찾아야 한다. 창조계의 외형적 사물은 그 어느 것도 기쁨을 바라는 마음의 갈구에 영원한 만족을 줄 수 없다. 우리의 경험은 사물의 미묘한 내면세계가 훨씬 매력이 있음을 알려준다. 바깥세계로부터 차차 내면층으로 마음을 이끌어가면 더 큰 기쁨을 발견한다. 창조계의 상대세계를 넘어 초월적 환희의식에 도달함으로써 마음은 상대세계의 그 어떤 기쁨보다도 더욱 큰 영원 질내의 환희를 발견한다. 절대 환희를 얻은 마음은 좀처럼 그것을 놓치치 않는다. 환희에 완전히 밀착된 나머지 환희의식이 마음의 본성에 주입되게 되고 마침내 마음은 환희의식으로 화한다.[24]

마음이 그렇게 확립되었을 때 더 이상 다른 것들을 필요로 하지 않는다. 절대존재(신)의 상대세계 안의 그 무엇도 절대 환희의식을 능가하지 못하기 때문이다.

마음으로 하여금 자연스럽게 이 환희의식에 뿌리내리도록 하는 효과적인 방법은 명상을 통하여 마음이 환희의식을 체험하게 하는 것이다. 이 환희의식은 신의 본성이며 순수의식이다.

순수의식(우주의식)을 지닌 사람은 전체성, 전일성, 충만성으로 인해 충만한 기쁨, 즉 환희를 느끼게 된다. 우주만물을 향하여 모든 방향으로 무한

---

24) 마하리시 마헤시요기, 『초월의 길, 완성의 길』(범우사, 2005), p.175 참조.

한 사랑이 넘쳐 나간다. 이 농축 상태의 우주적 사랑을 사는 사람은 무엇을 보거나 듣거나 냄새 맡거나 혹은 만져 보거나 한없는 사랑이 그저 흘러나오는 경지다. 끝없이 다양한 생명계 전체가 사랑·기쁨·평화·만족·영원·절대가 넘실거리는 바다일 뿐이다.

누구든지 명상을 거듭할 때 순수의식에 도달할 수 있다. 이 경지에까지 놓여진 개인은 우주 생명과 하나 되어 일거수 일투족이 우주의 몸짓이요, 그의 생이 우주 생명 안에 확립되는 것이다. 그의 생각과 말, 행동들은 창조목적을 돕게 되며 개인 생활의 모든 차원에 걸쳐서 우주 생명의 목적을 이루어 간다.

이 때에 인간의 자아는 무한으로 확장되어 가장 큰 자아(大我), 더 커질 수 없는 자아인 신의 자아로 화한다. 사람의 개별적 마음이 신의 우주적 마음으로 화한다.

사랑의 길은 눈이 먼 환희의 길이다. 사랑의 길은 한 길로만 간다. 작은 행복에서 더 큰 행복으로만 간다.25) 신의 길, 사랑의 길은 오로지 한 곳으로만 간다. 작은 행복에서 더 큰 환희로, 영원한 환희로 간다.26)

사랑을 매개로 신이 세계 안에, 세계가 신 안에 있다. 신이 체험되기 위해서는 기쁨이 증가해야 한다. 그러기 위해서는 우리의 주의(注意)는 생명의 내면 차원, 의식의 내면 수준으로 들어가야 한다. 주의를 깊은 의식의 차원으로 가져가는 것이 크나큰 기쁨을 체험하는 열쇠다. 순수의식, 환희에 들어가는 길이다.

명상하는 사람은 명상을 할 때, 생각의 내면 상태를 느껴간다는 것을 안다. 그 생각마저 넘어 가지고 마음이 초월상태에 이르면 순수의식, 환희의식을 자각하게 된다. 그 순수의식이 나의 마음에 채워지게 된다.

---

25) 마하리시 마헤시요기, 위의 책, p.306 참조.
26) 마하리시 마헤시요기, 앞의 책, p.307 참조.

이 안에 들 때 세상은 움직이는 거룩함 그 자체이며, 삼라만상은 영원한 환희의식의 바다에 출렁이는 물결들이다. 모든 느낌들, 들려오는 말소리들, 손 끝의 감촉들, 모든 냄새들이 영원한 환희의 바다로부터 밀려오는 기쁨들이다. 모든 생각, 말, 행동들이 기쁨과 평화의 출렁임이다.

2) 우주의 평화를 찾아서

(1) 개체생명과 우주생명

생명에는 절대면과 상대면이 있다. 또한 상대적 사물이 절대생명, 곧 우주에 가득 차 헤아릴 수 없는 순수 심정의 바다, 영원한 실존으로 표현되었다. 이 영원한 실존이 표현되어진 것에 불과하다는 사실도 알았다. 이 영원한 실존이 우주생명이며 그것이 상대세계에 나타난 것이 개체의 생명이다.

재론하면 우주생명이란 생명의 절대면이며, 개체생명은 그 상대적 상태라고 말할 수 있다. 각각의 개체생명은 우주생명의 표현인 것이다. 이는 마치 바다의 움직임이 파도가 되는 것과 같다. 바다는 가만히 있으면서도 하나하나의 파도와 그 움직임에 함께 흔들린다. 우주도 이와 같이 개인의 행동에 반응한다.

연못에 돌을 던지면 연못의 둘레에까지 다다르는 물결이 생긴다. 물결이 일 때마다 연못은 크게 또는 작게 출렁인다. 마찬가지로 개인생활의 심적(心的)인 물결은 행동을 통해 전 우주의 구석구석에 파급된다. 생명은 연속적이고 균일한 한 덩어리의 삶이라는 것을 알려준다. 생명의 큰 바다에서 이는 개체생명의 물결은 우주에 편만한 영원, 절대의 존재와 하나로 연결되어진 채로 움직인다. 우주의 각처에서 창조, 진화, 해체의 과정을 진행시켜 가는 수많은 법칙들은 영원한 우주생명의 다양한 표현이다. 그리고 삼라만상은 우주생명의 나타남인 것이다.

창조계의 여러 부분에 개체생명이 나타나기 시작하더라도 우주 생명의 연속성과 균질성은 조금도 달라지지 않는다. 생명은 신체를 하나로 살아 있게 하며 육체의 각 부분들은 개체생명의 명령에 따라 움직인다. 손을 예로 든다면, 손 하나만으로도 수백만 개의 세포로 이루어져 있으며 그 세포

하나하나는 또한 자체적인 생명과 기능을 가지고 있다. 각각의 세포들도 하나의 생명이며 나름대로 고유한 활동영역과 개성을 가지고 있지만, 동시에 개체생명 전체의 한 부분인 것이다. 각 세포의 생명은 사람의 전체생명에 영향을 미친다. 육체들의 조직들이 하나하나 잘 움직여주면 조화롭고 힘찬 개체생명이 이룩된다. 그러나 단 하나의 세포라도 결함이 생겨 활동이 둔해지고 무력해지면 그에 따른 영향이 개체생명 전체에 나타나는 것이다. 전체 우주도 이와 같이 개인의 행위에 의해 영향을 받는다.

하나하나의 생각, 말, 행동으로 우리는 주변 환경에 영향을 미친다. 물리학에서는 우리가 행하는 모든 일이 대기에 파동을 만들어 낸다고 말한다. 각종 생명의 상대세계는 서로 밀접히 관련되어 있으며 우주 안에 여러 차원들이 서로 주고받는 영향들은 너무나 복잡다양하다. 따라서 이 세계의 모든 사람들이 각각 어떠한 수단이나 방법에 의해서라도 바른 사람이 되어야 한다는 사실은 대단히 중요하다. 그래야만 남을 돕고 동정하며 사랑에 넘치는 사람들의 생각들이 자기 자신과 그 주변, 그리고 우주 전체에 좋은 영향을 가져올 수 있기 때문이다.

한 사람 한 사람이 이렇게 되는 유일한 길은 그들의 마음의 본성이 달라져서 자연히 바른 생각만 갖고 자연히 바른 말, 바른 행동만을 하게끔 되어야 한다.

각자가 자기 자신의 힘으로 이러한 수준에까지 올라가야 한다. 아무도 남의 의식수준을 높여 줄 수는 없다. 그 길을 아는 사람이 일러주거나 지도하여 줄 수는 있지만, 자신의 의식을 높이는 일을 남이 대신해 줄 수는 없는 것이다.

마치 세포 하나하나가 몸 전체의 일부이듯이 한 사람 한 사람은 전체 우주생명의 일부라는 사실을 모든 사람이 확실히 알고 있어야 한다. 만일 하나하나의 세포가 건강하고 활기에 넘치고 깨어 있지 않으면 신체에 고통이 시작된다. 그러므로 개체의 생명을 위해서나 우주에 존재하는 모든 생명을 위해서 개인이 건강하고 덕이 있으며, 바른 생각을 하고 옳게 말하며, 행동을 바르게 해야 하는 일이 요구 되는 것이다. 개개인의 행동에 전체 우주가 반응한다는 사실은 일반에게 잘 알려져 있지 않지만, 엄연한 과학적 사실이다. 개인과 우주는 떼려야 뗄 수 없는 긴밀한 관계로 맺어져 있다. 어느 것도 따로따로 움직일 수는 없다.

개인 생활의 한계는 자신의 몸이나 가족, 집에 국한되어 있는 것이 아니다. 그러한 생각과 한계를 극복하면 생명의 의식은 무한한 우주생명과 연동되어 우주생명의 수평선에까지 이어진다.

(2) 생명의 목적

생명의 목적은 기쁨의 확대이며 이 목적을 이루어 가는 과정이 생명의 진화다. 이에 따라 기쁨도 퍼져 간다. 기쁨이 퍼져 가면 생명에 의미를 부여하는 가치들, 곧 심정과 지성과 능력도 함께 늘어간다.

우주 창조의 목적도 기쁨의 확장이며 우주적 진화에 따라 이 목적이 이루어져 간다. 개인생활의 의의와 목적도 우주 전체 생명의 목적과 같다. 자연의 대우주와 인간의 소우주라는 형상적인 차이뿐이다. 개인의 생명이 우주 전체 생명의 기본단위로 여겨지는 것은 동양사상의 핵심이기 때문이다. 그래서 개인 생명의 목적이 이루어지면 우주의 목적도 동시에 자동적으로 소정의 목적을 이룬 만큼 이루어진다.

어떤 사람이 생의 목적을 이루었다면 그는 최선을 다해서 우주의 목적을 도운 셈이 된다. 근본적으로 우주의 진화가 개체생명의 진화에 의해 이루어지기 때문이다.

불행하다면 생명의 핵심을 놓친 것이며 사람의 심정과 지성, 창조성 그리고 평화와 기쁨의 나날들이 늘어가지 않는다면 영성적인 생명의 방향을 상실한 것이다. 원래 사람은 고통과 무력함이나 게으름 속에서 살게 되어 있지를 않다. 이런 것들은 생명의 본성에 속하지 않는다. 생명은 약동함이지 정체가 아니다. 펄펄 뛰면서 진화하고 발전하고 앞으로 나아가며 살림을 늘려가는 것이 생명이다.

전 잠재력을 쓰지 않고서는 역동적인 생의 목적을 달성할 수 없다. 자신 속에 지니고 다니는 엄청난 에너지 또는 마음의 전 능력을 쓰지 않는 까닭에 사람은 여러 가지 일들에 고통 받는 것이다. 자신 안의 절대적 창조력과 능력을 지니고 태어난 풍성한 절대 기쁨을 그는 생활에서 느끼지도 쓰지도 않는다. 그것은 마치 백만장자가 자기 신분과 부를 잊고 거리에서 구걸하는 모습과 같다.

모든 고통은 사람 안에 임재(臨齋)한 거룩한 영광을 드러내는 방법을 모르는 데에 기인한다. 그러나 아무라도 그것을 드러낼 능력을 가지고 있는 것이므로 생활의 비참은 사실 존재(신)를 느끼는 방법을 모르는 데서 온다. 신성(神性)의 의식이 없이는 사람의 기운과 총명이 떨어지고 생각도 흐리다.

자유로운 삶이 인생의 본 모습이다. 사람이 자유와 평화 속에 살 수 없으면 생의 목적이 이루어지지 않는다. 사람은 완전한 삶을 살려고 태어났다. 초월적 절대자의 무한한 에너지, 지혜, 능력 그리고 기쁨, 그 뒤에 다양한 상대세계의 무한한 보물들도 모두 인간에게 주어졌다. 그리하여 사람의 삶은 거룩한 전지자와 피조 세계의 교두보역할을 하는 것이다. 신의 전지전능과 환희, 풍요함을 더욱 늘리고 그것을 전 피조물에 전파해야 하는 것이다.

인간이 주어진 처지와 교육환경에 따라 발생된 한정된 인식의 세계를 벗어나서 이제는 우주의식을 가지고 영성의 통전성(統全性)을 구하는 것이 궁극적인 인간의 삶의 목적이다.

(3) 신인우주론적 영성27)

종교학 또는 종교(사회, 철학)적인 인식론적 방법으로 풀어 나아가야 할 우주의식과 그와 연계된 영성의 통전성 실현에 대한 논리적 문제는 파니카의 우주신인론적 영성에서 먼저 다루어보고자 한다.

먼저 '신'이란 절대적 '타자'가 아니라는 것을 우리는 안다. 신은 우리가 아니다. 신은 궁극적이고 유일한 '나'이고, 우리는 그의 '너'이며, 그러므로 이 관계는 개인적이며 비이원론적이라고 말하기도 한다. 그러나 우주신인론적 통찰에는 그러한 말들이 필요 없다. 단지 '인간'이 자신의 존재의 심연 및 관계의 가능성, 관계를 위한 끝없는 가능성, 자신의 무한한 속성을 경험한다는 사실을 주목하기만 하면 되는 것이다. 왜냐하면 인간이란 닫힌 존재나 완성된 생산품이 아니며, 끝없이 자신의 존재를 만들어 가는 과정에 있는 실천적 존재이기 때문이다.

신인우주론적 인식은 인간은 본질적으로 소우주의 형상임을 일러주는 것이다. 그것은 '전체성'을 세분시키지 않고 있는 그대로 깨달았던 인류의 여명기(黎明期) 이후부터 지금까지 줄곧 영성의 빛을 발해 오고 있는 의식이다. 우주신인론적 인식은 자신의 근원성을 유지하면서 사물을 통째로 순수하게 보는 비분별적인 전망을 가지고 있다. 이것은 특히 물리학 및 형이상학 분야에서 계속 드러나고 있는 세계에 대한 세 가지의 표현방법과 무관하지 않다.

예컨대 신의 세계와 인간의 세계 및 물질세계로, 천상 - 지상 - 지하, 혹은 하늘 - 땅 - 그 사이의 세계, 과거 - 현재 - 미래, 존재론적 - 물질적 - 육

---

27) 김진 편저, 『종교간의 대화』(한들출판사, 1999), pp. 134-144 참조.

체적인 것 등으로 구분하는 방법이 그것이다. 오늘날 점점 많은 사람들에게 이러한 총체적 직관은 사라지지 않는 소망이 되고 있다. 인간은 결코 부분적인 지식으로 만족한 적이 없었다. 그리고 이제 사람들은 많은 전통적 신념들이 사실은 단지 부분적인 것일지도 모른다는 의심을 하기도 한다. 인간은 언제나 궁극적 실재에 이르기를 바랐다.

차이점들을 부정하지 않으면서, 그리고 그 세 가지 차원 내부의 위계질서들까지도 그대로 인정하면서 우주신인론적 원리는 그 사이에 존재하는 본질적인 관련성을 중요시한다. 그리하여 이 삼중 차원이야말로 모든 실재의 총체적 영역을 구성하고 있다는 것을 강조하는 것이다.

궁극적 신비체험이라 할 만한 통찰은 말로 표현되기에는 무리가 있다. 그것은 분석을 거친 결론이 아니다. 그것은 오히려 비종합적인 것으로 지식과 지식을 아는 사람 사이의 상이한 요소들을 조화시킴으로써 그 둘을 모두 초월하고자 한다.

실재는 형이상학적인 면(초월적인 면)과 지적 요소(의식 혹은 사유) 그리고 경험적(물리적 혹은 물질적) 요소라는 세 차원을 보여 주고 있다. 우주신인론적 원칙은 신적이고 우주적이며 인간적인 -그것들을 무엇이라고 이름 하건- 그것은 존재하는 모든 실재를 구성하고 있는 엄연한 세 가지 차원이다. 존재하는 모든 것이 이 세 가지 차원으로 표현되는 것이다. 만물이 다른 사물과 직간접적으로 연관되어 있다는 것만을 말하는 것이 아니라, 이러한 상호연관성이 전체를 구성하고 있으며 실재를 비추고 있다는 사실을 강조하는 것이다. 우주에 가득 찬 이런 관련성은 모든 존재의 가장 깊은 곳까지도 꿰뚫고 지나간다. 신인우주론적 인식이란 존재를 삼등분하는 것이 아니라, 그 존재들이 지니고 있는 세 가지 차원의 핵심을 통찰하는 것이다.

① 신적인 차원(Theos) : 신성

파니카가 말하는 신적 차원은 모든 존재가 갖고 있는 초월성과 내재성의 차원을 의미한다. 존재의 이 두 차원은 존재의 "무한성, 개방적인 성격 그리고 신비와 자유"를 형성한다. 그러므로 이러한 신적 차원은 "존재들을 위해 첨가된 보호막이나 존재를 위한 외부적 기초가 아니며, 오히려 그것은 모든 존재의 근본원리"다. 이러한 존재의 신적 차원이 중요한 이유는 이 신적 차원 없이 존재의 변화, 발전이 불가능하기 때문이다. 즉 존재의 끊임없는 자기초월과 내재 없이 변화는 불가능한 것이다. 그러므로 신적 차원을 가지지 않는 존재는 변화를 갖지 못하며, 그것은 곧 존재의 죽음을 의미한다. 파니카는 이 신적 차원을 신성(神性)이라고 부른다.

모든 존재는 초월적이고도 내재적인 차원을 가지고 있다. 모든 존재는 만물을 초월한다. 즉 한계가 없는 '그 자체'다. 그리고 모든 존재는 무한히 내재적이다. 즉 소진되어 버릴 수 없으며, 헤아려질 수도 없는 존재다. 이 말은 우리들이 지적 능력에 한계가 있어서 심연을 꿰뚫어 볼 수 없다는 것이 아니라, 이러한 깊은 차원이 우리 모든 존재에 잠재해 있음을 가리키는 말이다. 현존하는 모든 존재에 한계를 설정하는 일은 곧 그를 파괴하는 것과 같다. 존재를 완전히 고립시키는 것은 그를 질식시키고, 죽이며, 모든 존재들과 연합시켜 줄 중심부로부터 그를 끊어내는 것과 마찬가지인 것이다. 이러한 모든 것(초월 내적이며, 한계지을 수 없는 차원)을 신적 차원이라고 부른다.

여기서의 기본 시각은 어떤 존재라도 그것은 영원하며, 그 개방성, 신비, 자유가 서로 교통된다는 것이다. 이러한 신적 차원은 존재 위에 그저 덧씌워진 우산이거나 혹은 단순히 존재를 위한 외적인 토대가 아니다. 즉, 그것은 모든 존재의 본질적인 원리다. 이 차원이 없다면 어떤 궁극적 변화도 불가능할 것이다. 즉 변화를 위한 '여지'가 없을 것이다. 또 이 차원이 없다면 어떠한 특정 변화도 곧, 그 존재를 바꿔버리는 전체적 변형이 되어 버림으로써 연속성을 잃게 되고, 따라서 진정으로 변화되는 것은 아무 것도 없는 것이다. 종교 체계에서는 이러한 차원을 무(無) 혹은 공(空) 또는 모든 것을 가능케 하는 진공(眞空)이라고 부르기도 한다.

신인우주론은 인간의 내부에서 자신의 존재의 깊이를 체험하고, 관계의 무한성을 경험한다. 인간은 자신이 조절할 수 없는 다른 차원을 발견하게 되고, 하나님은 이미 그 차원에 관계하고 계신 분이다.

인간은 자신이 조종하거나 조절할 수 없는 다른 차원이 있다는 것을 알게 된다. 눈으로 보거나 정신으로 아는 것 혹은 가슴으로 느끼는 그 이상의 것이 언제나 있는 것이다. 이처럼 지각과 느낌, 이해를 넘어서는 것들이 바로 신적인 차원을 드러내는 것이다.

나아가 신은 인간만의 신이 아니라, 세상을 위한 신이기도 하다. 우주적이지도 않거나 우주적인 기능을 하지 않는 신이란 결코 신이 아니라 단지 유령일 따름이다. 신은 인간을 위하듯이 세상을 위해서도 동일한 차원으로 존재한다. 인간 뿐만 아니라 우주도 미완성이고 미완료이며 무한하다. 우주는 고립된 물질이 아니라 에너지다. 즉, 살아있으며 움직이고 팽창한다. 살아있는 신은 인간 뿐 아니라 이 우주적 세계와 밀접한 관계를 갖는다.

세계로부터 분리된 신성과 우리라는 존재는 실제로 존재하지 않는다. 세계는 신 안에 있고 신으로부터 존재하며, 신을 통해 존재한다고 말할 수 있을 것이다.

신은 더 이상 인간만의 신이 아니며, 우주론적 혹은 우주발생학적 기능을 가지고 있는 우주의 신이다.

② 인간적 차원(Anthropos)

파니카가 인간적인 차원에서 강조하는 것은 크게 두 가지다. 첫째는 모든 참 존재는 의식과 연결되어 있다는 사실이다.

"우리의 의식과 연결되지 않은 어떤 것에 대하여 -긍정적이든 부정적이든- 말하거나 생각하거나 확신을 할 수 없다.… 실재의 전 영역이 존재 속에서 인간화되어 살고 있다."이러한 의식의 차원을 파니카는 인간적인 차원이라고 부른다.

인간은 인격을 가지고 실재와 관련을 맺고 있어 개인은 이해될 수 없으며, 생존도 불가능하다. 인간은 위로는 하늘과 아래로는 땅, 그리고 자기 주변의 모든 동료 존재들과 함께 있을 때에만 인간이다. 하나님과 이 세상 없이 인간도 없다. 그럼으로 인간은 개인 그 이상이다.

나아가 모든 실존은 의식과 연결되어 있다. 즉, 사유를 통해서 앎으로 나아간다. 의식과 연결되지 않고 우리는 말할 수도, 생각할 수도, 무엇인가를 인정할 수도 없다. 인정하고 부인하는 행위는 바로 이전에 없었던 의식과의 연결이 형성되고 있음을 의미한다.

투명한 속성을 가진 의식은 의식을 알고 있는 주체인 사람 뿐만 아니라 그 대상 속에도 존재한다. 우리는 그러한 점을 의식의 차원이라고 부른다. 그러나 그것은 인간을 통해서, 인간 속에서 나타나기 때문에 인간적 차원이라고도 불릴 수 있다. 만약 인간과 완전히 독립된 의식이 존재할 수 있다고 주장한다면, 이미 그 말 자체가 의식의 독립성에 모순됨을 확실하게 보여준다.

이러한 말은 모든 존재를 의식으로 환원시킬 수 있다는 뜻이 아니다. 신인우주론적 통찰은 이미 실재가 지니는 세 차원이 상호 환원되는 것이 아니라는 사실을 밝힌다. 즉, 물질세계와 신적인 측면들이 단지 의식으로 환원될 수는 없다. 두 측면들은 상호 침투되어 어떤 의미로는 의식과 공존하게 된다. 이러한 차원이 없다면 실재란 알려질 수 없는 것이 되고, 앎이란 실재의 속성 중에서 부차적인 것이나 실재의 외적인 특성이 되어버릴 것이다.

신인우주론이 말하고 있듯이 이 의식 속에서 신적이고 우주적인 차원과 결별되어 있는 홀로된 의식은 존재할 수 없다. 이미 의식 안에 다른 두 차원은 스며들어 있으며, 이 의식의 차원이 없다면 실재는 알려질 수 없다. 그때에 인식은 단순히 실재의 외부적 성격만을 파악하는 것에 그칠 것이다.

이러한 뜻에서 모든 존재에게 본질적으로 의식의 차원이 있으며, 그 존재에 대한 우리의 이해가 '그것'이라는 실체적인 의식은 아닐지라도 그 이해는 어딘가에 있는 그 '무엇'이다. 즉, 이해는 '내' 안에서 혹은 일반적인 의식 안에서 '무엇'을 알아가는 것을 의미한다. 만약 이해가 의식과 어떻게든 연결되어 있지 않으면 우리는 그것에 대해 알 수 없을 것이다. 따라서 앎은 모든 존재 속을 관통하고 있다.

인간적인 차원의 둘째는 인간은 본질적으로 개체적이고 개별적인 존재가 아니며 관계적 존재라는 사실이다. 이러한 관계적 존재로서 인간은 결국 관계적인 총체성 속에서 살아가는 인격을 의미한다.

인간적인 차원이 배제된 신적 차원을 이야기할 수 없다. 만약 그리스도교에서 말하는 유일 절대자의 신 개념을 고수한다면 이 세계에서 벌어지는 악의 문제를 설명할 방법이 없다. 어떻게 절대적으로 선하신 존재가 악과 불의를 방관하고 계시는가? 신적 차원에 침투하고 있는 인간적인 차원을 이해할 때 비로소 신의 독재성을 극복할 수 있고, 동시에 인간의 역사적 책임성이 강조될 수 있다. 그러므로 신인우주론의 실천적 의미는 결코 등한시 될 수 없다.

③ 우주적 차원(Cosmos)

모든 존재는 세계 안에 존재하고, 그 세속성을 공유한다. 즉, 세계와 관계를 맺지 않는 존재란 존재하지 않는다. 존재가 가지고 있는 공간과 시간

을 초월하는 우주적 신비주의 체험성을 인정한다손 치더라도 그 존재는
이미 세계와 관계성을 가질 수밖에 없다. 실재 그 자체가 시공간의 차원 없
이 존재할 수 없다. 그리고 만약 신이 우주 밖의 신이라면 진정한 신이 아
니다. 이러한 우주적 차원과 관계를 맺지 않고, 물질이나 시공간을 배제한
신은 존재하지 않는다. 이 세계와 연관성 속에서 신의 구체성이 획득된다.

　존재하는 모든 것은 물질과 에너지 및 시간과 공간의 세계와 본질적으
로 연관되어 있다. 비록 우리가 아무리 세계 외적 존재의 가능성을 인정하
고, 무궁하고 우주적인 신비체험의 가능성을 받아들인다 하더라도, 이처
럼 말로 형언되는 모든 것은 이미 세계와의 관계를 구성하고 있는 것이다.
아무리 세속성을 초월하거나 세속성과 상관없는 것이라 해도 일단 세속성
을 언급하고 시작하는 한 그것은 세속적인 면을 이미 갖고 있는 것이다.

　세상이 없이는 진정한 신도 없다. 우주적 차원이란 다른 두 차원의 부록
이 아니라, 나머지 두 차원과 마찬가지로 실재의 본질적인 차원이다. 파니
카는 우주적 차원은 단지 다른 두 차원의 들러리가 아니라 세계와 전체의
본질적인 차원임을 강조한다. 우주는 인간과 마찬가지로 생명을 가지고 신
적 역동성을 가지고 있는 실재다. 또한 인간이 갖는 인간 내적 관계성과 이
우주와의 관계가 상호 분리되는 것이 아니다. 그래서 그는 세계와 내가 다
르다고 분리된 두 실체가 아니라고 말한다. 왜냐하면 우리는 서로의 생명
과 실존, 역사 및 운명을 독특한 방법으로 나누어 공유하고 있기 때문이다.

　세계는 내가 완전히 파악할 수 없는 보다 큰 몸체로 비유된다. 세계와
나의 관계는 나와 내 자신과의 관계가 궁극적으로 관련된다. 우주는 단순
한 물질이거나 전환 가능한 에너지가 아니다. 우주에는 인간과 마찬가지
로 생명이 있으며, 신적 역동성이 분배되어 있다. 즉, 영혼과 신이 육화하
는 것이다. 이것은 마치 신적, 인간적 차원 없는 물질이나 에너지, 시공의
세계란 없는 것과 같다. 순순한 무형의 존재란 '완전히 물질적인 것'과 마

찬가지로 추상일 따름이다. 신은 물질이나 시간, 공간, 몸, 그 외 모든 물질적인 것 없이는 존재하지 않는다. 즉 모든 것이 신의 것이며 신의 세계다.

이처럼 시공의 차원이 없다면 실재란 존재하지 않는다. 그런 실재를 생각하는 것은 비현실적 몽상가의 꿈일 것이다. 사건이나 에너지, 시간이나 공간이 없다면 인간의 담론이나 사유는 불가능할 뿐만 아니라, 신과 인간 역시 단순한 무(無)와 의미 없음으로 축소될 것이다. 무엇이든지 그것이 존재하려면 세계가 우선 존재해 있어야 한다. 인간의 희망이란 궁극적으로 세계가 존속하는 것을 그 기반으로 하는 것이다.

인간의 의식이란, 모든 다양성을 삼켜버리는 거대한 일치성과 궁극적인 지성을 불가능하게 하며 평화와 조화를 분쇄시키는 극도의 원자(原子)주의 사이에서 왕복 운동을 하고 있음을 파악하게 된다. 신인우주론적 체험은 일원론이라는 망상증과 이원론이라는 정신분열 사이에서 폭넓은 나선구조를 가지는 능동적인 중도(中道) -단순한 변증법이 아닌- 를 다시 획득하려는 시도다.

인간은 교차로에 서 있는 것과 같다. 왜냐하면 실재란 이 세 가지 차원들이 교차하는 바로 그것이기 때문이다. 실재에 대한 신인우주론적 시각은 존재하는 모든 것을 전체적이고도 통전적으로 통찰하는 것이라는 의미가 바로 여기에 있다. 이러한 시각은 신 혹은 인간, 또는 우주라는 단 하나의 초점을 가지지 않는다. 그 셋이 공존하는 것이다. 그들은 상호 관련되어 있거나 존재론적인 우선성을 가지고 위계적으로 구성되어 있거나 혹은 동등하게 조직되어 있을지 모른다. 그러나 어떻든 그들은 결코 고립되어 있지 않다.

이러한 신인우주론적 통찰은 우리 시대에 떠오르고 있는 종교적인 의식을 나타낸 것이다. 현대 인류는 고립적이고 옹졸한 신을 죽여 버렸다. 지금 지구는 무자비하고 탐욕스런 인간을 죽이고 있다. 그리고 신들은 종종 인간과 우주를 방치하고 있는 것처럼 여겨지기도 한다. 그러나 밑바닥에서는 변모와 부활의 표징을 감지하고 있다. 오늘날의 생태학적 민감성의 뿌리에는 신비한 긴장이 흐르고 있고, 인간의 자의식의 저변에는 무한과 불가해성에 대한 욕구가 있다. 그리고 신의 마음 한가운데에는 시간과 공간, 그리고 인간에 대한 요구가 있다.

④ 실재에 대한 총체적 인식의 전환

영성이라는 용어를 구체적으로 언급하지 않더라도 오늘날 우리 사회의 많은 개별 문화들은 인간의 이성이나 지성 너머의 영역에 존재하는, 신비로 감싸져 있는 영성의 세계를 문화적 재료로 삼아 새로운 문화의 흐름을 조성하고 있다.

21세기 정보화시대를 맞고 있는 오늘날에는 영성의 시대가 촉발되고 있다. 그간 경시되었던 동양의 유기체적 인식론, 신비적인 자연주의 사상이 재평가 되고 있는 것이다.

이러한 변화 속에서 기성종교는 현대인의 영성에 대한 관심과 표출의 속도를 따라잡지 못하고 있다. 기존 종교들의 이러한 무력함은 종교적 폐쇄성에 근거한 '보신주의'에도 그 원인이 있겠지만, 보다 근본적인 문제는 실재에 대한 기존의 인식론을 변화시키지 못하고 있기 때문이다.

실재에 대한 인식과 영성과는 밀접한 관계를 가질 수밖에 없다. 왜냐하면 영성은 실재에 대한 인식론의 틀을 넘어서는 영역임에는 틀림없지만 실재에 대한 이해를 기반으로 하는 세계관의 변화 없이는 종교적 영성이 심화될 수 없기 때문이다.

인간의 현재적 삶의 생명 확충을 지향하는 영성이 제대로 인간의 삶에서 영향력을 미치고자 할 때 실재에 대한 해석과 이해는 계속 변화, 발전되어야 하며, 따라서 실재에 대한 인식은 영성 형성의 중요한 틀을 제공한다.

그러므로 새로운 영성의 시대에 우선적으로 필요한 것은 실재에 대한 인식 변화다.

신과 우주와 인간에 대한 질문에서 서양 인식론은 주체와 객체가 이원론적으로 분리된 채 형성된 결과 '서로 구별지어 가르는 것'은 발달한 반면 '하나로 모아 합치는 것'은 무시되었다는 새로운 반성이 일어나고 있다. 오늘날 서구문명의 발달의 한계와 모순, 또한 폐해성의 원인을 이러한 철학적, 신학적 인식론에서 그 뿌리를 찾고 있는 것이다. 또한 전통적인 서구 그리스도교는 철저한 유일신 사상에 입각하여 자연과 인간의 세계를 해석했고, 이에 상응하는 인간의 삶의 형태를 강요했다. 오늘날 새로이 요청되는 인식론은 지금까지의 인간중심적인 단편적인 틀을 극복하고 인간을 포함하여 모든 실재의 생명 현상을 포착할 수 있는 총체적인 인식에로의 전환이다. 이것을 위해 동서고금의 모든 유기체사상과 통전적인 관계사상의 회복이 불가피하다.

⑤ 영성의 통전성 파악 : 유기적인 통일성

결국 파니카가 주창한 신인우주론이란 실재를 신적인 지평 인간적인 지평, 그리고 우주적인 지평이라는 세 지평의 상호 역동적 관계성 속에서 영성의 통전성을 파악하는 것을 의미한다. 즉, 하나의 실재 안에 이 세 가지 지평이 내재하고 있다는 판단 아래 실재를 올바르게 인식하기 위해서는 이 세 지평이 어떻게 펼쳐지고 있는가에 주목해야 한다는 것이다.

파니카의 신인우주론적 원리에 의하면 신적인 지평, 인간적인 지평 그리고 우주적 지평은 실재를 구성하는 부분이나 단순히 함께 공존하는 부분이 아니라, 본질적으로 전체와 관련되어 연결된 부분이라고 한다. 그러한 부분들은 유기적인 통일성이라는 의미에서 육체와 영혼 그리고 정신과 같은 인간의 본질에 속한 것이다.

그러므로 이 신인우주론적 원리는 표면적으로 떠오른 관계적 세 차원의
상이함을 하나로 통합시키려는 것이다. 이 세 차원은 각기 고립되지 않은
채 서로서로 침투한다. 그리고 각 차원은 다른 두 차원을 전제로 존재 가능
하다. 다시 말해 인간적인 지평과 우주적 지평이 없는 신적인 지평, 혹은
인간적인 지평이나 신적인 지평이 배제된 우주적 지평, 나아가서 신적인
지평과 우주적 지평이 없는 인간적인 지평은 존재할 수 없다. 또한 이 신인
우주론은 어떤 한 체계의 세 가지 요소로 이 지평을 주시하는 것이 아니라,
실재를 구성하는 삼중적 관계에 주목하는 것임을 인지해야 한다.

여기서 파니카가 '지평'이라는 은유를 의도적으로 사용하는 이유는 이
용어가 우주를 단순히 형태론적으로 이해하면서 일원론적 우주관으로 전
제하는 것을 미리 차단하기 때문이다. 우주는 오히려 실재의 다양한 변화
와 형태로 구성되어 있다. 또한 이 지평이라는 용어는 내부적, 외부적으로
다양한 관계들로 연결되어 있는 실재를 한낱 연결될 수 없는 요소들이나
그룹들로 병치해 놓고 이해하려는 의식을 극복한다. 신인우주론은 세 지
평의 다른 속성들을 무시하는 것이 아니라 내적이고 완전한 통일성의 관
계를 표현한다. 이 신인우주론의 인식론적 특징은 지금까지 실재를 이분
법적이고 개별주의적인 것으로 인식하려 했던 모든 시도의 불완전함을 극
복하게 한다. 즉, 이 통찰은 인간이 진리나 실재를 부분적으로, 혹은 파편
적으로 인식하려는 유혹과 오류를 차단시킨다.

파니카의 신인우주론적 통찰은 인간은 엄연히 인간으로서의 한계를 지
니지만, 그 인간 안에는 신의 임재와 내재 그리고 연합의 신비가 내포되어
있다는 것이다. 세 차원의 통전적 이해를 통한 진리와 실재 인식을 추구하
는 신인우주론은 새로운 이론이나 개념이 아니라 동서고금의 종교 사상에
전반적으로 나타나는 인간 의식의 근원적인 형태다. 특히 이 신인우주론
은 진리를 전체로서 제시하도록 노력한 사상가들 사이에서 두드러지게 나

타난다.

⑥ 신인 우주의 통전성 실현 = 우주적 평화

파니카가 이 신인우주론을 실재 인식론의 대안으로 부각시킴과 동시에 다른 종교전통 속에서 어떻게 역사적으로 발전했는지를 통찰하고 설명해 내기 때문에 우리는 그를 주목한다.

신인우주론적 영성은 영성이 개인의 차원을 넘어서서 다른 사람과 우주와 신과의 관계성 속에서 형성된다. 여기에 구원이 있다. 어느 개인도 이 세 차원에서 벗어날 수 없는 이상, 영성이 개별적으로 형성되거나 유지될 수 없는 것이다. 여기서 우리는 진정한 의미에서 '공동체적 영성'을 발견하게 된다. 공동체적 영성은 인간과 인간의 관계 속에서 발현되는 영성이다. 인간의 신적이고, 우주적인 차원이 서로의 삶의 만남을 통해 영성으로 폭발될 때 공동체적 영성은 형성된다.

신인우주론적 영성은 외부적 명령에 의한 인위적인 작업을 통해서가 아니라, 자연스럽게 인식된 신인우주론적 통찰을 통해서 존재의 심연에서 형성된다. 그와 같은 영성은 철학적이거나 학문적인 가설로부터 자유로워야 한다. 그리고 진정한 영성은 인간이 우주와 본질적인 관계를 가지고 있다는 통찰 아래 개별적인 구원이 아닌 전 우주적 구원을 지향한다. 이러한 신적, 인간적 그리고 우주론적 차원이 통합적으로 포함된 신인우주론적 영성은 미래에 성취되는 것이 아니라, 과거, 현재, 그리고 미래를 다 포함하는 거대한 공간에 성취된다. 따라서 이러한 영성의 통전성은 세계와의 연합의 낮은 형태인 자연신비주의와 신과의 합일을 의미하는 고차원적인 신적 신비 사이에 존재하는 간격을 극복한다.

신인우주론적 영성의 장점은 분별로 형성된 인간 이해를 치유할 수 있다는 사실이다. 즉, 물질적인 것과 영적인 것, 초월과 내재, 성과 속, 외부와 내부, 시간과 영원 사이에 존재하는 간격을 연결시킬 수 있는 힘이 있는 것이다. 이런 점에서 신인우주론적 영성은 통전성을 지닌 동양적 영성의 장점을 충분히 살려 나갈 수 있는 영성이 된다.

(4) 하나님주의와 천주의 평화체제
(1) 하나님주의

문선명 선생은 평화의 근본이자 원천을 하나님이라고 천명한다. 이는 하나님을 전제하지 않은 평화는 궁극적인 평화일 수 없다는 견해이며, 하나님의 본질을 평화로 규정하는 것이라고 할 수 있다.

성경은 인간이 하나님의 성전(聖殿)이라고 했다.(고전 5:14) 인간이 하나님의 몸이 되어 하나님을 마음에 모시게 되면 참사랑의 인간 곧 평화의 주체가 된다. 평화의 세계는 하나님을 중심한 하나님의 나라다. 그 평화의 기지는 마음이다.

평화와 통일의 기본사상은 마음과 몸의 통일이다. 평화의 기원은 하나이고 한 분이신 하나님이시다. 평화의 주체는 개인이요, 평화의 기본단위는 가정이다. 마음과 몸을 통일시킬 수 있는 것은 참사랑이다. 마음이 주체가 되어야 몸을 대상으로 만들 수 있고 참사랑의 중심축이 될 수 있다.

하나님이 우주를 창조하신 것은 하나님이 사랑과 평화와 행복의 주체로서 그 대상을 만든 것이다. 하나님은 사랑이시기 때문에 사랑과 기쁨의 대상으로 인간을 창조하셨다. 따라서 그 동안 잃어버린 평화를 되찾으려면 하나님의 창조이상을 다시 찾아야 한다고 역설한다.

"그 동안 인간들은 평화만 부르짖었지, 그 참 평화의 뜻을 알지 못하였습니다. 평화의 참 철학을 갖지 못하였던 것입니다. 그러니 참 평화를 이룰 수 있는 방법이 나올 수가 없었습니다. 그 이유는 알고 보면 간단합니다. 인간들은 하나님을 잃어버리면서 평화를 잃어버렸습니다. 그리고 인간들은 하나님을 제쳐놓고 인간끼리 평화를 찾아보려 하였습니다. 이것이 근본적 잘못이며, 이것이 참 평화를 얻지 못한 근본적 이유인 것입니다. 하나님은 사랑의 하나님이시요, 평화의 하나님이십니다. 그 하나님께서 서로 싸우고 죽이는 세계를 지으셨을 리가 만무한 것입니다."28)

그렇다면 하나님의 창조이상이란 무엇인가? 그것은 피조세계의 평화이며 평화의 피조세계다. 다시 말하면 창조본연의 평화가 그대로 실현된 세계가 하나님의 창조이상이다. 이와 같은 창조이상은 하나님의 전지전능과 평화를 그 속성으로 전제하는 것이기도 하다. 그와 같은 사상의 일단을 짚어보면 아래와 같다.

"하나님은 인간을 하나님의 형상대로 지으시고, 인간은 곧 하나님의 성령이 거하시는 집과 같은 성전으로 지으신 것입니다. 인간 하나 하나가 하나님의 성전으로, 하나님을 모시고 사는 집으로 완성되었다할 때, 어찌 인간끼리의 투쟁과 살육이 가능하겠습니까? 창조 본연의 세계에서 인간이 싸우는 것은 오른팔이 왼팔과 싸우는 것과 같은 일이며, 자기가 자기 손으로 자기 눈을 빼는 것과 똑같은 일인 것입니다. 이와 같은 본연의 세계에서는 전쟁은 있을래야 있을 수 없으며, 서로서로 사랑하며 화목하게 사는 세계이며, 어떻게 하나님께 더 영광 드리느냐 하는 선의의 경쟁만이 있는 세계입니다. 거기에는 갈등이 있을 수 없고, 오해도 있을 수 없으며, 아름다운 협조와 상호 부조로 오직 화목 단결해서 진(眞)·선(善)·미(美)를 추구하는 평화의 세계만이 영속될 뿐입니다. 이 세계는 하나님을 닮은 세계요, 하나님의 이상과 본질을 위해서 사는 세계입니다. 우리는 이와 같은 세계의 기본 이념을 하나님주의 또는 두익 사상이라 칭하는 것입니다.

28) 문선명 선생 말씀선집. 제219권 pp.115-116 참조.

위하는 사랑, 서로 위하여 사는 곳에 평화가 있는 것은 당연한 것이니, 이 세계를 종교적으로 표현하면 지상천국이라 하는 것입니다. 적어도 전지전능하신 하나님의 작품이라면 이와 같은 평화와 행복의 세계를 지으셨을 것이며, 그렇지 아니하다면 그 하나님은 아니 계신 것입니다. 이것이 창조본연의 참 평화의 이상이었습니다."29)

① 하나님주의는 참사랑주의

이와 같은 문선명 선생의 하나님주의는 오늘날과 같은 폭력과 전쟁이 난무하는 현실의 극복을 위해 인류가 어떻게 해야 하는가를 분명히 제시해주는 단초가 되고 있다. 왜냐하면 평화를 창조한 창조주 하나님은 폭력과 전쟁의 세계를 평화의 세계로 회복하고자 하기 때문이다. 이는 창조주 하나님의 권능이며 동시에 창조주로서의 책임도 된다.

하나님주의는 문선명 선생의 평화사상으로서 참사랑주의다. 평화의 근본이며 원천이 하나님이기 때문에 평화의 중심에는 참사랑이 자리한다. 다시 말하면 하나님은 참사랑이시기 때문에 평화 또한 참사랑에 근거하고 있다. 그렇다면 참사랑이란 무엇인가? 참사랑이란 하나님의 사랑이며 거짓된 사랑이 아님을 말한다. 따라서 거짓된 사랑은 폭력과 전쟁을 일삼는 악의 현실 속에 있는 위장된 사랑이다. 그렇기 때문에 참사랑이란 평화의 사랑이다. 참사랑의 드러남은 한 인간의 몸과 마음의 평화로부터 시작된다. 마음과 몸이 갈등 속에 있지 않고 평화롭게 수수(授受)될 때 비로소 한 인간의 참사랑이 드러날 수 있기 때문이다. 나아가 가정과 사회 그리고 세계도 그와 같은 평화가 이루어질 때 참사랑은 가정과 사회 그리고 세계로 확대되어 드러날 수 있다.

---

29) 문선명 선생 말씀선집. 제219권. p.116.

"오직 하나님의 참사랑과 진리의 힘을 중심 삼고 주체되는 마음은 대상 되는 몸을 거느리고 하나님과 일체이상을 이루게 되어 있습니다. 이것이 종교가 말하는 완성한 인간입니다.

이와 같이 하나님을 중심 삼고 몸을 굴복시켜 완성된 남자와 여자, 즉 선남선녀가 하나님의 축복을 받고 남편과 아내로 맺어질 때, 땅 위에 하늘이 계획하신 이상적 한 가정이 출발합니다. 그리고 그 이상가정은 이상적 사회·국가·세계의 기초가 되는 것입니다. … 완성한 가정은 평화의 가정이요, 이것은 천국의 기초입니다. 가정의 원동력은 참사랑입니다. 나보다도 하나님을, 그리고 대상을 생명과 같이 사랑하는 순수하고 아름다운 희생적 사랑, 이것이 참사랑입니다. 이 우주에 하나님께서는 참사랑의 힘보다 더 큰 힘을 창조치 아니 하셨습니다. 참사랑은 하나님의 사랑입니다. … 이와 같이 참사랑으로 이루어진 가정이 기초가 되어 사회가 이루어지고, 국가가 이루어지고, 세계가 이루어집니다. 이와 같은 사회·국가·세계는 참사랑이 원동력이 되는 상호 봉사의 사회요, 국가요, 세계요, 거기에는 갈등 대신 화목이 있고, 오해 대신 이해가 있고, 분열 대신 단결이 있고, 자기 이익의 추구 대신 전체 이익의 추구가 있고, 희생과 봉사가 미덕이 되는 사회·국가·세계인 것입니다. 이와 같은 하나님의 이상 실현이 곧 참 세계 평화의 이상인 것입니다."[30]

참사랑주의는 위타주의(爲他主義)를 근간으로 하고 있다. 위타주의는 이타주의를 넘어서 구체적인 이타의 질서를 말하고 있다. 하나님의 참사랑으로 창조된 인간은 참사랑의 실현을 하나님과 같이 하도록 존재한다. 하나님이 인류를 하나같이 사랑하듯 인간도 그렇게 하도록 창조되어 있다. 그러므로 인간은 단순히 자신을 넘어서는 이타성을 질서화하여 개인은 가정을 위해서, 가정은 사회를 위해서, 사회는 민족과 국가를 위해서 그리고 민족과 국가는 세계를 위해서 나아가 세계는 하나님을 위해서 존재

---

30) 문선명 선생 말씀선집. 제219권. pp.118-119.

해야 한다고 주장한다. 이와 같은 위타주의는 평화의 근간이며 폭력과 전쟁을 거부하는 근원적 가치관이라고 할 수 있다. 왜냐하면 다가온 21세기를 전망하건데 위타의 시대가 올 것이기 때문이다. 위타의 시대란 남을 위하여 사는 것이 나를 위하여 사는 것보다 더 영원한 가치가 있음을 깨닫고 사는 시대다. 이러한 위타의 영성은 인간으로 하여금 보다 큰 범주의 공동체를 위해 존재하기를 원하게 한다. 따라서 위타주의는 인류의 평화를 위한 근간이며 평화 윤리의 기초 이념이라고 할 수 있다.

"새 시대 21세기는 공의의 시대입니다. 새 시대 21세기는 물질이 판을 치지 않는 정신과 영(靈)의 시대입니다. 새 시대 21세기는 신인일체(神人一體)가 되어서 사는 시대입니다. 새 시대 21세기는 남을 위하여 사는 것이 나를 위하여 사는 것보다 더 영원한 가치가 있음을 깨닫고 사는 시대입니다. 자기주의는 퇴색하고, 공생(共生)·공영(共榮)·공의(共義)의 이타주의(利他主義)가 드디어 개가를 올리는 시대, 그것이 바로 밝아 오는 21세기인 것입니다."31)

"참사랑은 상대를 위하여 존재하는 데서만 찾아지는 것입니다. 사탄의 사랑은 자위적이며 하나님의 사랑은 위타적 사랑입니다. 그러기에 가정·국가·세계·천주에도 4대 심정권32)을 대신한 자녀, 형제, 부부, 부모형을 가질 수 있으므로 가정보다 큰 국가에는 수많은 가정이 들어가게 되어 가정은 국가를 위하여 존재하고, 세계는 수많은 국가가 들어가 있기 때문에 국가도 세계를 위해 존재하며, 세계는 더 큰 천주를 위하여 존재하며, 천주는 더 큰 중심자인 하나님을 위해 존재하여야 합니다."33)

---

31) 문선명 선생 말씀선집. 제 219권. p.122.
32) 통일사상연구원 『통일사상 요강』 pp.798-810 참조.

② 하나님주의는 참부모주의

참사랑은 참사랑의 주체를 필요로 한다. 왜냐하면 사랑은 추상적이며 사변적인 것이 아니라 구체적이며 현실적이기 때문이다. 따라서 참사랑주의는 참사랑의 주체를 참부모라고 한다. 이 때 참부모는 하나님의 존재 양상을 의미하며 인간의 이상형을 말한다. 참부모이신 하나님은 인간으로 하여금 참사랑을 실현함으로써 참평화의 세계를 이루려는 것을 창조이상으로 그리고 창조목적으로 한다. 그렇기 때문에 참사랑주의는 참평화의 기초를 이루고 있다.

"성경에 하나님의 형상대로 인간을 지으셨다는 말씀은 볼 수 없는 무형의 하나님이 인간으로 실체화하신 것을 말합니다. 인간 조상 아담 해와가 하나님 이상을 실천하였더라면 그들은 역사 속에서 최초의 가정을 이루었을 것이며, 거기에서 번식되는 완성된 자손들이 곧 이상사회·국가·세계를 이룩하였을 것입니다. 그러므로 무형의 하나님은 참사랑을 중심으로 한 종적인 참부모이시고, 인간 조상 아담과 해와는 참사랑을 중심으로 한 횡적인 참부모로 영원히 인류역사 위에 군림하였을 것입니다. 완성한 아담 해와는 인류의 참부모이며, 인류는 이 참부모를 중심삼고 인류 대가족, 사해동포, 형제주의를 이루었을 것입니다. 그런데 인류는 이 참부모를 잃음으로써 고아가 되고 말았으며, 형제가 곧 원수가 되고, 나라들은 반목하고 적대시하는 관계가 되고 말았습니다. 그러므로 인류역사의 새 출발에 앞서 하나님께서 기어코 이룩하셔야 할 일은 잃어버린 인류의 참부모를 찾아 세우시어 인간들을 고아의 상태로부터 해방하시는 일입니다. 그러므로 인류의 참부모의 현현은 하나님 섭리의 중심 역사인 것입니다."34)

---

33) 문선명 선생 말씀선집. 제 259권. p.44 참조.
34) 문선명 선생 말씀선집. 제 219권. pp.119-120.

③ 하나님주의는 천주주의(天宙主義)

문선명 선생은 유형세계와 무형세계를 천주라고 하며 천주는 하나님의 집이라고 말한다.

> "우리가 표방하는 천주주의(天宙主義)는 '하늘 천(天)' 자에 '집 주(宙)'자 주의라는 것입니다. 이렇게 되어야 천주라는 뜻이 확실해지는 것입니다."35)

먼저 유기체적 우주론적 입장에서 천주주의를 살펴보면,

> "피조세계는 무형의 주체로 계시는 하나님의 이성성상이 창조원리에 의하여 상징적 또는 형상적 실체로 분리된 개성진리체로써 구성되어 있는 하나님의 실체대상이다. … 그리고 하나님과 피조세계는 성상과 형상의 관계와 같아서 내 외, 원인과 결과, 주체와 대상, 종과 횡 등 이성성상의 상대적인 관계를 가지고 있는 것이다."36)

> "그리고 모든 존재는 이중목적(二重目的)을 지닌 연체(聯體)인 것이다. 그러므로 전체적인 목적을 떠나서 개체적인 목적이 있을 수 없고, 개체적인 목적을 보장하지 않는 전체적인 목적도 있을 수 없다. 따라서 삼라만상의 피조물은 이러한 이중목적에 의하여 얽혀 있는 하나의 굉대(宏大)한 유기체(有機體)인 것이다."37)

> "피조세계(被造世界)는 완성한 인간 하나의 구조를 본(本)으로 하여 창조되었다. 뿐만 아니라 완성한 인간들로써 이루어지는 이상사회도 역

---

35) 세계평화통일가정연합, 『천성경』(서울: 성화출판사, 2005), p.444.(이하 "천성경"이라 함). 필자는 천주(天宙)를 '하나님의 집'이라고 해석함.

36) 세계기독교통일신령협회, 『원리강론』(서울: 성화출판사, 1995), p.28. (이하 "원리강론"이라 함)

37) 원리강론, p.45.

시, 완성한 인간 하나의 구조와 기능을 닮게 되어 있었던 것이다. 인체의
모든 기관이 두뇌의 명령에 의하여 기동(起動)하는 것과 같이, 이상사회
의 모든 기관도 오직 하나님으로부터의 명령에 의하여 영위되어야 하며,
또 두뇌로부터의 모든 명령이 사지백체(四肢百體)에 전달되는 것과 같
이, 하나님으로부터의 명령은 척수에 해당되는 구세주와, 그를 중심한 말
초신경에 해당되는 성도들을 통하여 사회 전체에 유루(遺漏)없이 미쳐져
야 한다."38)

하나님의 창조목적이 하나님의 창조이상인 완성한 인간과 완성한 인간
의 집합체로서의 가정과 사회 그리고 세계를 지상에서 이루는 것이라면
하나님의 이상 국가는 완성한 인간의 집합체와 같다.

(2) 천주의 평화체제39)

문선명 선생의 평화사상 구현은 궁극적으로 인간 본성의 회복으로부터
시작되며, 인간 본성의 회복은 하나님의 인간과 사회를 위한 3대 축복40)
을 목표로 하여 성취된다. 하나님의 3대 축복은 첫째 개인적 차원으로 몸
과 마음의 통일에 의한 평화, 둘째 가정을 기초로 한 사회적 차원으로 가정
과 사회 구성원의 통일에 의한 평화, 셋째 우주적 차원으로 인간과 자연 사
이의 관계회복을 통한 평화를 말한다.
따라서 구조화된 평화부재 곧 위협체제를 극복하고 평화체제를 구축하

---

38) 원리강론, p.497.
39) 김항제, 『통일교교의학 Ⅲ』(충남 아산, 선문대학교출판부, 2006), pp.195-219 참조.
40) 창세기 1장 27-28절, "하나님이 자기의 형상, 곧 자기의 모습으로 인간을 창조하시되
　　남자와 여자로 창조하시고 하나님이 그들에게 복을 주시고 이르시되, 생육하고 번성하
　　여 땅에 충만하라, 땅을 정복하라, 바다의 고기와 공중의 새와 땅에 움직이는 모든 생
　　물을 다스리라 하니라"는 구절을 3대 축복의 말씀으로 해석하고 있다.

는 것은 3대 축복에 의한 평화체제를 말한다. 특히 핵무기의 위기 하에서 완전한 평화를 구현하고자 한다면 무엇보다도 먼저 '파괴된 사랑의 질서 회복'에 달려 있으며, 질서의 회복은 위타주의·절대사랑[41]을 중심으로 '주체와 대상'이 상호관계 속에서 통일될 때 가능하다.[42]

① 몸과 마음의 통일에 의한 개인적 평화체제

하나님의 3대 축복 중 제1축복은 '생육하라'이며 이는 인격을 완성한 개인이 되라고 하는 정언명령이다. 문선명 선생의 평화사상에서는 인간이 하나님의 자녀로 창조되었으며, 하나님께서 참사랑을 중심으로 온전히 성상과 형상의 중화적 주체[43]로 계시는 것처럼, 마음과 몸이 통일된 온전한 인격체가 되어야 한다고 말한다. 이와 같은 인격의 완성은 하나님을 중심 삼고 마음과 몸이 수수작용을 하여 통일된 상태에 이르는 것을 의미한다. 하나님께서 참사랑으로 투입하고 또 투입하여 피조세계를 존재하게 하였던 것처럼, 인간이 하나님처럼 마음과 몸이 일체된 상태에 이르게 되면 절대적인 위타적 사랑을 실천하는 존재가 된다.[44]

---

41) 문선명 선생은 사랑을 상대적인 사랑과 절대적인 사랑(참사랑)으로 구분해 설명한다. "상대적인 사랑은 자기중심적이므로 이해관계에 따라서 변하지만, 절대적인 사랑은 항상 타인을 위하고 전체에 봉사하는 불변의 사랑인 것입니다. 그러므로 이러한 사랑은 바로 하나님의 사랑임에 틀림없습니다." 말씀선집, 110권, p.251.

42) 말씀선집, 110권, pp.249-250 참조.

43) 원리강론에서는 "하나님은 본성상과 본형상의 이성성상의 중화적 주체"(원리강론, p.27) 라고 표현하고 있다. 본성상은 하나님의 마음과 같은 부분이고, 본형상은 하나님의 몸과 같은 부분이다. 중화는 조화, 통일을 의미하며 본래 하나로 되어 있었다는 뜻이 담겨 있다. 통일사상에서는 이 부분에 대해 성상과 형상은 하나님의 절대 속성에 대한 두 표현으로서, 양자는 각각 에너지적 마음과 심적 에너지로 이해될 수 있다고 설명하고 있다.(통일사상요강, p. 40) 본성상과 본형상은 모든 존재가 마음적인 성상과 몸적인 형상으로 존재하게 하는 근본적인 터전이 된다.(원리강론, p.25) 통일사상의 하나님 말하기에 대한 설명은 김항제, 참부모 하나님과 참어머니 하나님, 한학자총재화갑기념문집 간행위원회 편, 『한학자총재화갑기념문집 제1권 여성·가정·세계』(충남 아산: 선문대출판부, 2003), pp.141-166 참조.

결국 마음과 몸의 통일은 개인이 하나님의 참사랑을 중심으로 인격적으로 온전한 사람이 되는 것을 상징하는 표현인 것이다. 이 평화사상은 위타의 참사랑을 실천하는 인격적인 존재가 되며 그와 같은 개인적 체제를 이루는 것이 평화를 이룰 수 있는 기초라고 한다. 개인적 평화체제를 구축하고 평화로운 상태에 있는 사람이라야 가정을 기초로 한 사회적 평화 나아가 세계평화를 위해 기여할 수 있다는 말이다. 인류 평화의 출발은 먼저 마음과 몸의 관계를 참사랑을 중심으로 온전히 회복하는 데 있으며 그와 같은 개인적 평화체제를 구축하는데 있다.

② 가정을 기초로 한 사회적 평화체제

하나님의 3대 축복 중 제2축복은 '번성하여 가정을 완성하라'는 말씀이다. 하나님께서 양성과 음성의 중화적 주체[45]로 계시는 것처럼, 각각 온전한 인격을 갖춘 남자와 여자가 부부가 되어 하나님의 사랑을 중심한 자녀를 낳아 선의 가정을 이루어야 한다. 가정의 완성은 하나님을 중심삼고 각각 하나님의 남성성품과 여성성품의 분신격인 남성과 여성[46]이 참사랑을 주고 받아 통일된 상태에 이르는 것을 의미한다.[47]

---

44) 원리강론, pp.46-47.

45) 원리강론에서는 "하나님은 양성과 음성의 이성성상의 중화적 주체"(원리강론, p.26)라고 표현하고 있다. 하나님의 양성과 음성은 하나님의 성상과 형상의 하부 속성으로서, 성상의 속성이기도 하고 형상의 속성이기도 하다. 일반적으로 양성과 음성은 피조물, 개체, 육신을 쓴 인간, 물질적 존재들을 일컫는 실체(實體)의 속성이다. 다만 성(性)의 구별에 있어서는 남성과 여성, 수컷과 암컷, 수술과 암술 등 양성을 지닌 "성상과 형상의 통일체", 음성을 지닌 "성상과 형상의 통일체"로 구별하여 각각 양성실체와 음성실체로 표현한다. 특히 이 양성실체와 음성실체로서의 남성과 여성의 결합은 하나님의 남성성품과 여성성품의 결합을 상징한다. 따라서 남성과 여성의 결합은 성스러우며 고귀한 의식이 된다.(통일사상요강, pp.45-53)

46) 말씀선집, 11권, p.63.

47) 한학자총재화갑기념문집 간행위원회 편, 『한학자총재화갑기념문집 제1권 여성·가정·세계』 (충남 아산: 선문대출판부, 2003), pp.157-158 참조.

특히 남편과 아내의 하나됨을 기반으로 하는 참가정은 세계의 축소체이자 우주의 최소단위로서 평화의 실천장이 된다. 개인의 인격이 성숙되는 장이며, 횡적으로는 이웃가정과 종적으로는 후속세대와 연결되는 접점(contact point)이기 때문이다. 하나님께서 바라시는 가치기준이 생활의 규범으로 훈련되며, 미래세계의 기초로 전승되는 것도 가정을 기반으로 해야 가능하다. 문선명 선생은 그와 같은 가정체제의 구축이 평화로운 사회, 국가, 세계의 체제를 형성하는 기초가 된다는 점을 다음과 같이 분명히 하고 있다.

한 가정에 있어서 부모와 자녀, 남편과 아내, 형제자매 등이 각자의 위치에서 절대 사랑을 실천할 때 그 가정의 통일은 이룩될 것입니다. 그렇게 될 때 그 가정에는 행복과 조화, 그리고 무엇보다도 우선 평화로 가득 찰 것입니다. 따라서 이러한 평화의 가정이 모여서 형성되는 사회는 또한 평화의 사회가 될 것입니다. 가정들이 서로 조화를 이루고 서로 돕게 된다면 그 사회는 의심할 여지없이 밝고 평화로울 것입니다. 왜냐하면 질서가 확립되고 통일이 이룩될 것이기 때문입니다. 이러한 평화의 사회가 모여서 통일이 이루어지는 국가는 틀림없이 평화의 국가가 될 것입니다.[48]

개인과 가정에서 먼저 하나님의 참사랑을 중심한 위타적 삶의 체제를 세우고 위타의 삶을 실천하는 활동이 선행되어야 국가 및 세계 단위에서 평화가 실현될 수 있다는 말이다. 특히 개인과 가정 단위에서 체험되어야 하는 하나님의 사랑은 '부모의 사랑', '부부의 사랑', '형제자매의 사랑', '자녀의 사랑' 등 4대 사랑[49]으로써 세계의 모든 사람을 형제자매로 품어 안을 수 있는 사해동포주의적 의미를 갖는다.

이와 같은 가정의 평화체제 위에서 사회, 국가, 세계의 평화체제가 실현

---

48) 말씀선집, 110권, pp.251-252 참조.
49) 통일사상요강, pp.801-821 참조.

된다고 한다. 특히 이해관계의 철옹성처럼 여겨지는 국가주의의 문제도 모두가 한 형제라는 심정의 눈이 뜨이게 되면, '사상적 평준화', '과학기술의 평준화', '경제수준의 평준화', '정보의 평준화' 등을 통해 세계의 불평등을 해소할 수 있다고 판단한다.[50]

③ 인간과 자연의 관계회복을 통한 우주적 평화체제

하나님의 3대 축복 중 제3축복은 '만물을 주관하라' 곧 주관성을 완성하라는 말씀을 주셨다. 자녀로 창조한 인간이 하나님을 닮은 존재로서, 창조성을 발휘하고 사랑을 주고받으며 성장할 수 있는 장으로서 자연과 우주를 창조하셨다. 따라서 인간은 만물의 선한 주관자[51]가 되어야 한다. 주관은 자기의 소유물이나 창조한 것에 대해 다스리는 활동을 말한다. 인간은 하나님의 대신으로서 하나님의 사랑을 중심하고 주어진 창조의 능력을 발휘하여 하나님의 창조에 참여하게 된다. 문선명 선생은 그런 의미에서 자연은 "인간 개인에게 고착되어 있는 소유물이 아니라는 것"을 강조하면서 인간은 '공적인 관리인'으로서, 참사랑으로 보살피고 돌보아야 한다고 말한다. 특히 사랑 없이 '이기적인 욕망의 발로'에 따라 만물세계에 대한 독점적인 소유권을 행사하는 것에 대해서는 '관리'가 아니라 '겁탈'이라고 표현한다.[52]

인간의 타락으로 자연은 사랑으로 주관 받지 못해 탄식하고 있다. 하나님을 중심한 위타적 사랑이 아닌 이기적 사랑으로 살아가는 인간에 의해

---

50) 문선명 선생의 말씀에 따르면 하나님의 참사랑은 평등의 위력을 갖는다. 상대가 어렵고 힘든 상황에 있다 하더라도 그를 동등한 가치를 가진 존재로 인정하고 자신과 같은 기준으로 끌어 올려줄 수 있는 힘이 있다는 것이다. 때문에 하나님을 중심한 4대 사랑을 깨달은 뒤에는 국가간 관계에서도 자연스레 모든 것의 평준화를 위한 활동이 활발해 질 것으로 본다. 말씀선집, 140권, p.250 : 145권, p.120.

51) 원리강론, p.63.

52) 말씀선집, 31권, pp.247-248 참조.

지배받고 있기 때문이다.[53] 인류 역사 이래로 자연은 정복의 대상으로 여겨져 왔다. 특히 서구의 신학 전통은 인간만이 도덕적 존중을 받을 권리와 내재적 가치를 지닐 뿐 인간 이외의 자연은 인간을 위한 도구적 가치만을 지닌다고 보는 '인간 중심주의'와 '도구적 자연관'은 자연 파괴의 선두주자였다. 맹목적 욕망에 따라 과학 기술을 운용하여 자연을 무자비하게 약탈한 결과 오늘날 환경오염과 생태계의 파괴는 지구멸망을 예견하게 되었다.[54] 인간에 의한 직접적 폭력이나 구조적 폭력이 인간에게만이 아니라 자연에게 행해짐으로써 그와 같은 처지에 놓이게 된 것이다. 문선명 선생은 인간의 이기적 욕망에 의한 자연 파괴의 현실에 대해 다음과 같이 지적하고 있다.

> "물질이 정신을 지배하고 마음을 지배하다 보니 인간의 영혼이 물질의 노예가 된 것입니다. 그리고 그 결과는 참사랑의 몰락입니다. 물질적으로 풍부하고 도시에는 고층누각이 늘어섰지만, 인간의 마음은 사막과 같이 거칠어지고 거기에서 참사랑의 오아시스는 찾을 수 없으니 인간생활은 삭막하기 짝이 없는 것이 되었습니다. 거기에다가 참사랑이 없으니 인간의 이기주의만 무성하게 되었는데 이 이기주의의 최대의 피해자는 아름다운 대자연입니다."[55]

인간과 자연의 올바른 관계 곧 참사랑의 주관성을 회복하는 우주적 평화체제의 구축이야말로 인류의 시급한 과제가 되고 있다. 이와 같은 우주적 평화체제의 실현을 위해 문선명 선생은 1991년 세계평화연합을 창설하고 다음과 같은 메시지를 통해 평화체제의 구축을 격려하였다.

---

53) 말씀선집, 23권, p.331.
54) 박이문, 『문명의 위기와 문화의 전환』(서울: 민음사, 1996), pp.76-80 참조.
55) 말씀선집, 271권, pp. 95-96.

"이제는 평화의 시대입니다. 이와 같은 소망과 광명의 21세기에는 우리가 오늘 창설하는 세계평화연합이 그 이념을 제공하고 세계인류를 교육하며 섭리에 따라 앞으로 올 평화세계의 견인차 역할을 하여야만 합니다. 우리 연합은 또한 세계의 도덕성을 밝히는 등대가 되어야 합니다.[56]

이제 창설되는 세계평화연합은 과거의 국제연맹이나 유엔과 달리 참된 평화 이상과 참부모 이상을 가지고 마지막으로 세계평화를 이루고자 하는 웅대한 새 출발입니다. 인간끼리 평화를 구가하지 말고 하나님 안에 하나님과 더불어 평화를 구가해야 된다는 참신한 각성이 있어야 됩니다. 세계평화의 중심은 하나님이시오 그 원동력은 참사랑인 것입니다."[57]

결론적으로 하나님주의는 항구적인 평화사상으로서 한 분 하나님 아래 인류 한가족을 지향한다. 그 나라는 하나님 나라요 하나님의 주권이 수립된 나라요 창조이상이 실현된 사랑과 평화와 행복의 나라이며 인류 공생공영공의주의 사회요 인류가 성취해야 할 조국이다. 그 나라의 주인은 바로 나이며 나의 가정이고 나의 나라다.

그 나라는 참사랑이 충만한 나라요 참사랑이 축이 되어 세워진 나라다. 참사랑을 호흡하며 사는 세계로서 언제 어디서나 생명이 약동하는 세계다. 온 세계가 우리 몸의 세포처럼 불가분의 관계로 엮어져 있는 나라다. 그 나라가 하나님의 창조목적이 완성된 인간과 완성된 인간의 집합체로서의 가정과 사회 그리고 세계를 지구상에 이루는 것이라면 하나님의 나라는 완성한 인간의 집합체와 같다.

---

56) 참가정과 세계평화, p. 394
57) 참가정과 세계평화, p. 391

(5) 고도의 통합에너지 사회를 향하여

우리는 여전히 '그것 대(對) 나'의 방식을 기초로, 즉 '저기-바깥의-세상'에 대한 '여기-안의-나'에 대한 관계로서 세계를 파악하고 세상과 상호작용을 한다. 깨닫지 못한 사람은 자신의 동일성의 의미를 끊임없이 재확인하기 위해서 그러한 구별을 하는 것이다. 이런 재확인은 '나' 이외의 다른 환경을 희생시키면서 이루어진다. 여기에서 환경이란, 우리 자신의 육체를 비롯하여 다른 사람들까지도 포함한다. '저기-밖'에서 취한 것으로 '여기-안'을 계속 유지한다. 이때는 어쩔 수 없이 탐욕의 이기적인 마음이 잉태된다.

그 근본 원인은 우리가 진정으로 다른 창조세계와 본질적으로 하나임을 자각하지 못하고 있다는 사실에 있다. 우리는 이것을 지적으로 이해하고 있을지 모르지만, 자신의 체험이나 직접적인 인식을 통해서 그것을 알고 있지는 못하다.

인류가 더 많은 발전을 이룩하고 계속 진보하기를 원한다면, 그러한 분리된 이원적 사고를 불식하고 나는 세계와 하나라는 인식을 얻는 것이 최대의 급선무다. 그러한 인식은 단순한 사고의 변화 뿐만 아니라 의식의 변화로서 나타나야 한다.

① 패러다임의 교체

토마스 쿤은 어떤 학문의 중심체계상 그 기초를 이루는 이론적인 기본 모델을 지칭하는 것으로 <패러다임>이란 용어를 사용하였는데, 그러한 패러다임은 새로운 관찰로부터 얻은 사실들을 이해하는 준거틀로서 이용된다.

스탠포드 대학 연구소의 윌리스 하먼과 그의 연구팀은 앞으로 있을 수 있는 인류의 '미래사'를 연구한 끝에 집단적 재앙을 피할 수 있는 대안은 '진화적인 변화'로 일컬어진다. 이것은 (1) 생태학적 윤리가 수반되며, (2) 자기 개발에 최고 가치를 두며, (3) 다양한 가치·다면성·통합성을 지니며, (4) 단 한가지의 국부적인 분야(예컨대 경제)에서 만족을 추구하지 않고 다방면에서 만족의 조화와 균형을 모색하며, (5) 삶을 바로 보는 시각, 또는 그에 대한 이해가 전체적인 의미를 추구하며, (6)실험적이고 개방적이며 진화적인 특징을 가지고 있다. 이것은 삶에 대한 전체적인 접근방법에 있어서 하나의 주요한 패러다임의 교체라 할 수 있다. 이 보고서는 그러한 교체야말로 인류에게 남겨진 단 하나의 실현가능한 방법이라고 결론 맺고 있다. 그러나 새로운 패러다임의 교체에 대한 아무리 많은 논의를 해도 개개인 스스로가 '그것 대 나'라는 낡은 관념에서 탈피하지 못한다면, 우리의 이야기는 탁상공론에 지나지 않게 된다. 우리가 만일 이기심을 탈피하여, 전체적으로 생태학적인 윤리를 우리의 인식 속에 -단지 이해되는 의미에서가 아닌 하나의 직접적인 인식으로서- 정립시키지 못한다면, 우리는 역시 그것을 우리의 정책 속에 수립하고 실천할 수 없을 것이다. 우리는 그것을 단지 이성적 사고의 일부로서 머리 속으로 아는 것이 아니라, 우리 존재의 중심에서 가슴 속으로 이해해야 한다. 우리가 세계에 대해 가지고 있는 기본 모델을 재구성해야 하는 것과 동시에 우리는 세계에 대한 우리의 경험과 사고의 기본 모델도 재구성해야 하는 것이다.

② 배후 준거들로서의 동일성

모든 경험의 밑바닥에서, 모든 경험을 조건 지우는 하나의 기본적인 준거틀이 있다. 이것이 우리가 가지고 있는 '일체감'('자기'라는 의식)이다.

우리가 우리 자신을 이해하는 방식이 우리의 경험뿐 아니라 우리의 사고와 행동방식에 영향을 준다. 모든 정신적 활동을 기초하고 조건지우는 것은 지배적인 심리학적 모델이다. 이런 점에서 그것은 하나의 정신적 패러다임이다. 그러나 이것은 단지 하나의 특정 분야의 사고가 아닌 모든 사고의 기초를 형성하고 있다는 점에서 보통의 패러다임과는 판이하게 다르다. 더욱이 이 일체감은 다른 준거틀을 형성하는 기초가 된다. 이것은 보통의 패러다임을 넘어서는 어떤 것이기 때문에, 이 일체감은 '메타패러다임'(metaparadigm)이라고 부를 수 있다.

현재의 메타패러다임은 자기와 여타의 환경을 구분하는 개별아이다. 이 자기중심적 모델은 생물학적 생존과 나아가 진화적 진보를 위해서도 매우 유용한 것이 되어 왔다. 최근까지 이점에 대해서는 의문의 여지가 없었다. 사실 대부분의 서구 문화에서는 이것을 강력히 옹호하여 왔다. 그러나 급격히 다가오는 세계적 위기로 말미암아 이런 모델이 초래하는 결과가 무엇인지에 대해 이전 보다 더욱 많은 상세한 조사가 이루어지고 있다. 그 결과 이 모델이 지닌 근본적 결점과, 역설적 결론들이 분명히 밝혀지고 있다. 이런 상황에서는 하나의 패러다임 교체, 아니 메타패러다임의 교체가 필요하다. 전체 환경이 몸과 마찬가지로 자신의 일부임을 이해로써가 아니라 직접 자각하는 일이 필요하다. 그렇게 될 때 누구나 무분별하게 나무를 잘라내지는 않을 것이다. 그렇지 않으면 자신의 손가락을 잘라내는 것처럼 생태계의 전반적 균형을 뒤엎는 결과가 될 것이다.

합일의 의식에서는 외부세계와의 분리의 느낌을 모두 간직하고 있다. 이것에 더하여 모든 창조 세계의 기초가 되는 조화를 인식하는 것이다. 이 합일은 생각의 수준이 아니라, 개별아와 다른 창조세계 둘 다를 기초하는 '큰 나'의 수준에서의 통합이다.

③ 메타패러다임(일체감)
패러다임은 경험의 결과로서 형성된다. 그리고 이것은 새로운 사실을

설명하는 기준이 되면, 일정한 분야의 문제들을 해결하는 준거(準據)로서 계속 유지될 때 패러다임의 위치를 누린다. 이 모델이 그와 같은 역할을 못하면, 패러다임 교체가 시작된다. 새로운 패러다임은 낡은 패러다임이 수용하지 못하는 새로운 일을 설명할 수 있는 능력을 지님으로써 그 위치를 굳힌다.

명상을 통해 경험하는 것은 바로 이 합일의 경험이다. 과학의 패러다임 교체와 비교해보면, 명상의 과정은 새로운 사실을 발견하게 되는 실험이라고 할 수 있다. 즉, 초월의식 속에서 나타나는 합일의 경험은 낡은 모델로서는 맞아 들어 먹지 않는 새로이 발견된 사실인 것이다. 이 경우 새로이 나타나기 시작하는 모델, 즉 새 메타패러다임은 보다 높은 의식 상태다.

메타패러다임이 교체될 때도 비슷한 현상이 일어나는 것은 물론이다. 자신과 다른 자연과의 근본적 합일을 경험하는 일은 자신의 사고방식을 재구성하는 일과는 별개의 것이다. 사람들은 자신들의 전제(前題)를 쉽게 버리지 못한다. 그들의 마음은 여태까지 경험에 있어서 무리 없이 사용되어 온 친숙한 방식을 고수하는 것이다. 그 변화는 점차적이므로 합일의 경험을 계속 반복하는 일이 필요하다. 이와 같은 합일성의 경험과 다양성이 함께 공존하려면, 매일 매일 규칙적으로 명상을 실천하는 것이 필요하다.

④ 혁명인가? 진화인가?

의식 수준의 일반적 향상 그 자체만으로 모든 문제가 해결된다는 주장을 하려는 것은 아니다. 많은 인구가 좀 더 높은 의식상태 속에서 살아간다면, 인류가 직면하고 있는 문제들에 대해 우리는 보다 더 실제적이고 이기심이 적은 해결책을 모색할 수 있을 것이다. 마하리쉬는 다음과 같이 말한다.

세상의 모든 일이 옳게 돌아간다 해도 단지 환경을 개조함으로써 인간의 이상이 성취될 수는 없을 것이다. 우리가 환경의 완전한 가치를 알고 인식할 수 있을 때까지, 그리고 우리의 마음과 가슴을 확장하여 자연 속의 모든 사람과 모든 사물에게 이익이 되도록 모든 가능한 일을 계획하고 현실화할 때까지는 그러한 인간의 이상은 달성되지 않을 것이다.

가장 급진적인 사회 변화의 형태는 개인의 의식 수준을 향상 시키는 것이다. 정치적 행동은 그 자체로서 불완전하며 피상적이다. 오늘날 진정한 급진주의자들은 극단주의자들이 아니다. 진정한 급진주의자들은 보다 높은 의식 상태의 촉진에 관심을 가진 사람들인 것이다.

⑤ 고도 통합에너지 사회

건강한 신체는 고도의 통합에너지 체계의 훌륭한 예다. 즉, 각 세포는 세포 자체의 필요와 몸 전체의 필요를 모두 충족시키면서 기능하는 것이다.

고도의 통합에너지 체계에서는 자신을 위한 행동과 전체를 위한 행동 사이에 차이점이 없다는 것이 그 본질적 특징이다. 이 체계의 각 구성요소는 전적으로 그 자체를 위하여 행동하는 것처럼 보일지도 모른다. 예를 들어, 당신 다리의 근육세포는 눈의 동공 세포의 건강과 전혀 관계가 없다. 또한 몸 전체의 건강과도 관련이 없다. 즉 근육세포는 그 자체의 기능이 있으며 그것을 수행할 뿐이다. 그러나 건강한 유기체는 고도의 통합에너지 체계이기 때문에, 그 세포는 전체를 위한 행동도 하고 있으며, 그것은 또한 그 자체가 세포 자체를 위한 행동도 되는 것이다. 마찬가지로 고도 통합에너지 사회에 있어서, 개인이 비이기적이고 개인적인 욕망 이전에 사회적 의무를 먼저 생각하고 행동하기 때문이 아니라, 개인의 이익이 집단의 이익이 되기 때문에 결과적으로 그는 집단을 위해 행동하는 것이 되는 것이다.

하나임, 즉 순수자아의 경험은 모든 사람에게 공통되고 또한 개별성을 초월하는 것이다. 이런 인식이 없다면, 우리는 우리 자신을 단지 고립된

‘세포들’로 여기고 우리 멋대로 행동하면서 전체 체제에 대해서는 거의 전적으로 무시하게 되는 것이다.

그러므로 그 해결책은 자아의 자연스런 이익을 포기하는 것이 아니라, 자아에 대한 우리의 인식을 확장하는 일이다. 깨달은 사람 역시 자신을 위해 행동한다. 그러나 보편적인 ‘큰 나’의 입장에서 자신과 다른 모든 사물들을 인식하기 때문에, 그는 자신과 전체를 연관시켜 인식하고, 그의 행동은 자동적으로 자신과 전체에게 이익을 주는 것이다. 이것이 진정한 이타주의(利他主義)의 시작이다. 그리고 그것은 이기심과도 반대되지 않는 이타주의다. 이기심과 이기심이 없는 마음이 똑같아지는 것이다. 이것이 고도 통합에너지 사회의 자연스럽고 진정한 기초다. 즉 각 개인들이 ‘선행자’이기 때문이 아니라, 그들이 자동적으로 전체와 조화되기 때문에, 함께 일하는 개인들의 집합체가 되는 것이다.

삐에르 떼이야르 드 샤르뎅도 매우 비슷한 의견을 제시했다. 그에 의하면 신화는 두 가지 상호보완적인 경향을 띤다고 한다. 즉, ‘극단적인 개별화’를 향하는 경향과 ‘광범위한 상호관계와 협동’을 향하는 경향이 그것이다. 그에 있어서 진화란 이러한 두 경향을 완전히 표현하는 바, ‘조화된 집단의식, 초의식(super-consciousness)’의 발전으로 향하는 ‘수렴현상’인 것이다. 여기서 초의식 하나로 일치된 의견과 행동 속에서 스스로 집단을 형성하고 서로 서로를 보강시키는 다수의 개별적인 사람들로 구성되는 조화된 집단의 의식을 말한다. 그는 또 이러한 진화가 ‘대통합’, 즉 지구상의 모든 인간들이 현재 개별적으로, 그리고 집단적으로 소속되어 있는 ‘초배열’에 의해서 초래되고 있다고 본다. 그러나 이러한 대통합을 어떠한 피상적인 연결에 의해서가 아니라, 중심의 통합에 의해서 성취되는 것이라고 그는 강조한다. 즉 “사람들이 연결되고 접촉되는 것은 중심 대 중심이며 그렇지 않으면 대통합은 이루어지지 않는다”는 것이다. 그가 말하는 중심이

순수자아 즉 의식의 중심을 의미한다면, 이것은 마하리쉬가 말하고 있는
것과 정확히 들어맞는다. 우리 자신들이 상호 독립성을 피상적으로 이해
하려 하지 말고 우리들의 공통 핵심을 직접 자각하여 '개별적 목적들이 다
른 모든 목적들과 조화를 이루도록' 해야만 한다.

합일의 경험으로 어떤 다양성의 경험도 손상되지 않는다. 즉 각각은 서
로를 강화한다. 그리고 양쪽이 완전하게 살려진다. '깨달은' 사회는 다양
하지만 통합된 개인들의 사회다. 즉, '참된 사람들의 단체'인 것이다.

⑥ 진화의 힘

진화의 각 주요 단계의 특징은 조직화의 발전과 복잡성의 증가였다. 수
소 원자들은 별들 사이의 공간에서 응축되어 지구를 구성하고 있는 좀 더
복합적인 원자들로 형성된다. 그 후 '최초의 활력'으로써 서로 다른 원자
들이 조직화되어 좀 더 복잡한 유기체의 분자로 형성된다. 이 분자들이 함
께 모여서 생체 세포들이 된다. 그리고 생체 세포가 모여 좀 더 조직화되면
서, 더욱 복잡한 유기체가 형성된다. 사실, 유기체가 된다는 것은 바로 조
직화를 의미한다. 그리고 조직화가 증가하는 경향은 진화의 배후에 있는
힘 뿐 아니라 삶 자체의 원리이기도 하다.

이런 경향이 계속된다면, 진화의 다음 단계에서는 개별적 유기체들(개
인들)이 고도로 통합된 사회적 단위들로 되며, 이들은 함께 집단을 이룰
것이다. 이것은 매우 흥미 있는 일이다. 지난 수 천년 동안 이런 방향으로
진화는 진행되어 왔다. 지난 2세기 동안 거대한 규모의 산업화로 상호 의
존성이 불가피하게 되었으며, 이것은 개별적 유기체들의 사회적 집단화를
더욱 촉진시켰다. 더욱이 최근의 기술 발달로 개인과 집단을 연결하는 커
뮤니케이션이 대량으로 증가하였다. 이런 경향에 비추어 볼 때, 전 세계가
몇 개의 다국적 산업단체에 의해 조종되는 '우호적 파시즘'의 상태로 되는

가, 아니면 진정한 고도 통합에너지 사회로 되는가는 전적으로 우리에게 달렸다. 첫 번째 대안의 경우 우리는 아무 것도 할 필요가 없다. 두 번째 대안의 경우, 각 개인들이 자신의 의식 수준을 향상시키고, 진화 과정에 적극 참여하는 일이 필요하다.

개인의 의식 발전과 주변 환경의 기초가 되는 조직화의 진보는 불가분의 관계를 맺는다. 둘 다 서로를 보완하며, 같은 과정 속에 묶여 있다. 정신세계의 의식은 물질세계의 조직화를 보완하는 것이다. 그러므로 보다 높은 의식 상태를 향한 발전은 정신적 측면에서의 '진화의 힘'의 표현이다.

조직화와 의식의 보완 관계로 미루어 보아 사회집단이 한층 더 조직화되면 이에 상응하여 한층 더 질서를 이룬 의식 (사회의식 또는 집단 마음)이 출현될 것임을 알 수 있다. 이 사회의식은 마땅히 높은 통합에너지 체제에 상응하여 형성된 것이기 때문에, 여기에서는 개인의 의식과 사회의식이 완벽한 일치를 이룬다.

지구가 생체와 똑같이 생각될 수 있다면, 사회는 지구의 신경계통이다. 훨씬 더 복잡한 통신 수단의 그물망을 개발함에 따라, 우리는 사회의 개별 세포들로서 다른 세포들과 수십억의 방향으로 연결을 이루게 되었다. 이때 물리적 측면에서 통신 수단의 증가와 함께 정신적인 측면에서는 통합에너지가 증가한다. 그리고 이 통합에너지의 증가는 범세계적으로 활동의 동조적 패턴들을 유형화시킬 것이다. 물론 현재는 이 동조적 패턴들이 각 개인의 두뇌 속의 의식에 결합되어 있을 뿐이다. 그렇다면 우리는 이제 일종의 범세계적 의식이 형성되는 것을 직접 지켜보게 될 것이다.

사회학자들은 이런 이론들을 받아들이지 않는 경향이 있다. 왜냐하면, 사회과학의 지식이 대부분 이런 집단마음 또는 집단의식에 대한 증거를 보여주지 않기 때문이라고 한다. 그러나 다음과 같이 생각해 볼 수 있다. 전 세계의 사람 숫자가 두뇌의 신경 세포 숫자만큼 된다 하더라도(약 100

억의 신경세포와 65억의 사람들), 사람들의 조직화와 상호 작용의 정도가 두뇌의 신경 세포들의 복잡하고 정밀한 통신망의 정도와 비교되지는 않는다. 그러므로 만약 어떤 집단적 혹은 사회적 마음이 형성되어 가고 있다면, 지금으로서는 이것은 아마 땅벌레의 의식 정도와 비교될 수 있다. 우리는 그것을 탐지할 수 있다고는 거의 기대하지 않는다. 그럼에도 불구하고, 융(Jung)은 집단 무의식이 집단 마음의 초기적 형태로서 개별적으로 표현된 것이며, 시간이 지남에 따라, 그 집단 '무의식'이 집단 '의식'으로 자라남을 우리는 반드시 지켜보아야 한다.

계속적으로 가속화되는 진화의 속도로써 판단해 보면, 다음 단계는 10년 또는 20년 안에 올 것이다. 떼이야르 드 샤르뎅은 이것을 '우주와 개인이 최고조에 이르는 시점'이라는 의미에서 오메가 시점(omega point)으로 언급하였다. 마하리쉬는 그보다 더욱 용의주도하게 시간을 맞춘다. 그는 1975년 초에 '깨달음 시대'라고 부르는 새로운 시대가 시작되었다고 말한다.

이때부터 보다 높은 의식상태를 향해 정진하는 사람들이 나머지 인구를 이끌기에 충분한 숫자가 되었다. 그리고 그는 깨달음에 이르는 사람이 많을수록 그 효과는 전체 사회에 걸쳐 현저히 증가한다고 말했다.

깨달음 시대에 접어들었다는 말이 지금은 많은 사람들에게 공상적으로 들릴지도 모른다. 고통, 갈등 그리고 불안이 우리 주변에 존재하는 모든 것이고 마땅히 있어야 할 조화스런 영향보다는 그것들이 훨씬 더 지배적인 것으로 보인다. 여기에서 마하리쉬가 말하고 있는 것은 바로 지금 그러한 새 시대의 가치를 완전히 살고 있는 것이 아니라, 그런 이동이 막 시작되었고 지금 우리가 그 방향으로 나아가고 있다는 것이다.

그는 현시대를 '깨달음 시대의 여명'이라고 부른다. 그리고 여명은 항상 밤의 가장 어두운 시간 속에서부터 시작되는 것이다.

⑦ 사회학적 위상변화

많은 사람들은 자기 중심적, 이기적 모델을 통해, 자신들을 파멸로 곧장 이끌어 가고 있다. 그러나 자연의 변화들에 있어서와 마찬가지로 어떤 변화가 시작될 때까지는 다가올 변화에 대해 알 수 없다.

이것은 물에서 수증기로의 위상 변화와 같다. 더욱 많은 개인들이 보다 높은 의식상태에 이르게 됨에 따라 사회도 그와 비슷한 '사회학적 위상 변화'를 맞게 되는 일이 있을 수 있다.

마하리쉬는 사회 전반에 걸쳐 질서성과 동조성이 얼마만큼 확산되었는가의 입장에서 위상 변화를 살펴본다. 그리고 사회학적 위상 변화는 개인의 질서성과 성장의 확산의 결과로써 이루어진다고 그는 말한다. 로렌스 도매쉬 박사는 이것을 물리학의 동조현상과 비교하면서, 하나의 체제를 구성하고 있는 요소들 가운데 약간만이 동조성을 지녀도, 그 동조성은 나머지 전체에 파급효과를 미친다고 지적했다. 무질서한 파동들은 서로를 약화시키미 만면에, 동소성이 구비뇐 활농들은 상호 강화되어 곧 감지될 수 있게 된다고 한다.

도매쉬는 명상 중의 두뇌의 동조성 증가는 다른 개개인들에게도 질서를 이루도록 해준다는 가정 하에서 이것을 사회에도 적용한다.(그것은 현재 과학적으로도 충분히 입증되고 있다.)

⑧ 알파인가? 오메가인가?

'큰 나'(大我)가 의식의 중심에 옳게 자리잡을 때 진정한 의미에서 혁명의 목적이 완수되는 것이다. 이것은 마치 코페르니쿠스의 혁명으로 태양이 태양계의 중심점에서 올바른 위치를 다시 찾은 것과 똑같다. 즉 코페르니쿠스 혁명은 잘못 놓여진 지구를 파괴함으로써 혹은 태양을 제자리에 정지시킴으로써 일어난 것이 아니다. 마찬가지로 의식의 혁명도 잘못 놓여진 에고(ego)를 파괴함으로써 또는 큰 나만을 생각함으로써 일어나는 것이 아니다. 그것은 단지 개인적인 체험의 한 결과로서 나타날 뿐이다.

의식의 진화를 위해서는 사변적, 철학적 영역을 벗어나서 경험의 영역으로 나가야만 한다. 그리고 내가 '나가야만 한다'고 주장할 때, 그것은 논리적 필연성을 의미하는 것이 아니라 -그것은 일어나지 않을 경우가 더 많기 때문이다- 하나의 우주적 명령으로서 하는 것이다. 이것이 100년 아니면 50년만 지연된다 해도 때는 이미 너무 늦어지는 것이다.

(6) 영성의 완성

앞장에서 살펴보았듯이 신인우주론적 영성의 힘을 깨닫는 핵심은 신과 인간 그리고 우주의 관계를 분리하지 않고 합일된 하나 됨의 섭리 즉, 일화의 이치를 각성하는 것이다. 그리고 영성적 각성의 첩경은 우리 모두가 우주와 하나됨을 인식하는 초월적인 의식혁명이다. 초월적 의식혁명은 특정 종교에서 사용되는 신이 아니라 만인을 위한 우주적인 신의 존재를 깨닫는 것이다.

신앙생활의 목적은 수직적 신앙에 의한 개인완성과 수평적 영성, 곧, 공생적 영성에 의한 지구적·우주적 통합성을 실현하는데 있다.

예수님의 제자들은 오순절 때 성령강림을 체험하였다. 성령체험을 통해 그들은 바람과 불과 같은 신의 기운과 능력을 경험하고 기쁨이 충만하여 민족과 국가의 장벽을 초월하여 세계적인 그리스도교를 만들었다. 성령을 체험한 신자들의 교제는 형제자매의 사랑을 느끼게 되고 신자들의 일체감과 연대감을 갖게 되었다.

신자의 회개와 회심은 영적으로 중생을 하게 되고, 그가 사회개혁의 주체가 되어 사회를 재구성하게 된다. 영성 의식화의 결과는 인격을 변화시키고, 참사랑의 삶을 살게 함으로써 새로운 공동체를 탄생케 한다. 영성적 기운과 힘(신비, 사랑, 기쁨, 평화)이 사람을 통해 실천으로 나타나게 될 때, 생명의 존엄성과 상호의존성 그리고 생명의 통합성을 실현하게 되며, 그러한 공생적 영생은 지구공동체와 우주 유기체를 형성함으로써 항구적인 세계평화를 실현하게 된다. 그러므로 21세기는 영성을 계발하여 의식화하고 그 영성에 의한 삶을 사는 영성시대요, 인류공동체 실현의 평화시대가 될 것이다. 영성시대란 영성에 의해 변화되고 새롭게 되는 시대, 영성에 의해 거룩한 삶을 사는 시대, 신의 영에 의해 활동하는 시대, 마음의 시대, 사랑의 시대, 평화의 시대를 말한다.

사랑이야말로 신비하고 신성하며, 생명을 창조하는 것, 오묘한 것, 기적이 일어나는 놀라운 힘이다. 사랑이 생명을 낳고 생명의 역동성에 의한 사랑의 삶이 조화와 통일, 평화와 행복의 원동력이 된다. '사랑의 실천'으로 서로 돕고 서로 아끼며, 서로 끌어안고 이와 같은 공생적 영성과 공동체적 영성이 인류의 조화와 협력과 일치를 통하여 하나의 지구촌을 형성하게 된다.

그런 의미에서 21세기는 정신적, 영적, 신비적 삶인 참사랑을 실천함으로써 영성적 생명공동체사상이 발흥되어 지상평화와 우주평화가 실현되는 평화의 시대가 도래 할 것이다. 인간이 궁극적 실재와 일치를 이루기 위한 영성의 의식화로 천주주의가 실현되면 신은 우주의 마음이 되고 우주는 그의 몸이 되는 일화(一和)통일의 세계가 이루어진다.

신에 의해 창조된 우주는 창조 이전의 혼돈(Chaos)에서 질서와 조화를 지니고 있는 우주(Cosmos)로 전개된 신비적, 기적적, 낭만적, 환상적 과정이었다. 모든 존재의 의도성과 방향성 및 존재의 원칙을 보아도 창조주의 이상과 구체적인 청사진에 따라 이루어진 우주임을 알 수 있다. 이와 같은 창조의 원칙과 생명의 원리에 따라 존재하는 인간의 본심이 부단히 자유와 평등, 정의, 평화 그리고 행복을 추구하는 것을 보더라도 인류의 평화세계는 반드시 실현되어야만 한다.

문제는 오늘의 시대상황이 핵무기와 화학무기개발로 인류사의 평화를 위협하고 있고 불의와 부정, 기근, 생태학적 위기와 세계도처에서 일어나고 있는 갈등과 분쟁, 자살테러가 그칠 날이 없는데 있다. 이러한 절박한 국제사회의 현실에서 신앙인은 생물학적 돌연변이 곧 생물이 진화과정에서 임계점(臨界点)에 이르면 돌연변이를 일으키듯이, 인류의 역사도 그 한계점에 이르면 종말론적 천지개벽, 신의 나라가 실현될 것을 기대하게 된다.

하지만 과학적인 현대인의 영성은 말세론적인 종교적 기다림보다 스스로 세계평화를 일구어내는 영성을 계발하여 영성의 의식화와 영성의 생활화를 추구하고 있다. 이를 실행할 때, 그는 거룩한 '존재'의 차원에 쉽게 상승하여 마침내 모든 영성의 목표를 완성하여 영성의 통전성을 실현해 나갈 수 있을 것이다.

참고문헌

1. T. M. 무어, 『은혜받는 연습 영성수련』(생명의 말씀사)
2. W. 브부지만, 『기독교와 평화』, 홍철하 역, (대한기독교서회, 1982)
3. 『평화사상 연구』, 아카데미 논총 제8집, (일념, 1983)
4. 『평화사상의 모색』, 아카데미 논총 제11집, (일념, 1983)
5. 곽승룡, 『비움의 영성』(가톨릭출판사, 2004)
6. 그리스도교 철학연구소 편, 『현대사회와 평화』(서광사, 1991)
7. 길상 편, 『불교대사전』(홍법원, 2005)
8. 김태창 편, 『인간, 평화 그리고 미래』(충북대출판사)
9. 다카사키 미치히로, 『민족 분쟁의 세계지도』, 노길호 역, (깊은 강, 2003)
10. 데이비드 호킨스, 『의식혁명』, 이종수 역, (한문화출판사, 1997)
11. 도나 조하, 『SQ』, 조혜정 역, (룩소, 2001)
12. 마하리시 마헤시 요기, 『초월의 길, 완성의 길』, 이병기 역, (범우사, 2005)
13. 박경서, 『지구촌 정치학』, (법문사, 2002)
14. 박석, 『명상 길라잡이』(도솔, 2001)
15. 박종화, 『평화신학과 에큐메니칼운동』(한국신학연구소, 1991)
16. 빌 쇼크, 『기도와 인격형성』, 김미경 역, (성바오로, 1999)
17. 서강대 철학연구소 편, 『평화의 철학』(철학과 현실사, 1995)
18. 선문대학교 통일신학연구원, 『통일신학연구』제8집, 2003
19. 세계평화통일가정연합 편, 『문선명 선생의 평화사상』(성화출판사, 2002)
20. 수완, 『마음 챙김』(북하우스, 2004)
21. 안명로, "물과 한국의 청수사상", 『신종교연구』제6집, 2002
22. 에모토 마시루, 『물은 답을 알고 있다』(나무심는 사람, 2003)
23. 유해룡, 『하나님체험과 영성수련』(장로회신학대학교출판부)
24. 윤응진, 『기독교 평화교육론』(한신대학교출판부, 2001)

25. 이시카와 준이치, 『종교분쟁지도』, 윤길숙 역, (자작나무, 1996)

26. 이영돈, 『마음』(예담, 2006)

27. 이재석, 『종교연합운동사』(선학사, 2004)

28. 일본평화학회, 『평화학』, 이경희 역, (문우사, 1987)

29. 정대식, 『영성생활』(크리스챤출판사)

30. 조지프 나이, 『국제분쟁의 이해』, 양준희 역, (한울출판사, 2003)

31. 존 토펠, 『평화로 가는 길』, 성찬성 역, (가톨릭출판사, 1992)

32. 천주평화연합, 『평화훈경』(성화출판사, 2007)

33. 최상용, 『평화의 정치사상』(나남출판사, 1997)

34. 피터 러셀, 『초월명상 입문』, 김용철 역, (정신세계사, 1989)

35. 하영선 편, 『21세기 평화학』(도서출판 풀빛, 2002)

36. 한국교회사연구소, 『가톨릭대사전』12권, (2006)

37. 한국종교문화연구소, 『세계종교사 입문』(청년사, 2003)

38. 한국천주교중앙협의회, 『제2차 바티간공의회 문헌』(1988)

39. 휴쿠오카 마사유끼, 『21세기 세계의 종교분쟁』, 김희웅 역, (국일미
    디어, 2001)

「학력 및 경력」

중앙대학교 법학과를 졸업하고
초교파기독교협회 상임이사,
한국종교협의회 이사,
주간종교사 사장,
사단법인 기독교연합운동협회 이사장,
세계기독교통일신령협회 협회장
사단법인 초교파기독교협회 회장,
한국종교협의회 회장(16년간),
중화민국 선교사,
재단법인 세계기독교통일신령협회 유지재단 이사장을 역임하고
선문대학교에서 명예철학박사 학위를 취득하였음,
선문대학교 신학대학원 초빙교수.

「저서」로는

뜻으로 본 정통과 이단
교회일치 운동
개신교와 통일교(편저)
천주교 개신교 통일교(공저)
우리의 광야시대
전통 교육 실천
화해와 협력과 일치를 위하여
아론의 싹난 지팡이
종교연합운동사 등이 있다